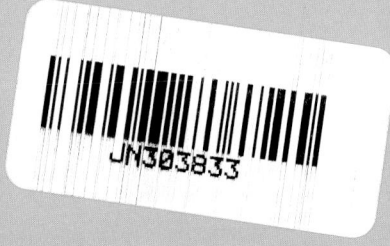

Truth In Fantasy 76

海賊

森村宗冬　著

新紀元社

目次

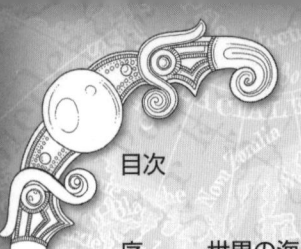

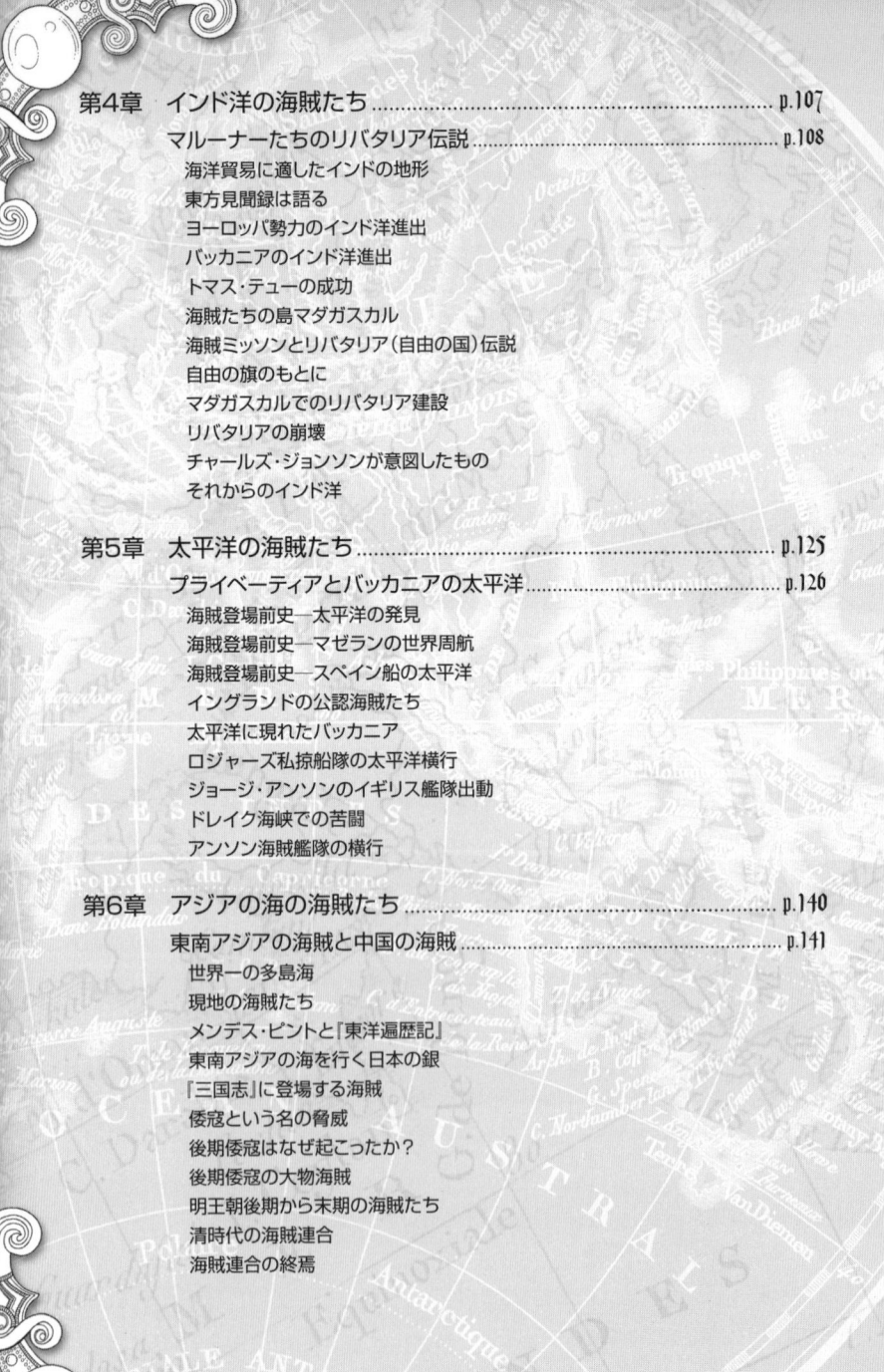

prologue

序

世界の海は海賊で満ちていた

海賊にあこがれたトム・ソーヤー

アメリカの小説家マーク・トウェイン（1835年〜1910年）が書いた『トム・ソーヤーの冒険』。このなかで主人公のトムが、「海賊になろう！」と決意するところがある。場面は未来の自分の姿にあれこれと思いをめぐらせるくだりである。

トムははじめ「軍人になろう」と考えた。しかし、待てよと、と思う。次いで、インディアンの仲間に入ることを思いついた。平原でバッファローを狩り、大酋長になって故郷に戻ってこようと考える。だが、再び、待てよ。そして、「それよりももっと、すてきなこと」を思いつく。

「そうだ、海賊になろう！　これがいいや！　今やトムの未来は、目の前にはっきりと横たわっていました。そして想像もつかないようなすばらしい輝きをはなっていました。ああ、オレの名は全世界に知れ渡るのだ。そして、みんなをふるえあがらせるのだ！　オレは、荒れ狂う世界中の海を、栄光に輝きながら突き進むのだ！　長く、低い、真っ黒な船体の快速船『疾風《はやて》の精霊』号に乗って、ぞっとするようなオレの旗を舳先のマストになびかせながらだ！　そして、オレの名声が頂点にあるときに、オレはとつぜんこの故郷の村に姿を現し、ずかずかと教会へ乗り込んでいこう。全身、陽に焼け、雨風にさらされた姿のままでだ。身につけているのは真っ黒なビロードのタブレットとトランクス、でっかいジャックブーツ、深紅色の飾り帯、大型のピストルを二挺もさしたベルト、腰には血垢で汚れた短剣、揺れ動く羽飾りのついたスラウチハットだ。そして、手にした真っ黒な旗は風にひるがえり、そこには髑髏の印がついている。だからオレの耳には、高まる恍惚感をただよわせながら、こんなささやき声が聞こえてくるのだ。『あれは、海賊トム・ソーヤーだ！——南カリブ海の暗黒の復讐鬼だ！』　そうだ。これできまった。オレの将来についてはこれで解決だ。家を飛びだして、それに向かって進もう。早速、あしたの朝から始めよう」（角川書店のトウェイン完訳コレクション『トム・ソーヤーの冒険』大久保博訳より抜粋）

　このあとトムは、親友のハックルベリ・フィン、ジョー・ハーパーとともに実際に村を抜け出してしまい、大騒ぎを引き起こすのだが、ことのてん末については省略する。伝えたかったのは、「海賊になろう」と思いついたときのトムの高揚感である。

　トム・ソーヤーを例にあげたが、「海賊」という言葉を口にしたり、海賊の姿を想像したりするとき、ある種の高揚感が漂うことは否定できまい。あるいは高揚感はなくとも、「山賊」「盗賊」とは違うなにかを感じるのではなかろうか。海

賊が好んで小説・映画などの題材として取り上げられてきたのも、海賊という言葉の響きに、他の賊とは“違うなにか”を感じるからだろう。

海賊は世界中の海にいる

一方、海賊の世界はイメージが先行していることも確かである。たとえば、「海賊」というとたいていの方は、英語の「パイレーツ」という言葉とともに、カリブ海や大西洋を暴れまわった海賊をイメージするのではなかろうか。もちろん、彼らは海賊の代名詞であり、海賊の歴史のなかで最重要な存在である。しかし、彼らだけが海賊ではない。海賊は紀元前の時代から、世界中の海にいた。

あとで詳しく見ることになるが、ここで各海に現われた海賊を簡単に紹介しよう。

●地中海

地中海における海賊の横行は、

紀元前1200年頃～紀元前30年頃

7世紀初頭～19世紀なか頃

に分けることができる。

紀元前期には、歴史上「海の民」と呼ばれる人々や、武装交易商人であるフェニキア人、エーゲ海の島々に住む古代ギリシア人が暴れまわった。古代ギリシアやローマ時代初期にはキリキア海賊などが跳梁するが、ローマ帝国が地中海を完全に武力制圧すると、海賊の活動は収束することになる。

地中海で海賊の活動が再び活発になるきっかけを作ったのは、アラビア半島でのイスラム教勃興である。イスラム教勢力が西に版図を拡大したことから、小アジア、ユーラシア大陸南岸、アフリカ大陸北岸の一帯でイスラム教勢力とキリスト教勢力の抗争が激化する訳だが、地中海でもイスラム教徒海賊とキリスト教徒海賊が戦った。とくに、

バルバリア海賊（アフリカ大陸北岸を拠点とするイスラム教徒海賊）

コルセイア（マルタ島を拠点とするキリスト教徒海賊）

ウズコッキ（アドリア海の最奥海域で活動した狂信的なキリスト教海賊）

の3海賊集団が有名であり、このうちバルバリア海賊は19世紀なか頃まで活動していた。

●北海・バルト海

8世紀末から11世紀にかけて、北海はヴァイキングたちの海になった。彼らはスカンジナビア半島から、独特のヴァイキング船を操って南下。東西ヨーロッパを荒らし、河川を航行してロシア深部に食い込み、黒海をへて地中海に到達した。彼らはまた勇敢な航海者であり、大航海時代よりも500年も前に北アメリカ大陸に到達していた。

13世紀、バルト海沿岸の諸都市の間でハンザ同盟が結ばれる。この同盟諸都市の交易船を狙ってバルト海で跳梁したのが、ヴィタリエンブリューダー（食料補給隊）と呼ばれる海賊である。

●カリブ海・大西洋

世界の海広しといえども、カリブ海・大西洋ほど、海賊たちが横行した海はないだろう。きっかけとなったのは、コロンブスによる新大陸（南北アメリカ大陸のこと）到達（1492年）と、それ以降進められたスペイン王国の新大陸進出である。新大陸の広範囲を支配したスペイン王国は、新大陸の富をヨーロッパに向けて運びはじめる。この富を狙って海賊たちが横行した。

カリブ海・大西洋の海賊は、

プライベーティア

バッカニア

フリバスター

の3種類に分けられる。

プライベーティアとは、日本語では「私掠船」になる。国なり、有力者なりの要求に基づいて発生した公認海賊であり、海賊行為を働くことを許可する旨を記した「私掠免状」を手に大いに暴れまわった。ことに、新大陸におけるスペイン王国の権益独占を阻止したいイングランド王国（現在のイギリス）、フランス王国、オランダ共和国などは、さかんに「私掠免状」を発給してスペイン船を襲わせている。また、戦争ともなると各国は「私掠免状」を乱発し、敵国の船を海賊たちに襲わせた。

バッカニアとは、カリブ海のトルチュ（トルトゥーガ）島とジャマイカ島のポート・ロイヤルを拠点に暴れた海賊たちをさす。彼らはイギリス人、フランス人、オランダ人などからなっており、スペイン人に対する強い怒りと深い憎しみを胸に、スペイン船やスペイン植民地を襲いまくった。バッカニアは自然発生した海賊だが、のちにイングランド王国の植民地総督が「私掠免状」を発給している。国の要求があって発生したのではないが、必要と認められた訳だから半公認の海賊と位置づけて良いだろう。

フリバスターとは、「自由に捕獲するもの」を意味する古いスペイン語に由来している。国籍に関係なく、出会う船を手あたりしだい襲いまくる海の無法者たちだ。海賊の黄金時代は、このフリバスターによって作られた。また、今日の「海賊」のイメージを造ったのもフリバスターである。

●インド洋

紀元前から海洋交易が盛んだったインド洋もまた、海賊の横行が絶えない海であった。インド洋の海賊は、

現地の海賊

ヨーロッパから進出してきた海賊

のふたつに分けることができる。

最初に海賊として現れるのは、いうまでもなく現地の海賊である。ことにインド亜大陸のマラバル海岸は、古代から世界有数の海賊の根拠地であり、マルコ・

ポーロの『東方見聞録』に詳しい実態が記されている。また、ペルシア湾にはジャワスミと呼ばれるアラブ系の海賊がいた。

ヨーロッパ勢力がアジアに進出して以後は、ここにヨーロッパ系の海賊が加わるようになる。彼らは喜望峰（アフリカ大陸南端）を迂回してインド洋に入り、インドのムガール帝国の財宝船や、ヨーロッパ各国の東インド会社貿易船を襲った。インド洋に浮かぶマダガスカル島は、海賊たちの中継地として大いに賑わい、リバタリア（自由の国）伝説が生まれている。なお、インド洋を横行した海賊はマルーナーと呼ばれることがある。これは海賊の刑罰のひとつ「マルーン（置き去り）」に由来しているという。

●太平洋

太平洋に進出したのは、カリブ海・大西洋で稼げなくなったバッカニアたちと、イングランド王国のプライベーティアである。ことにプライベーティアは、メキシコとマニラ（フィリピン）を行き来するスペイン財宝船に目をつけ執拗に狙った。

●アジアの海

アジアの海域も海賊が多発した。ことに無数の島々が点在する東南アジアの海は、島嶼《とうしょ》間での交易が盛んなため、多数の海賊が出没する危険な海であった。この海域を横行したのは、現地の海賊と中国大陸南方の海賊たちである。また、南シナ海と東シナ海は、13世紀末から16世紀にかけて、倭寇（前期・後期）の脅威にさらされた。

●日本列島の海

海賊は日本列島にもいた。とくに瀬戸内海は海賊多発海域として、古来より恐れられた。日本の海賊が大いにクローズアップされるのは戦国時代である。海運、操船、水戦のエキスパートである海賊衆たちは、水軍を組織して戦国大名の戦力となった。瀬戸内海の村上水軍はことに有名である。

海賊とは海の盗賊である

南米コロンビアに住んでいたひとりのスペイン人が、1568年にスペイン国王に提出した嘆願書には、海賊と同時代を生きた人の思いが余すところなく綴られている。

「今日インディアス（新大陸のこと）で蔓延している悲しむべき状況について、これをなんとか是正していただけるよう、国王陛下にお願いするものであります。スペインから当地にやってくる船の2隻に1隻が、20隻もの海賊船に襲撃されるのです。このため、沿岸の全域にわたって、ひとつとして安全な町はありません。彼らはいつなんどきでも、思うがままに居住地を襲撃し、占領し、掠奪します。彼らは自分たちこそ海と陸の王者であるとさえ豪語しているのです」

以上は『図説　海賊大全』（編／デイヴィッド・コーディングリ　監修／増田義郎　訳／増田義郎・竹内和世　東洋書林）からの抜粋である。

興味深いのは、海賊たちが「海と陸の王者」と豪語している点だ。

嘆願書より少し時代は下がるが、やはりカリブ海・大西洋で暴れたサミュエル・ベラミーという海賊がこんなことをいっている。ベラミーは北アメリカのサウス・キャロライナ沖でボストンの商船を捕まえたとき、「悪党の金持ちに雇われてそいつらの尻を追い廻したりするより、俺たちの仲間に入ったほうがよかねえか？」と商船の船長を誘った。しかし、船長は「神と人の法を破るのは自分の良心が許さない」と拒否。するとベラミーは次のように応じたのである。

「ふん、良心だと。笑わせるぜ。俺は自由な王様さ。海に百隻の軍艦を浮かべ、陸に十万の軍勢を指揮する男と同じように、俺は全世界に戦いを挑むことができる。それが俺の良心の命ずるところだ。だが鼻声を出す弱虫犬みてえな奴と議論したって始まらねえ。そんな奴は力のある連中のされるがままになって、いんちき牧師野郎の言葉を信じやがる。ところが奴らは自分がうすのろたちに説教していることも守りもしねえし信じてもいねえのさ」（『イギリス海賊史』チャールス・ジョンソン著　朝比奈一郎訳　リブロポート）

さすが「雄弁家」というあだ名をつけられただけあってとてつもないことをいうが、これはひとりベラミーのみの感覚でなかった。古今東西、海賊たちはみな罪悪感を持つことなく、堂々と掠奪を働いた。

海賊の世界へ……

人のものを奪い、人を殺しまくって罪悪感がないのは恐ろしい。たいていの方は「良心や人間性の欠如」を考えるかも知れない。

確かにそういう人間はいた。乱暴が好き、女を犯すのが好き、奪うのは大好き、でもやっぱりいちばん人殺しが好き……という身の毛もよだつような人間が多数加わっていたことは否定できない。だからこそ海賊は、常に荒々しい力を発揮したのである、

しかし、「良心や人間性の欠如」という道徳的な問題だけで割り切ってしまえるほど、海賊の世界も単純ではない。第一、海賊のすべてがサディスト、冷血人間、野蛮人、脳足りんだったとしたら、とても「そうだ、海賊になろう！」どころではないし、イギリスの情熱的な詩人バイロン（1788年～1824年）が『海賊』という詩を書くこともなかったし、ましてやスウェーデンの作家ルーネル・ヨンソンによる『小さなヴァイキング　ビッケ』なんて小説は生まれなかったに違いない。また、リバタリア（自由の国）伝説が生まれることはなかったし、知識人が海賊と行動をともにし、海賊についての詳細な記録を残すこともなかったろう。

確かに海賊は残虐である。しかも、刹那的である。ピエール・ル・グランという海賊などは「俺たちは自分が生きているその日だけを当てにしている。これから生きる月日なんて当てにしていない」と堂々と語っている。呑んだくれの自堕落者のくせに、物欲とプライドだけは人の数倍も強い者が多かった。しかし、彼らは決して偽善者ではなかった。

海賊たちは端で見ている以上に、突き詰めたものを胸に秘めていた。陸に残している家族への思い、人を人として扱わない人間や制度への復讐心、土地を奪わ

れた悲しみ、熱烈な信仰、貧困を生む理不尽な社会への怒り、大多数の貧困者の上に胡坐をかいている富める偽善者への怒り……。

カリブ海・大西洋で鳴らしたバーソロミュー・ロバーツは、海賊行為を働いた3年の間に、400隻の船を捕獲した大物海賊である。彼はとりわけ「正義の分配」を重んじていた。すなわち船を捕獲した際、船長が船乗りをいかに扱ったかを聞き出し、乗組員たちを過酷に扱った船長には、船乗りにかわって報復をしたのである。

また、当時の軍艦が船乗りを消耗品同様に扱い、負傷・死亡になんの関心も示さなかったなか、バッカニアたちは負傷者に対する保証をキッチリと決めていた。船長たちは、仲間内から投票によって選出され、不適格とみなされた時は解任された。立場の上に胡坐をかくことは許されなかったのである。

もちろん、古今東西すべての海賊が、ロバーツやバッカニアと同じだったとはいえない。だが、少なくとも何らかの熱い思いが胸中にたぎっていたことは確かだろう。でなければ、だれが好きこのんで、死と背中あわせの海に出、危険を覚悟で船を襲撃したりするものか。そして——ここが重要なところだが——多くが自分の行為に、自分で責任を取って逝った。戦死、刑死、病死、海での遭難死……。かような存在であったからこそ、海の盗賊という反社会的な存在でありながら、海賊という個性は鈍くあやしい銀色の光を史上に放っているのである。

海賊とはなにか。彼らがなにを考え、どんな行為をしたのか。戦い方、道具、規律、とんでもない海賊の数々、女海賊etc。これから海賊の世界に向けて漕ぎだしていきたい。

第1部

海賊たちの歴史

―海の荒くれ男たちの航跡をたどる―

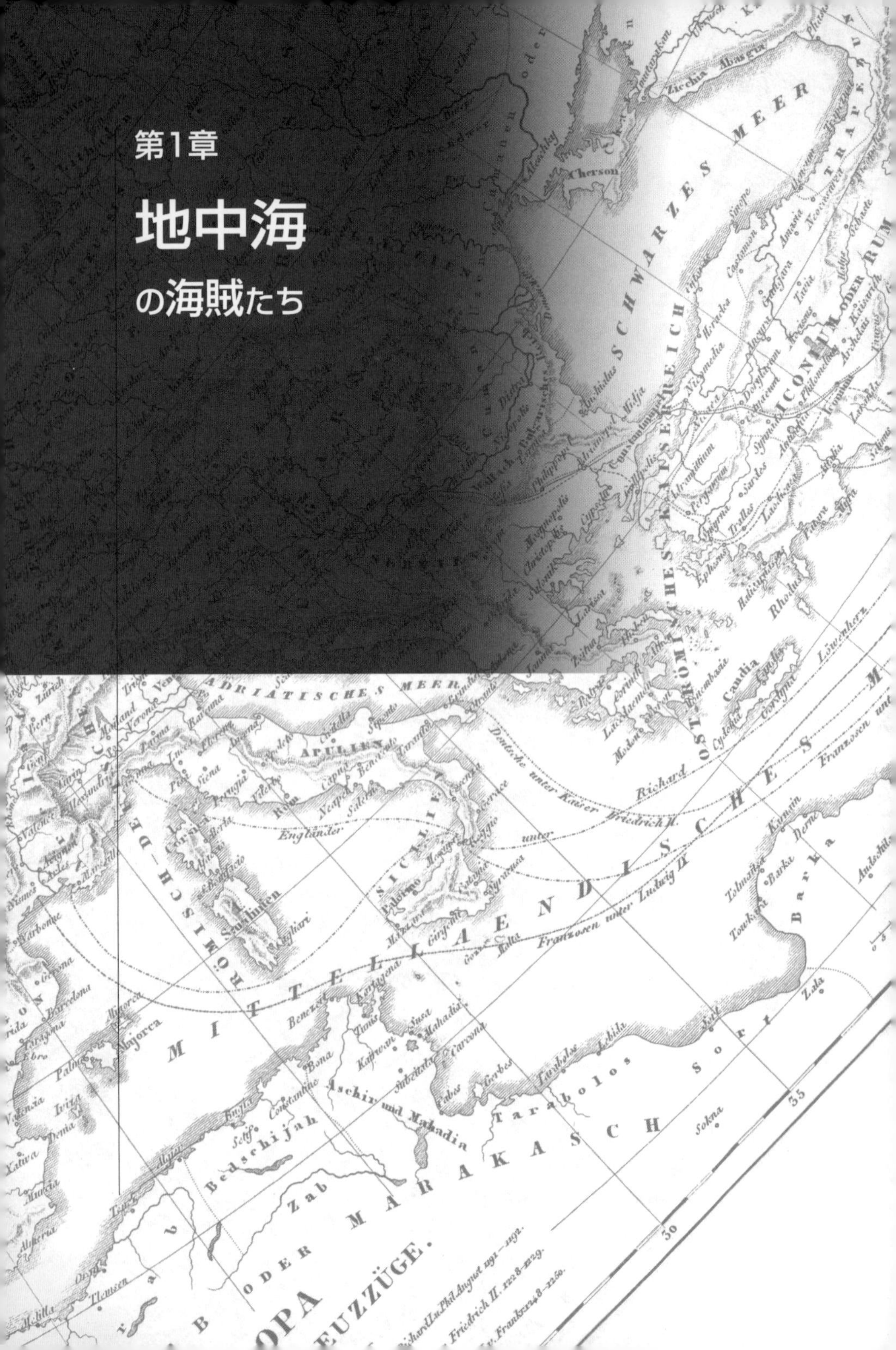

第1章

地中海
の海賊たち

「海の民」とフェニキア人

エジプト新王国を襲った「海の民」

東西3500キロメートル、南北1700キロメートル、面積297万平方キロメートル。日本海の約3倍。地中海の広さである。ヨーロッパの南岸、アジアの西岸、アフリカの北岸にはさまれたこの海は、インド洋、東南アジアの海とならんで、紀元前のはるか昔から交易船が行き来する海であった。

地中海における海賊を語るとき、まずは、「海の民」に触れなければならない。「海の民」とは、エーゲ海のクレタ島を中心に、小アジアの南岸やシリア沿岸地方に住んでいた人々である。「海の民」という呼び名通り、彼らは優れた航海術を持つ海洋民族であった。この「海の民」は紀元前1200年前後から、東地中海

■紀元前1200年頃の地中海

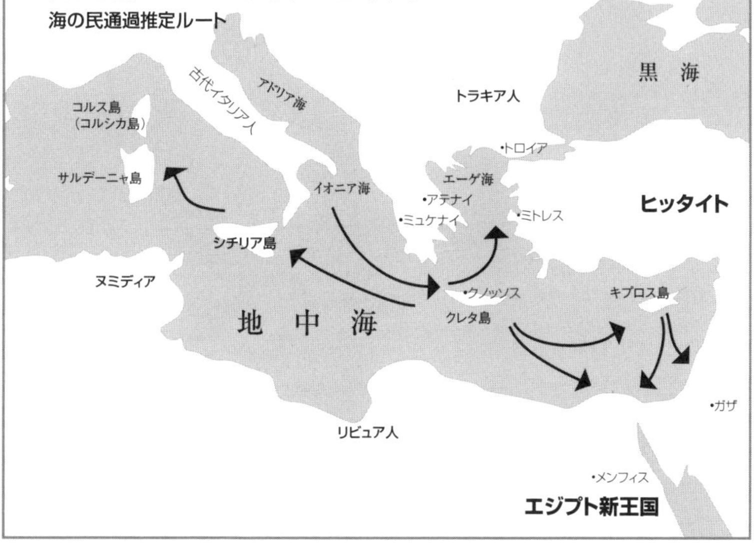

「海の民」と戦うエジプト新王国の兵

沿岸地域に対して猛烈な海賊行為を繰り返した。海賊行為といっても彼らのそれは、航行中の船を襲うのではない。船団を組んで大挙して陸地に押し寄せ掠奪するというものである。「海の民」が東地中海沿岸地域に仕掛けた海賊行為については、民族大移動のひとつとする説が有力だが、移動が起こった原因を含めて、詳しいことは今なお論争がなされている最中である。

「海の民」との戦いを記録しているのは、エジプト新王国である。エジプト新王国は紀元前1230年、1149年、1192年、1191年と大規模な侵攻を受けた。「海の民」たちは背が高く、円形の盾を持ち、鳥の羽がついた兜をかぶっていたという。エジプト軍は「海の民」が侵攻するたびに、彼らと激しい戦いを繰り広げた。大勢のエジプト軍兵士が死んだが、「海の民」もまた多くが死んだ。エジプト軍では「海の民」の戦士の手や陰茎を切り取り、王の前に差し出したという。

航海者フェニキア人

「海の民」とほぼ同時期（活動の開始は「海の民」よりやや遅いが）に、地中海で幅をきかせていたのが、フェニキア人である。フェニキアとは、レバノン山脈の西、シリア地方の地中海沿岸の狭い地域の古称である。土地が農耕には適していないことから、この地域にすむ人々は、古くから海洋貿易に従事しており、シドン、ビュブロス、ティロスなどの都市国家を作っていた。フェニキア人は優れた交易者であり、航海者（註1）であった。彼らは北極星を利用した夜間航海の技術を持っており、西は大西洋、東は紅海を経てペルシア、インドまで到達した。

ところで、このフェニキア人がなぜ、海賊に加えられるのかというと、彼らが武装交易商人だからである。古今東西、海賊と呼ばれる海上の武装集団は多いが、実は、武装交易商人がかなりの割合をしめている。

なぜ武装するのか？　平和に交易すれば良いではないか？　との疑問は浮かぶだろうが、武装交易商人にもそれなりの事情があった。今でこそ、国家間の貿易

優れた航海者（註1）

フェニキア人は優れた航海者であるのと同時に、優れた船大工でもあった。良い船を造るには良い木材が欠かせない。フェニキアの地には、船の材料である良質な木材（レバノン杉と呼ばれる）が豊富にあった。現在のフェニキアの地であるレバノンの国旗には、レバノン杉をデザインしたものが描かれている。

協定があり、海上の治安もかなり確保されているが、そうしたものがなかった時代、海上交易は命がけの行為であった。海賊に襲われる危険、未知の交易地で積荷を奪われる危険……。だから、海上交易商人は、自衛のため武装せざるを得なかった。この武装が、ときに交易者を海賊に変える要素となったのである。

たとえば、交易のため海上を航行中、一隻の船と出くわしたとしよう。お互い相手の船の力をはかる。「手強いぞ」と思ったらそのまま通り過ぎる。しかし、「弱い」と見たら相手の船を襲い物資を掠奪。自分の積荷に加えてしまうのである。

未知の陸地にたどり着いたときも同じだ。相手の集落の防備が堅いと見れば、彼らは平和な交易者として交易を申し込む。しかし、防壁もなにもなく簡単に攻略できると判断すると、掠奪にはしるのである。あるいは交易を申し込んで拒絶されると、とたんに海賊に豹変することもあった。武装交易商人は、海賊と紙一重の存在だったのである。

地中海を行き交う膨大な富

フェニキア人たちが海上交易で運んだ富については、『エゼキエル書』(『旧約聖書』中)から推定することができる。

銀、錫、鉄、鉛など(各地から)
青銅器と奴隷(アナトリアのギリシア各都市へ)
馬、軍馬、騾馬など(アルメニアから)
黒檀と象牙(アラビア・インド洋の島々から)
赤紫の染料、珊瑚、ルビーなどの宝石類、亜麻織物や多色の布(シリアから)
蜂蜜、小麦、蝋、油や香油など(イスラエルから)
ワインと羊毛(ダマスカスから)
菖蒲油(香油)、銑鉄、肉桂など(アナトリア地方から)
小羊と山羊、鞍敷など(アラビア諸都市)
金と宝石類、高級な香油(イエメンから)
絨毯、高級服、各種生地、青紫のマント、丈夫な網(イラク、ペルシア地方から)

しかし、皮肉なことに、交易による富の蓄積がフェニキア人の立場を逆転させた。襲う側から襲われる側になったのである。フェニキア人たちを襲ったのは、海岸部や島に住む貧しい人々だ。彼らはフェニキア人たちの富を狙い、交易船や植民地を襲いはじめた。富の集中が“持たざる者”の海賊行為を誘発したのである。フェニキア人は武力はあるし、経済力もある。彼らは当初、海賊たちと真っ向から対決した。しかし、戦い続けるにも限度はある。また、商業圏の拡大により、どうしても防備が手薄になるところろもある。

フェニキア人たちはしだいに、「戦うより、海賊たちに保証金を支払って交易圏を確保したほうが、利益を確保できる」と考え方を変え、海賊と紙一重の存在から、平和な交易者に転身した。

その後もフェニキア人たちは、地中海交易の担い手として活躍し続けたが、紀元前332年、マケドニア王国アレクサンドロス3世（アレクサンダー大王　在位紀元前336年〜紀元前323年）の遠征によって最大の都市国家であったティルス（現在はスールという小漁村に。遺跡はユネスコの世界遺産に登録されている）が壊滅し、フェニキアは征服されてしまう。紀元前146年には、アフリカ大陸北岸にあった最後の拠点カルタゴがローマ帝国に征服されている。

古代ギリシア時代の海賊

オデュッセウスも海賊をした

古代の地中海で海賊行為を繰り広げたのは、「海の民」とフェニキア人ばかりではない。古代のギリシア人たちもまた、海賊として跳梁した。たとえば、古代ギリシアの歴史家トーキュディデース（紀元前460年頃〜紀元前400年頃）の『戦史』には、次のような一文が記されている。

「伝説によれば、最古の海軍を組織したのはミーノースである。かれは現在ギリシアにぞくする海の殆ど全域を制覇し、キュクラデス諸島の支配者となった。（中略）もちろんかれは、勢力の及ぶ限りの海域から海賊を追払い、収益の道を拡大することに努力した。というのは、その昔ギリシア人や、異民族の中でも大陸の沿岸や島嶼に住んでいた者たちは、舟で海をわたってたがいに頻繁に往き来しはじめると、海賊行為を働くようになったからである。仲間の首領を指揮者にいただき、かれらは自分の利益や家族たちをやしなう糧を求めて、城壁の守りもなく村落のように散らばったポリスを襲い掠奪をおこなったった。かれらはこのような所業に廉恥の心はおろか、むしろこれこそ真の名声をもたらす所以と信じて、ここに生活の主源をもとめていた」（岩波文庫『戦史』久保正彰訳より抜粋）

文中にあるミーノースとは、ギリシア神話に登場する伝説的王のこと。紀元前14世紀頃、エーゲ海に浮かぶクレタ島をおさめたという。トーキュディデースの一文からは、王が海軍を創設して海賊掃討に本腰を入れるまで、エーゲ海での海賊横行が日常茶飯事であったことが読みとれる。

古代ギリシアの詩人ホメロス（紀元前8世紀頃）が著した『イーリアス』と『オデュッセイア』もまた、古代ギリシア時代の海賊事情を知るうえで格好の史料といえよう。両者ともトロヤ戦争（ギリシアのミケーネを中心とするギリシア連合軍と、小アジアのトロヤとの戦争。紀元前1260年〜紀元前1250年頃）を題材とした長編叙事詩である。

『イーリアス』で語られているのは、アキレウスの海賊行為である。アキレウスはプティーア国の王子にして、海の女神テティスの血を受け継いだ伝説上の英雄だ。同書はこのアキレウスが、船団を率いて海岸部の集落を頻繁に襲った旨を記している。

戦争に付随しての掠奪行為であるから、これを海賊と見るか否か？　について、研究者の間でも意見が分かれる。しかし、後世、ヨーロッパでは戦争時に多数のプライベーティア（私掠船）が出て、相手国の植民地を襲撃して物資を奪うことも行われている。いずれも襲撃を受けた側では「海賊行為だ」と相手を非難しているから、アキレウスのそれも海賊行為と定義して良かろう。

『オデュッセイア』に登場するオデュッセウスとなると、もっと露骨である。『オデュッセイア』は、トロヤ戦争の後日譚ともいうべき物語であり、イタカの王オデュッセウスがトロヤ戦争従軍後、10年間の苦難の末に帰国し、彼の妻ペネロペに言い寄った男たちを倒す内容となっている。オデュッセウスが海賊行為を働いたのは、トロヤから帰還の旅の最中のこと。キコネス族が集うイスマロスの町を襲撃し、大勢の人を殺し、女や財宝を掠奪した。アキレウスの海賊行為が戦争の一環であったのに対し、オデュッセウスのそれは完全な犯罪行為といえよう。

先にも述べたように、『イーリアス』『オデュッセイア』とも、ホメロスの長編叙事詩である。しかし、題材となったトロヤ戦争が史実であったことは、考古学者シュリーマンの発掘調査によって証明されている。アキレウス、オデュッセウスという人物の実在云々は別として、史実が下敷きになっている以上、トロヤ戦争時とその後、海賊行為が頻繁に行われていたことは確実といえよう。

古代ギリシアの大海賊ポリュクラテス

トロヤ戦争後のエーゲ海は、ポリス（都市国家）の出現→アテネ・スパルタなどのポリスの繁栄、と時代は進展していく。しかし、その一方で小アジアまで勢力を拡大したペルシア帝国との軍事的緊張も生まれるようになった。かような時代背景にあって大物海賊として名をほしいままにしたのが、ポリュクラテス王（在位紀元前573年頃～紀元前522年）である。

ポリュクラテスは、小アジアの西南に位置するサモス島を根城に割拠した独裁者である。サモス島はペルシア帝国の圧力を直に受ける場所に位置していたから、早くから海軍力の増強に努めていた。ポリュクラテスはこの海軍力を背景に、付近を航行する船に対して掠奪をしかけるようになった。ポリュクラテスについて、古代ギリシアの歴史家ヘロドトス（紀元前485年頃〜紀元前425年頃）は『歴史』中で次のように記す。

「……短時日の間にポリュクラテスの脅威は急速に増大し、イオニア（小アジア西部）はじめその他のギリシアにもあまねく名が響きわたった。それも当然で、彼が兵を向けるところ、作戦はことごとく成功したのである。ポクュリラテスは五十橈船を百隻、弓兵一千を擁し、相手が何者であろうと容赦なく掠奪行為をほしいままにした。（中略）彼が占領した島は多数に上り、大陸でも多数の町を占領した」（松平千秋訳　岩波文庫より抜粋）

ポリュクラテスの武力を支えた軍船について、少し説明しておこう。当時、地中海の主流はガレー船であり、軍船としては上段、中段、下段に漕ぎ手を配した三段櫂船が、最強の軍船であった。詳しい説明と図は第2部で掲載しているのでそちらをご覧いただくとして、ポリュクラテスはこの三段櫂船を40隻も保有していたと伝えられている。

■紀元前7〜6世紀のギリシア世界

エーゲ海の梟雄

「梟雄《きょうゆう》」という言葉がある。猛々しく残忍な英雄を、闇夜を飛来して獲物を狩る梟《フクロウ》の姿にたとえたものである。ポリュクラテスはまさに梟雄であった。サモス島の独裁者になりたいがために、身内の殺害・追放により支配権を確立。海軍力を背景に各地に軍勢を送り、また、エーゲ海を航行する船から通行税をとり、要求に快く応じない場合は遠慮なく、積荷を奪った。口癖は、「友人に感謝されるには何も奪わずにおくよりも、奪っておいてそれを返してやる方がよいのだ」（前掲書）であったという。

ただ、ポリュクラテスは反面、学問や芸術の熱烈な保護者であった。詩人・芸術家・建築家・医師etc。幾多の文化の担い手や学芸の専門家が、ポリュクラテスの宮廷に招かれている。梟雄ポリュクラテスがなぜ？　という疑問が起こるが、実はこれだけではない。ヘロドトスは、ポリュクラテスの支配領域ではギリシア全土でも例のない、3つの大事業が行われていたことを『歴史』中で述べている。3つの大事業とは「世界最大の神殿」「巨大な防波堤を持つ港の建設」「山にトンネルを設けての水道事業」である。

これらの事跡を見る限り、ポリュクラテスを「極悪非道な野蛮人海賊」という言葉だけで断定するのは無理がありそうだ。彼が行った海賊行為も、要は、国家の自立を維持し、発展させるための経済的手段だったと思われる。強大なペルシア帝国、ギリシアの新興ポリス群に挟まれた状況にあって、それらの圧力に屈しない国をつくろうと思ったら、莫大な費用が必要になる。陸地から得られる富は限られているから、あとは海に求めるしかない。必然的に海賊行為をするしかなかったと思われる。行為の善し悪しは今は措く。いえることは、ポリュクラテスは彼なりに、突き詰めた思いを秘めて海賊行為を働いたということだ。

しかし、洋の東西を問わず、梟雄の末路は悲惨である。ポリュクラテスはペルシア帝国によって消されてしまう。ペルシア海軍との武力衝突の末に死んだなら、救いもあったろう。だが、ポリュクラテスはペルシア側の奸計にひっかかりあえなく死んだ。ときに紀元前522年、彼を倒したのはサルディス（ペルシアの都市）の総督オロイテスという人物だ。ポリュクラテスの遺骸は磔となり晒されたという。大海賊ポリュクラテスの死により、エーゲ海には、中小さまざまな海賊集団がはびこることになる。

古代ローマ時代の海賊

過酷なるローマの支配

紀元前264年、シチリア島の支配権をかけた戦争が、ローマとカルタゴの間ではじまる。世界史上にいうポエニ戦争だ。ローマは8年前にようやくイタリア半島を統一した新興勢力。一方のカルタゴは北アフリカの地中海沿岸部にあるフェニキア人の植民地。両者の戦いは、まさに新勢力vs旧勢力の戦いであった。戦争は第3次まで行われ、ローマの勝利に終わる。第2次ポエニ戦争では、カルタゴの名将ハンニバルがアルプス山脈を越えてイタリア半島に侵入するなどしたが、最終的にはローマの前に屈した。

カルダゴとの一連の戦争は、ローマに強大な海軍力を持たせることになった。そしてローマは、この海軍力を武器に地中海沿岸地域に征服戦争を仕掛けていくことになる。ローマのやり方は、軍隊投入→徹底的な破壊と掠奪→占領→土地の没収と重税、と実に強引である。兵士・人夫の徴発も無遠慮に行われたし、征服された人々の奴隷化も進んだ。

征服された土地の人々の多くが海賊となった。ローマに対するレジスタンスが主な理由であり、地中海のあちこちで海賊の横行が激化した。なかでも最大勢力となったのが、キリキア海賊である。キリキア海賊とは小アジアの南岸、具体的にはキリキア（カッパドキアの南）、パンフィリア（アンタルヤ）などを根城とする海賊集団のこと。地中海の海賊中で最大勢力を誇り、ローマを大いに悩ませた。古代ギリシアの歴史家プルタルコス（46年頃〜120年以後）が著した『対比列伝（英雄伝）』には、金持ち、知識人、家柄の高い者もこぞって海賊に身を投じた旨を記している。「この仕事が或る意味の名誉と自負心を持つようになった」（河野与一訳　岩波文庫より抜粋）とあるから、罪悪感はさらさらなかったことが伺える。むしろ、憎きローマに一矢を報いん！という思いに燃えていたのだろう。

だから、ローマ人を捕まえると扱いは過酷を極めた。『対比列伝（英雄伝）』によれば、海賊たちは相手がローマ人とわかると平身低頭し、「無礼をお許しくだ

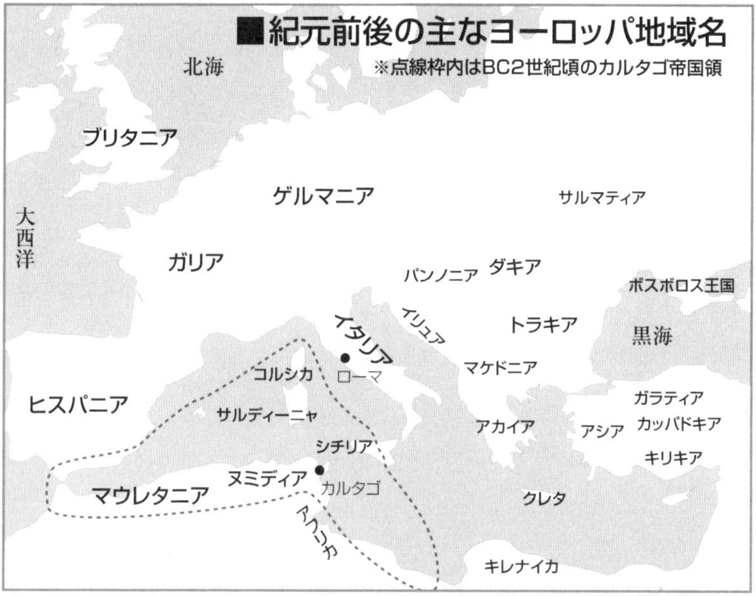

さい」と謝ったという。謝られた方は、海賊たちの狼狽ぶりを見、気を良くして許す。すると海賊たちは、舷側に梯子をかけ、「もう自由の身です。船を降りてくださって結構です」と丁寧にいう。降りるといっても下は海。降りられる訳がない。すると海賊たちは、ザマアミロといわんばかりにローマ人を海に叩き落すのである。

かようにして多くのローマ人が殺されたが、身分の高い者は身代金請求目的で生かされることがあった。ジュリアス・シーザー（ユリウス・カエサル　紀元前100年～紀元前44年）もそのひとりである。

海賊に捕まったシーザー

世界史にとくに興味はなくとも、シーザーの名は一度や二度が聞いたことがあるのではなかろうか。古代ローマ繁栄の基礎を築いた軍人政治家である。シーザーがキリキア海賊に捕まったのは、紀元前73年、27歳のときだ（異説もある）。海賊と遭遇したのは、小アジアの南西部の海域を航行中のこと。アポロニオス・モロンから雄弁術を学ぶため、小アジアに近いロードス島に向かう途中のことであった。前出の『対比列伝（英雄伝)』によって経緯を述べると次のようになる。
——船に乗り込んでくるや海賊たちは、シーザーに「身代金20タレント(註2)を支払えば対して釈放してやる」と持ちかけた。するとシーザーは哄笑し、
「どのくらい海賊をやっているのか知らんが、よくよく見る目のない連中だな。私が10や20タレントの人間か？　私は50タレントだ！」
と言い放った。海賊たちは仰天した。人質が自分から身代金を額を決めるなんて初めてだ。しかも、値を下げるならまだしも、わざわざ高い値をつけるなんて聞いたこともない。それでも海賊たちは、少々変わった奴ぐらいに思ったのだろう。文句はつけなかった。

シーザーは共に旅をしていた従者たちと、キリキア海賊の根拠地のひとつにつれていかれた。身代金が届くまで海賊たちと過ごすのである。50タレントの人物だから、海賊たちも手荒なまねはできない。死んでしまっては身代金が受け取れないからである。かような状況を良いことに？シーザーは好き勝手に振る舞った、毎朝の沐浴、読書、演説の稽古etc。その間には、海賊たちと遊んだり体操をして楽しんだ。眠くなると「寝るから静かにしろ」と海賊たちを叱りつけた。また、自作の詩を読んで聞かせて感動しないと、「無学な連中だ」と言い放った。人質どころか、海賊の頭目顔負けのデカい態度である。

あるときなど、こんなことをいった。
「お前たちが私の手に落ちる日は必ずくる。楽しみにしているが良い。必ず磔にしてやる。罪なんていくらでもある。悪行の罪、低能の罪でも良いだろう。忘れるな。私はいったことは必ず実行する男だ」

海賊たちは笑った。「とてつもないことをいう面白い奴」と思ったようだ。この言葉がきっかけでシーザーと海賊たちは、ますます仲が良くなったという。

人質なのか、海賊の首領なのかわからない生活は38日間に及んだ。身代金が

「タレント」（註2)

シーザーはこの時期、ローマでの政争に巻き込まれて身柄を拘束される危険にあり、放浪生活を余儀なくされている最中であった。『対比列伝（英雄伝)』はシーザーが捕縛に危機に陥ったとき、2タレントで敵の部隊長を買収したことを記している。なお、チャールズ・ジョンソン（P096参照）は、『海賊史』のなかで『対比列伝（英雄伝)』に記されているシーザーと海賊のてん末を引き、「(20タレントは）いま（刊行時）のかねで三千六百万ポンドほどである」（邦題『イギリス海賊史』朝比奈一郎訳　リブロポート）と述べている。

キリキア海賊と口論するシーザー

届いたことによって解放されたシーザーは、自らの言葉を実行した。海賊の根拠地に近い植民地に赴くと、小艦隊を結成して、根拠地を急襲。海賊たちを捕縛し、ローマの属州のひとつであるペルガモンに送った。

シーザーは海賊たちの処罰を州知事に委ねたが、海賊たちと裏取引があるらしく、知事は海賊たちを処罰しようとしない。業を煮やしたシーザーは自身でペルガモンに出向くと、海賊たちを牢獄から引き出し、斬首刑のうえで磔にした。生きたまま磔にしなかったのは親切にしてくれたことに対するシーザーなりの返礼だった――

以上が、ことのてん末である。もっとも、シーザーを捕まえた海賊集団が処刑されたといっても、海賊そのものが滅びた訳ではない。キリキア海賊の横行は、それ以後も激化の一途をたどった。キリキア海賊たちは航行中の船ばかりでなく、海岸に近い町にも頻繁に襲撃をかけ、大勢のローマ人を殺し、多額の財宝を奪った。富を急速に蓄えた海賊たちは、金銀や高級な布地で海賊船を飾りたて、これを見よ！といわんばかりに見せびらかした。『対比列伝（英雄伝）』は、
「その恐ろしさよりも羨ましがらせる侮辱でローマの人々を傷ませた。笛や琴や港々の宴会。将軍の身柄の拉致、陥落した町の賠償も、ローマの覇権にとっては恥辱であった。こうして海賊船は一千隻以上に上り、海賊に占領された町は四百に達した」（前掲書）
と記している。

海賊ヘラクレオの裏切り

シーザーと海賊たちの事件から2年後、海賊という存在を物語るのに、象徴的な事件が起こっている。事件の発端となったのは、有名なスパルタクス（？～紀元前71年）の反乱である。

スパルタクスは競技場で殺しあいをする剣闘奴隷として、ナポリに近いカプアという町にいたが、脱走後、仲間たちと反乱を起こした。彼のもとには剣闘奴隷に加え、農民奴隷などが結集。また、貧困にあえぐ農民や市民も合流して、最終的には12万の大軍勢にふくれ上がった。スパルタクスとローマの闘いの経過については省略しよう。ただ、スパルタクス軍はたび重なるローマ軍との戦いに勝ちながらも、根拠地を持たないため、苦しい闘いを行わざるを得なかった。

状況打開のためスパルタクスは、シチリア島への移動を考える。シチリア島を根拠地として割拠し、ローマに対抗する計画である。シチリア島に渡るには船が必要だが、スパルタクスはキリキア海賊の大物ヘラクレオを頼ることにした。スパルタクスはヘラクレオの海賊船団から武器・食料などを購入している。「信頼関係は築かれている」と踏んだのだ。スパルタクスとヘラクレオの間で、まず先遣隊2000人をシチリア島に送る契約が成立して、契約金も支払われた。先遣隊が島を制圧し、本隊渡海のための地ならしをするのである。しかし、土壇場でヘラクレオは裏切った。ヘラクレオの海賊船団は、先遣隊2000人が待つ約束の港には、ついに現れなかった。

このあとスパルタクス軍は、イタリア半島内を転戦するが、ローマ軍の圧倒的な攻勢の前に壊滅することになる。

海賊はなぜ裏切ったのか？

ヘラクレオの裏切りの理由はよくわかっていない。海洋ジャーナリストの小島敦夫氏は『海賊列伝（誠文堂新光社）』中でこのことに触れて、

「重要なことは、以後の時代にもみられることであるが、海賊という無政府集団の行動には、一貫して思想性や倫理性はきわめて稀薄である、ということだ。自分たちの身の安全がまず第一義として存在し、つぎにはそれと同じ程度に損得の駆引きがあり、それ以外の付属物は、海賊行為そのものの本来の性格からいって、不要というよりも邪魔なものなのである。海賊の歴史のうちで、最も強烈に思想性を伴ったのは宗教的対立の間で行われたキリスト教徒海賊とイスラム教徒海賊の争いであろうが、その対決でさえ、宗教は略奪のための表看板に過ぎず、裏ではしたたかな計算と保身の駆け引きが横行し、身の安全と利益のためには改宗までも日常茶飯事であった…思想性を貫く海賊は、歴史の上でもごく稀な例しかない」と指摘している。

ヘラクレオのエピソードに、海賊という存在の限界を見ることもできよう。海賊といえば「自由」というイメージがあるが、いくら海賊とて、根なし草のようにフワフワと海を漂流して生きている訳ではない。掠奪品の交換、物資の補給など陸とのつながりは必要だった。普段、陸と切り離されているため、陸の民以上に、陸を必要とした。だからこそ、陸の権力に反抗しながらも、最終的には陸の

権力にすり寄ることが必要だった。陸とのつながりを断ち切られることは、死を意味するからである。ここに海賊という存在の矛盾点と限界があった。

海賊とは華々しいようでいて、案外、悲しく儚《はかな》い存在といえないだろうか。だが、この悲しさと儚さがまた、時代を越えて人の心を海賊に向かわせるようにも思える。

ポンペイウスの海賊討伐

スパルタクスの戦死と反乱終結から4年後、ローマは本格的に海賊制圧に乗り出す。討伐の総責任者にはポンペイウス（紀元前106年〜紀元前48年）が任命され、12万の重装兵、5000の騎兵、500隻の軍艦を与えられた。ポンペイウスは作戦の基本を一気呵成の決着に置いた。というのも、海賊たちのネットワークは緊密であるため、いたずらに時間をかけると海賊連合艦隊を結成される危険があったからだ。

ポンペイウスが立てた作戦はこうだ。地中海を13区域に分割→与えられた兵員から13人の軍団長を選出→軍船と兵員を13軍団に分割→軍団長に1軍団ずつ分与→13個所の海域を同日、同時刻に襲撃。また、並行して「抵抗者は殺す。投降者は許す」との布告も出した。逃げ道を作っておき、相手に決死の戦をさせないための措置である。

作戦は大成功だった。海賊同士の連携は防がれ、投降する海賊たちも相次いだ。ただ、頑強に抵抗した海賊たちもあった。なかでも最大勢力であるキリキア海賊は、海賊艦隊を結成してローマ艦隊と対峙した。海賊たちは決戦に先立ち、女子どもをタウロス山脈（キリキア北部の山脈）に築いた要塞に避難させたという。しかし、ローマ艦隊と陸上軍による根拠地包囲作戦の前には、さすがのキリキア海賊も適わなかった。彼らはローマ軍に降伏した。

ポンペイウスが海賊制圧に費やした期間は、約3ヶ月。1万人の海賊を殺し、2万人の海賊を捕まえた。ガレー船400隻を捕獲し、800隻を海に沈めたという。

平和な交易の海になった地中海

紀元前48年、ポンペイウスはシーザーとの権力闘争に敗れて戦死。ポンペイウスの次男セクトゥスが、海賊たちを糾合してローマに戦いを挑むという事件がおこる。セクトゥス（？〜紀元前35年）のもとにはキリキア海賊たちが結集した。これは父のポンペイウスが戦争後、彼らを優遇していたことにもよる。キリキア海賊のなかでも最精鋭の船隊の首領である、メナスとメノクラテスというふたりの海賊が、セクトゥスと行動を共にしていた。

セクトゥスの海賊艦隊は、ローマに向かう食糧船を中心に襲った。食糧自給率が低いローマはこの作戦によって大打撃を受けた。そのためローマは一時的、セクトゥスに譲歩し、アカイア地方（ペロポネソス半島の一地方）に加え、コルシカ、サルディニア、シチリアの3つの島の支配を認めた。

しかし、それも3年間で終わった。紀元前36年、セクトゥスの海賊艦隊はローマ艦隊と激突する。ローマ艦隊はこの3年間、海賊艦隊をみっちりと研究していた。セクトゥスは敗れ、翌年、逃げる途中に殺されている。

古代ローマ時代における海賊の活動は、セクトゥス海賊艦隊の敗北によって一旦収束する。帝政時代に移行したローマは、海上交易路の整備と治安の確保に精力的に取り組んだため、海賊の出番はなかった。地中海は、しばらく平和な交易の海になるのである。

バルバリア海賊とコルセイアの地中海

ローマ帝国の分裂とイスラム勢力の勃興

313年、ローマ帝国でキリスト教が公認される。イエスが処刑されたのが30年頃であるから、実に約300年の迫害の歴史を経ての公認であった。しかし、この頃にはローマ帝国の威勢はすでに衰えていた。395年には東ローマ帝国と西ローマ帝国に分裂。476年には、西ローマ帝国が、ゲルマン民族（東ヨーロッパに住んでいた西ゴート族をはじめとする諸部族）の大移動の影響によって滅亡してしまうのである。

西ローマ帝国滅亡から134年後、アラビア半島でメッカの商人ムハンマド（マホメットとも）がイスラム教を興す。唯一神アッラーの啓示を受け、自らを預言者と自覚したのがきっかけであった。当初は迫害を受けたが、やがて信者を増やして勢力を拡大。630年には、アラビア半島を武力制圧することになる。

以後、イスラム勢力は「聖戦」の名のもとに西へと勢力を拡大していく。711年、西ゴート王国を滅ぼしてイベリア半島（現在、スペインとポルトガルがある半島）を征服。756年には後ウマイヤ朝が成立して半島全域を支配する。また、750年に興ったアッバス朝は地中海にも勢力を伸ばし、サルディニア、シチリア、クレタなど、地中海の主な島々を征服した。アフリカ大陸の北部一帯もイスラム勢力の支配下に入り、地中海の制海権は、完全にイスラム勢力に握られた。

こうした状況にあって、イスラム勢力と対峙し続けたのが東ローマ帝国、またの名をビザンティン帝国である。コンスタンティノープル（現在のイスタンブール）を首都とし、東ヨーロッパと小アジアという広大な版図を支配していたこの帝国は、長い間、キリスト教勢力の“牙城”としてイスラム勢力の侵攻を跳ね返し続けていた。

十字軍の開始

情勢に変化が生じたのは11世紀初頭である。1038年に中央アジアで勃興したセルジューク・トルコ帝国（セルジューク朝）は、急速に勢力を拡大。ビザンティン帝国にも猛烈な圧力を加えた。

ビザンティン帝国皇帝アレクシオス1世（在位1081年～1118年）はこれに耐えかね、1095年、ローマ教皇ウルバヌス2世（在位1088年～1099年）を通じて西ヨーロッパの諸侯に救援を要請する。ギリシア正教の総本山たるビザンティン帝国が、カトリックの総本山に助けを求めたのだから、よほど追いつめられていたのであろう。要請を受けたウルバヌス2世は直ちに、中部フランスのクレルモンで公会議を開き、集まった聖職者・諸侯・騎士・民衆たちに決起を呼びかけた。

「東方で、私たちと同じようにキリストを信じる人々が苦しんでいる。彼らは私たちに救いを求めている。なぜであるか。それは異教徒が聖地を占領し、キリスト教徒を迫害しているからである。（中略）キリスト教徒同士の不正な戦いをやめて、神のために正義の戦いにつけ」（『十字軍』橋口倫介　岩波書店）

教皇のこの呼びかけは熱狂をもって迎えられた。聴衆たちもまた、聖地エルサ

■11世紀の地中海（イスラム世界の拡大）

レムを占領し、地中海の北アフリカ沿岸のすべてを支配し、イベリア半島も支配しているイスラム勢力に脅威を感じていたのである。

こうしてはじまったのが十字軍であり、1096年から1270年まで7回にわたって行われた。しかし、十字軍の遠征は結果からいえば、不成功に終わった。イスラム勢力の駆逐は一時的でしかなかった。だが、その一方で膨大な人の移動が、膨大な物資の移動を促した。結果、地中海の東西に再び、活発な海上交易路が開かれたのである。富の行き交う海に海賊は必ず現われる。十字軍以降、地中海は再び、海賊たちが活発に横行する海となった。

オスマン=トルコの勃興とナスル朝滅亡

十字軍から15世紀なか頃までの地中海の海賊事情は、キリスト教徒海賊が優勢であった。これは十字軍の勢いがそのまま、海賊行為の勢いにつながったと考えられよう。なお、ここでいう海賊とは犯罪者集団としての海賊ではない。武装交易商人であり、それぞれの国や都市の要請に応じて掠奪を働く公認海賊（プライベーティア＝私掠船）である。

しかし、ふたつの出来事が地中海の海賊分布に大きな影響を与えることになる。それはまず東で起こる。オスマン・トルコ帝国によるコンスタンティノープル占領である。オスマン・トルコはオスマン1世（在位1299年～1326年）によって、小アジアに建国された国である。西はビザンティン帝国領を侵食し、東はトルコ系の諸侯を吸収して順調に勢力を伸ばした。

1402年、中央アジアの覇者チムール（在位1370年～1405年）との戦いで一時滅亡したが、その後に復興。ビザンティン帝国に侵攻を繰り返し、1453年、コンスタンティノープルを占領して、ビザンティン帝国を滅亡に追い込んだ。これによりオスマン・トルコ帝国は、小アジアと東ヨーロッパの一部を支配したため、地中海東側でのイスラム教徒海賊の跳梁はこれまで以上に激しくなっていく。

もうひとつの出来事はイベリア半島で起こった。前述したようにイベリア半島では756年に後ウマイヤ朝が成立。イスラム勢力によって支配されることになる。その後、北アフリカから勢力を伸ばしたムラービト朝、ムワッヒド朝と支配王朝は変わるが、イスラム勢力による支配であることは変わりがなかった。しかし、ポルトガル、カスティリャなどキリスト教国家によるレコンキスタ（国土回復運動）も活発であった。1232年、イベリア半島でナスル朝が成立する。グラナダを拠点とするイスラム国家であるが、領土は小さく、キリスト教勢力のレコンキスタの果てに半島の一角に追いつめられた観があった。

このナスル朝は1492年、滅亡する。カスティリャ・アラゴン両王国（後に連合してスペインとなる）に攻略され、首都グラナダが陥落したのである。これにより、数十万のイスラム教徒がイベリア半島を追われた。彼らは、通称“バルバリア海岸”（アフリカ大陸の地中海沿岸。現在のチュニジア・アルジェリア・モロッコ）に逃れた。ここはイスラム教徒の支配地であり、海岸には海賊たちの拠点が点在していた。ヨーロッパの人々はこの海賊たちを「バルバリア海賊」と呼んで畏怖していた。このバルバリア海賊のもとに、国土奪還とキリスト教徒への復讐心に燃える人々が合流したのである。

バルバロッサ兄弟の登場

事件は1504年のある春の日に起こった。ローマ教皇ユリウス2世の財宝を積んだ2隻の大型ガレー船を中心とする船団が、エルバ島の近くを航行中、ウルージという船長に率いられたバルバリア海賊の海賊船に待ち伏せ襲撃されたのである。イギリスの歴史学者で、アラビア語学者でもあるスタンリー・レーン・プールが、1890年に著した『バルバリア海賊の歴史』（邦題『バルバリア海賊盛衰記』前嶋信次 リブロポート）は、その襲撃の模様を記す。

「（財宝船は）誇らかに、危険など意識せずに進んできた。突然、見張り番が、トルコ人のターバンをみとめた。……イタリア近海では、これは見なれぬものなのだ。にわかにあわてふためいて戦闘準備の銅鑼をつきならす。いまや二隻は舷と舷が相接し、矢つぎばやに矢や弩（ボーガン）が斉射されると、それでクリスチャン側は完全にどぎもを抜かれてしまった。ウルージとその部下がすばやく相手の船尾を占領すると、教皇側の家来たちはすぐ昇降口の下に逃げ走った（中略）一同は捕虜にしたクリスチャンの衣服を身につけ、降服した大型ガレー船の乗組員のような態度で、それぞれ配置についた。そうとは知らず、今の事件など皆目わからぬ僚船が近づいてきた。そして突然に、シャワーのような矢ぶすまと小銃の射撃を浴び、あっと驚いたときには、早くも突撃をくらい、何が何やらよくわからぬうちに手をあげてしまった」

ウルージは莫大な財宝を手に、根拠地としている北アフリカ沿岸の町チュニスに戻った。バルバリア海賊数あれど、ウルージほどの財宝を手に戻ってきたものは未だかつてなく、ウルージの名はたちまち、イスラム世界はおろかキリスト教世界まで鳴り響いた、と前掲書は伝えている。このウルージこそ、バルバリア海賊の代表的海賊として恐れられたバルバロッサ兄弟の兄である。バルバロッサとは「赤いヒゲ」の意。ウルージが赤ヒゲの豪傑であったことからこの名前が付いた、と伝えられている。

バルバリア海岸進出直後の大仕事

バルバロッサ兄弟のうち弟のハイルッデンについては、第3部の人物伝で紹介しているから今は省くとして、ここではウルージの略伝を中心に見ていきたい。

バルバロッサ兄弟の出身はなぞに包まれている。現在のユーゴスラビアの海岸部の出身であったとされるが、確かなことは不明だ。キリスト教（ギリシア正教）から、イスラム教に改宗したという説が有力だが、もともとイスラム教徒だったとする説もある。生年もよくわからぬし、海賊となった時期もハッキリしない。

最初はオスマン＝トルコの公認海賊として、主にエーゲ海を中心に活動していたようだ。しかし、やがて活動拠点をバルバリア海岸へと移す。行き交う交易船の数が地中海の東側とは比較ならないほど多く、また、オスマン帝国の勢力範囲外であるから、帝国海軍に気兼ねすることなく働けるためである。

当時、バルバリア海岸のほぼ全域は1228年に興ったハフス朝の支配下にあった。ウルージ選んだ拠点は、現在のチュニジアの首都、チュニスである。チュニスはバルバリア海賊の大きな拠点のひとつ。ウルージはたくみにチュニスの総括責任者に取り入り、チュニスの港ならばどこでも出入り自由、掠奪品の5分の1を差し出せば追跡を受けても匿ってもらえる、という取り決めを交わした。ウルージがチュニスに移ったのは、1504年と伝えられる。とすれば、移転早々、大仕事を成し遂げたことになる。

ウルージとバルバリア海賊

ウルージ、アルジェに向かう

ウルージによる教皇の財宝船捕獲に、バルバリア海賊は大いに湧いた。前述したように、バルバリア海賊にはイベリア半島を追われた人々が多く加わっている。彼らは物欲と復讐心の両方を燃やして、ウルージに続け！とばかり地中海へと乗り出していった。ウルージこそ、地中海でバルバリア海賊の猛威が吹き荒れるきっかけを作った海賊だった。

ウルージのその後を追っていこう。

教皇船の奪取によって富と名声を手に入れたウルージは、活動拠点をチュニスから南のベガス湾に移す。湾内に浮かぶジェルバという島が新たな根拠地となった。ウルージはここで船隊数を増やし、精力的に海賊活動を展開する。ウルージの威勢についてスタンリー・レーン・プールは、「彼はすでに大砲を装備したガリオット船（小型のガレー船）十二隻、一千人のトルコ戦士のほか、キリスト教からの改宗者やムーア人（北アフリカのイスラム教徒のこと）を相当数したがえていた。（中略）彼の非凡な精力と激しい行動性は、その部下の間にも同様の熱情を呼び起こしていた。そうして他の果敢な指揮者たちがそうであるように、彼の人気は大変なものであった」と記している。しかし、1512年、ウルージはスペイン軍との戦闘で左腕を失ってしまう。療養すること半年。隻腕となったが、ウルージの士気は衰えない。軍備を整備して力を蓄え、1516年には、現在はアルジェリアの首都になっている、港湾都市アルジェに向かった。アルジェからの救援要請に応えてのことである。

アルジェはバルバリア海賊の一大拠点であったが、1509年と1510年にスペイン軍が侵攻。港に堅固な城砦を築いて船の出入りに眼を光らせていた。そのためアルジェのイスラム教徒たちは、海賊稼業はおろか、交易もままならない日々を送っていた。加えて、スペイン国王からの莫大な貢物要求が苦しみの種であった。

状況に変化が生じたのは1516年である。この年、スペインを一大海洋国家とする基礎を築いたフェルナンド国王が没した。重圧のもとになっていた国王の死にアルジェの人々は大いに喜び、直ちにアルジェ解放に動いた。すなわち、貢物を納めることを中止するや、近くにいる首長サリム・エド・トゥミに救いを求めたのである。しかし、サリムは自身でスペインに立ち向かうことはせず、ウルージに救援を求めたのであった。サリムのバックには、ナスル朝滅亡の際にグラナダを追われたイスラム貴族イブン・シュラージュ家をはじめとして、グラナダ貴族の血縁者が多くついていた。サリム自身もグラナダ貴族の流れであったと伝えられる。ウルージの招聘の影には、旧グラナダ貴族たちの意志が大きく反映していた。

ともあれ、ウルージは16隻のガリオット船と6000人の海賊を従えて、アルジェに向かった。

アルジェの王となったウルージ

ところで、ここからウルージの行動は奇怪になる。彼は最初のターゲットとしたのは、カラ・ハサンであった。ハサンはアルジャの西72キロメートルの位置にあるシェルシェルという場所に拠点を構えるバルバリア海賊だ。この地域の有力海賊であったが、ウルージはスペイン軍と戦うのに先立ち、ハサンを殺してしまうのである。スタンリー・レーン・プールは前掲書中で、ハサン殺害の理由を「ウルージは狭い土地にふたりの王が並び立つことなど気にくわなかったから」と記している。

アルジェに到着したウルージは、スペイン軍城砦に攻撃を加えはじめる。しかし、どう見てもお義理で攻撃しているという程度。20日間の砲撃にも関わらず、城砦には眼だった損傷はない。そのうちウルージは、アルジェの実質的な責任者であった、サリム・エド・トゥミをも殺してしまう。サリムが入浴している最中を襲ったのである。

ウルージの一連の奇怪な行動に、アルジェ市民たちは仰天した。しかし、ウルージ以上に奇怪な行動に出たのは、彼らアルジェ市民であった。なんと城砦にたてこもるスペイン人たちと内通。反ウルージの武装蜂起を企んだのである。だが、ウルージはこれを敏感に察知。反対勢力を一網打尽にするや、スペイン本国から押し寄せてきた大艦隊をも撃破してしまうのである。

反対派の一掃とスペイン艦隊の撃破により、ウルージのアルジェ乗っ取りは完全に成功。ウルージはバルバリア海岸最大・最強の海賊王となった。

ところで、アルジェにおけるウルージの一連の行動の理由について、詳しく見ておいた方が良かろう。これについて海洋ジャーナリストの小島敦夫氏は、『海賊列伝』(誠文堂新光社)中で次のように考察している。

「スペイン本土を追われて、バルバリアに移ったムーア人貴族たちは、これら周辺の各地に勢力を保って、あるいはスペインに対抗し、あるいは海賊を援助・利用し、ときにはスペインに従属する形で割拠していた。(中略) バルバリア海岸も、アルジェから西に進むと、イベリア半島との距離は急速にちぢまって、南部スペインは“対岸”になる。グラナダ流れのムーア人社会と本土の間には裏の交渉もあったろうし、スペインが支配していたアルジェに近いシェルシェルが、このたびの蜂起に積極的でなかったという理由もあったのではなかろうか。(中略) ウルージにしても、仮にカラ・ハサンがサリムの援助要請に応じていたものならば、かんじんの決戦を前にして同じ援軍の味方を襲うようなことはしなかったはずである」

つまりは、地理的に近いがゆえに、本音と建前が交錯しあっていたといえば良かろうか。口では互いに反スペイン、反イスラムを叫びながら、実際は裏取引をし、甘い汁を吸いあっていたと考えられよう。だから、ウルージの招聘とアルジェ回復についても、サリムのバックにいる旧グラナダ貴族たちは、どこまで本気だったかわかったものではない。「(裏には) いつの世にもあった非力な貴族支配者の狡猾な打算を見ないわけにはいかない。彼らは甘言によって日の出の海賊勢力の力を利用しようとしていたのだ」という小島氏の推察は、説得力がある。

小島氏はこのような前提にも立ったうえで、次のように結論する。

「ウルージのこの間の行動は、彼の悪虐な性情を物語るエピソードとして、多くの海賊書に伝えられているところである。たしかに、そうした側面は否定しえないとしても、その裏面には、例の複雑なこの地の政治的情勢がからんでいることも推測される。ウルージがサリムを殺すと、すぐにスペインと共謀して反ウルージ勢力が動き出すあたりには、むしろウルージをサリム謀殺に駆り立てた背景が暗示されているようにさえ思える。つまり、ウルージは、スペイン人とムーア人 (北アフリカのイスラム教徒のこと) の裏のつながりを察知して、サリム殺害へと怒りを爆発させたと見るのが至当であろう。先のシェルシェル攻略とカラ・ハサン抹殺に加えて、この行為をみると、ムーア人側の戦略に対する直情なウルージの一連の反応は、単に彼のバルバリア地方制圧の野心から出たというものよりも、政治的駆け引きの狭間を、実力と実行力を持った彼が一気に突破したという感が強い」

ウルージは持ち駒として利用されかけたのかも知れない。ウルージはそのことを知って怒り狂い、仕掛けられた罠を喰いやぶり、一気にアルジェを手中にしたのではなかろうか。

英雄ウルージの壮絶な死

しかし、ウルージの躍進もここまでだった。アルジェ支配により彼は3つの敵を抱えた。ひとつはアルジェ奪回に燃えるスペイン軍。今ひとつは周辺のイスラム勢力。3つ目はアルジェを中心とする彼の支配地域の民衆たちである。民衆がウルージの敵になったのは、ひとえにウルージの政策の失敗による。ウルージは海賊ではあるが、政治家ではなかった。政治的な経済感覚の欠如が、民衆の生活を窮乏に追い込んだのである。

決定的な事態は1518年に起こった。ウルージが留守にした隙をついて、アルジェで民衆による大規模な武装蜂起が発生。情勢を注視していたスペインは、直ちに遠征軍をアルジェに送ったのである。スペイン軍の動きは迅速であり、ウルージはアルジェに戻る前に、スペイン軍との交戦を余儀なくされた。最強の海賊ウルージも、陸上では分が悪い。撤退作戦の最中に、乱戦のなかで死んだ。ウルージは一度、スペイン軍の追撃を振り切ることに成功していた。しかし、護衛部隊が自分を逃がそうと決死の奮戦をしているのを見、「部下を見捨てることはできぬ」と馳せ戻り、斬り死にしたのであった。

『バルバリア海賊の歴史』の著者スタンリー・レーン・プールは、ウルージの人となりについて、フランスの歴史家モーガンの『アルジェ史』から、「ウルージ・バルバロッサのことをよく憶えている者たちの証言」を引用して紹介している。

「身長はあまり高くなかったが、実によく均整がとれ、頑丈だった。髪もひげの真赤で、眼はすばやく、光が強かった。わし鼻で、色は浅黒かった。慓悍無比で、太っ腹、進取的で、惜しみなく財を他にわかった。そして戦場におけるほかは流血をこのまず、反抗された場合のほかは残虐ではなかった。部下の兵たちや僕婢たちからはきわめて愛され、畏れられ、また尊敬されていたから、その死は、彼らすべてから、この上なく惜しまれ、歎かれた。彼には息子も娘もなかった」

この証言と、小島氏の考察を考えあわせるとき、ウルージという人物の実像が余すところなく浮かび上がってこよう。彼もやはり、なにか突き詰めたものを胸に抱いていた海賊であったように思う。突き詰めていたものが何か？　はわからない。しかし、突き詰めたものがあったからこそ成功し、また、それゆえに途中で倒れたといえるのではなかろうか。

バルバリア海賊に捕まったセルバンテス

ここからは、バルバリア海賊に捕まった捕虜たちの運命について少し見ていきたい。というのも、捕虜はバルバリア海賊の有力な“掠奪品”のひとつだったからである。

不幸にして海賊船に捕まったとしよう（これからの運命を考えると戦闘で死んでおいた方がマシかも知れない）。捕虜たちはまず、根拠地に引き上あげる海賊船のオールを漕がされる。根拠地に到着すると、土地の有力者と奴隷商人が待ち構えている。まず、有力者が奴隷を選ぶ。選ばれた奴隷は有力者のもとで、働かされることになる。残った人々は奴隷商人の手にわたり、競売にかけられるのである。

ここで世界史上著名な人物をひとりあげよう。『ドン・キホーテ』の作者として知られるミゲル・デ・セルバンテス（1547年～1616年）。このセルバンテスがバルバリア海賊の捕虜となった経験を持っているのである。

セルバンテスが海賊に捕まったのは、1575年9月のはじめ頃。彼はイタリアのナポリからスペインのバルセロナに向かう途中、アルナウテ・マミーを首領とする3隻の海賊船の襲撃を受けた。船は数時間ばかりの戦闘の末に降伏。当時、28歳だったセルバンテスも捕虜になった。

セルバンテスが連れていかれたのは、バルバリア海賊の主要な根拠地のひとつアルジェであった。セルバンテスは他の捕虜と同じように、奴隷市場に連れていかれた。彼を買い取ったのは、アルナウテ・マミーの補佐役をつとめる、ダリ・マミーという人物だ。ダリはセルバンテスが、オーストリアのドン・ジョンという人物の推薦状を手にしていることに目をつけた。ドン・ジョンはスペイン王とは異父兄弟の間柄であり、当時のヨーロッパでは重要な人物のひとりであった。ダリはセルバンテスを身代金請求目的で拘束する。

セルバンテスはそれから身代金が届くまでの5年間、捕虜収容所（セルバンテスは「倉庫」と呼んだ）で過ごすようになる。何度か脱走を企てたが、そのたびに失敗。ガレー船の船漕ぎ奴隷になる直前、身代金が届いて解放される。スタンリー・レーン・プールの『バルバリア海賊の歴史』によれば、解放のために支払われた身代金は、当時の英国金で100ポンドほどであったという。

過酷な船漕ぎ奴隷

セルバンテスのように身代金目的で監禁される捕虜もいれば、奴隷として過酷な労働を強いられる捕虜もいた。たぶん、そちらの方が圧倒的に多かったのではないか。奴隷が従事する労働はさまざまだが、共通しているのは過酷・危険な仕事である。石切場での石切り作業、建物の解体、汚物処理etc。足には常に重い鎖をつけられて、自由に動くことはできなかった。加えて、虐待と虐殺は日常茶飯事であった。耳削ぎ刑、串刺し刑、絞首刑……。残虐行為はささいな理由で、あるいは理由がなくとも行われたという。

奴隷に対する処遇で、もっとも過酷とされているのが船漕ぎ奴隷であり、多くの捕虜が船漕ぎ奴隷としてガレー船に積みこまれた。ガレー船は風力による帆走機能もあるが、主な推進動力は人力によるオール漕ぎである。だから、奴隷たちは船のエンジンになりきることを要求された。ガレー船の環境は劣悪の一語につきた。食事は少しの豆とビスケット。船を漕いでいる最中には、ワインに浸したパンがお情け程度、むりやり口に押し込まれた。手足の自由は鎖で奪われており、眠るときもお互いの身体に寄りかかって眠った。

船内の臭気がこれまたひどかった。船の底にたまった汚水の臭い、風呂に入っていない男たちの体臭、息をするたびに吐き出される口臭。これらが混じりあい、とてつもない臭気が漂っていたという。

かような環境で1日10時間から12時間、ノンストップで漕がされるのだからたまったものではない。だが、少しでも力を抜くそぶりをみせたら容赦なくムチが飛んだ。疲労困憊で動けなくなったらもうおしまいである。息絶えるまでムチ打たれたあげく、海にたたき落された。

奴隷の境遇から抜け出る方法

抜け出す道はふたつあった。ひとつは身代金を支払うこと。だが、これは裕福な人に限られた。セルバンテスが解放までに5年かかったのも、身代金をかき集めるのに時間がかかったためである。教会による慈善事業の一環として、解放のための身代金を集めることもされていたが、ほとんどは、僧が現地に向かう際の旅費として消えた。

自由の身になるもうひとつの方法は、改宗である。キリスト教を捨てて、イスラム教徒となれば奴隷の身分からは解放された。そして、多くのキリスト教徒たちが改宗し、ハルバリア海賊の海賊船に乗り込んだ。16世紀後半などは、アルジェの海賊船の3分の2が改宗者の船長によって指揮されていたという。

改宗した海賊でもっとも名を知られているのは、イギリス人ジョン・ウォードである。ウォードはもともとイギリスの漁師だったが、やがて海賊稼業を開始。フランスの商船を捕まえチュニスに連行すると、バルバリア海賊の仲間入りをした。奴隷の身分から抜け出すために改宗した訳ではないぶん、ためらいもなかった。ウォードは生粋のバルバリア海賊も眉をひそめるような、粗野な男であり、いつでもどこでも罵声を上げ、酒ばかり呑んでいたという。だが、海賊としては優秀であり、1606年には、500人の海賊たちを指揮する立場にあった。

ウォードは1622年、チュニスで病死している。晩年は城のような家を構え、15人の仲間たちと優雅に暮らしていたという。ウォードのような成功者？もいるかと思えば、哀れな失敗者もいる。イギリス人フランシス・バーニーは、バルバリア海賊となったあと、キリスト教国の船に捕まった。船漕ぎ奴隷とされた後、発狂死したという。

聖ヨハネ騎士団とマルタ島のコルセイア

ところで、地中海ではバルバリア海賊だけが暴れていた訳ではない。確かに、バルバリア海賊の猛威は吹き荒れていたが、キリスト教徒たちの海賊もまた暴れていた。

たとえばウズコッキがいる。彼らは16世紀から17世紀のはじめ頃にかけて、アドリア海の最も奥まった場所にあるセーニャ港を拠点にしていた海賊集団である。組織しているのは狂信的なカトリック信者たち。カトリック以外の船を襲いまくった。

しかし、最大勢力となったのは、なんといってもマルタ島を拠点とした海賊たちであり、彼らの起源は十字軍までさかのぼることができる。十字軍以降、オスマン・トルコが勃興するまで、東地中海はキリスト教徒海賊が横行していた。海賊たちの基地となったのは、キプロス、クレタ、ロードスといった島々である。なかでも小アジアに近いロードス島は、聖ヨハネ騎士団領であり、キリスト教徒

海賊行為を働く聖ヨハネ騎士団

海賊の有力な根城となっていた。ちなみに、聖ヨハネ騎士団とは、第1回十字軍とほぼ同時期に結成された騎士修道会（宗教騎士団）のひとつである。任務は聖地に常駐し、巡礼者の保護と病人・貧者の世話と死者を埋葬すること。テンプル騎士団とともに有名な騎士団である。

1522年、オスマン・トルコ帝国皇帝スレイマン1世（在位1520年～1566年）は、ロードス島征服の軍勢を進めた。帝国の首都コンスタンティノープルと、エジプトのアレキサンドリアの海上輸送を考えた場合、ロードス島はぜひとも掌握しておかなければならない拠点だったからである。オスマン・トルコ軍は激戦の末、ロードス島を占領することに成功する。

ロードス島を失った騎士団が、新たな根拠地として選んだのは、アフリカ大陸とシチリア島の間にあるマルタ島であった。騎士団は2度にわたるオスマン帝国海軍の襲撃を退け、島の要塞化と海軍力の増強を進めた。その一方で「私掠免状」を発給し、海賊行為を奨励したのである。

これによりマルタ島はたちまち、公認海賊たちの基地となった。この海賊たちはフランス語で私掠船を意味する「コルセール」という名で呼ばれた。というのも、聖ヨハネ騎士団はフランス王国の出身者が多く、マルタ島の公認海賊たちは、フランス王国の公認海賊とみられていたからである。一般的に使われるコルセイアとはコルセールの英語名である。

マルタ島のコルセイアたちは、盛んにイスラム教徒の交易船を襲い、また、バルバリア海賊と戦った。

近代化による海賊たちの衰退

しかし、18世紀のなか頃から地中海における海賊活動は、しだいに下火になっていく。彼らの活動が衰退した原因は、“近代化”という大きな時代のうねりである。

具体的に“近代化”を説明すると、

産業革命

市民社会

奴隷制度廃止

の3つがあげられる。

産業革命は1710年にイギリスではじまり、欧米各国に広まった。蒸気機関、紡績器などの発明であり、端的にいえば産業の機械化である（最初の蒸気船の実験は1707年、フランス人ドニ・パパンによって行われている)。機械化されたことで物資の生産量は大幅にアップした。生産量が上がれば貿易量もあがり、貿易利益も上がることになる。こうなると移動スピードと、安全な海上交易路の確保が必要になる。海賊は貿易の安全を脅かし、移動のスピードを鈍らせる存在となった。

ヨーロッパ各国はこれまで、バルバリア海賊の襲撃を一方では非難しつつ、一方では有り難がっていた。というのも、他の国が襲われることは、必然的に自国の海運力があがることを意味するからだ。だから、海運大国は護衛船団を組んで自国の船は守りつつ、他の国が襲われると、「よくぞ足を引っ張ってくれた」という思いで見ていたのである。

ところが、産業革命以降は、各国間のネットワークの強化こそ、より大きな利益をあげる条件となった。戦争時は別として、平時において海賊が横行することは、経済発展にとって不都合になったのである。ヨーロッパ各国は、地中海の海賊掃討に本腰を入れるようになった。

次いで市民社会をみてみよう。転機となったのは1789年に勃発したフランス革命である。これにより、フランス社会は貴族社会から市民社会へと転換していく。貴族とは大土地所有者であり、土地からの収入で暮らしていた人々だ。ところが、国民議会の決定により、貴族たちは土地を没収されてしまうのである。このなかには、コルセイアの元締たる聖ヨハネ騎士団の土地も含まれていた。騎士団はコルセイアのスポンサーだ。フランス革命は、コルセイアから活動資金源を奪う結果になった。

資金がなくては海賊はおろか、聖ヨハネ騎士団も活動はできない。彼らは結局、ジリ貧となり、1798年、ナポレオン艦隊によってマルタ島から追い出されている。

そして奴隷制度廃止は、19世紀初頭に一気に盛り上がった。この時期、バルバニア海賊たちはまだ活動を続けていたが、すでに往時の威勢はなかった。1816年、イギリス艦隊がバルバリア海賊最後の根拠地アルジェを攻撃。地方長官に奴隷1600人を解放させる。それから14年後、フランス艦隊がアルジェを武力制圧し、バルバリア海賊の歴史に終止符が打たれることになる。

近代化という大きな波の前では、前近代的な海賊という存在は、砂上の楼閣に過ぎなかったといえようか。

第2章

北海
バルト海
の海賊たち

北欧から来た異形の武装交易者たち

襲われた島

『アングロ・サクソン年代記』という書物がある。アングロ・サクソンとはゲルマン民族の一部。現在のドイツ北部やデンマークにいた人々のことである。5世紀なかば以降、現在のイギリスにわたって諸王国を築いており、同年代記は、彼らの事跡を伝えている。記されているのは紀元後1世紀から、12世紀のなかばまで。ヴァイキングとの戦いで名を馳せたアルフレッド大王（後述）が、同書の作成に深く関係していることが確実視されている。史実と若干のズレがあったり、うわさ話の類も採録しているから、歴史資料としては信頼性に問題があるが、その点を差し引いても、民族の事跡を知るための参考にはなる。この『アングロ・サクソン年代記』が、793年6月8日の出来事として、ヴァイキングの襲来を記している。

襲われたのは、グレート・ブリテン島の東海岸に浮かぶホーリー島。スコットランドに近く、当時はブリーデン島と呼ばれていた小島である。襲撃は苛烈であった。島民は次々と殺され、家財道具が奪われた。悲惨を極めたのは、島のほぼ中央にあるリンディスーファン修道院であった。島民が急を報せた直後には、異様な兜をかぶり、斧、剣、円形の盾を手にした男たちが乱入してきた。彼らは、聞きなれない言葉を口にしながら、僧たちを撫で切りにし、財宝の多くを奪った。家畜・食料もすべて奪われた。ヴァイキングたちは、掠奪品を船に積み込むと、見る間に海上へと立ち去っていったという。

『アングロ・サクソン年代記』は、この事件をヴァイキングによる最初の襲撃としているが、実際には、これ以前から襲撃は起こっていたようだ。海洋ジャーナリストの小島敦夫氏は『海賊列伝』（誠文堂新光社）において、すでにその4年前、現在のドーセット州にヴァイキングの襲撃があったことを指摘している。

ともかく、ホーリー島での事件以降、ヴァイキングによる襲撃は見る間に増加の一途をたどっていき、イングランドの北部、スコットランド、ウェールズなど

ヴァイキングの襲撃

グレート・ブリテン島の各所が、ヴァイキングの攻撃を受ける。そして、これ以降、11世紀にいたるまでヨーロッパの各所がヴァイキングの襲撃にさらされることになる。

年代記作者たちの偏見

ヴァイキングに対して抱く、大方のイメージは「海賊」であろう。海の彼方からやってきて、上陸し、殺し、掠奪し、立ち去るのだから、やっていることは紛れのない海賊行為である。しかし、後に紹介するカリブ海の海賊のような犯罪者集団としての海賊ではない。ヴァイキングは海の武装交易商人の群れである。武装交易商人が時と場合に応じて海賊行為を働くことは、前章のフェニキア人の項（P021参照）で紹介した通りである。

ヴァイキング＝海賊というイメージを定着させたのは、前述した『アングロ・サクソン年代記』を含む、当時の記録に原因があるようだ。ヴァイキング研究の第一人者として知られるジャクリーヌ・シンプソン女史は、『The Viking World』（邦題『ヴァイキングの世界』早野勝巳訳　東京書籍）中で次のように指摘している。

「ヴァイキング時代というと、略奪品を飽くことなく求め、恐怖を撒き散らし、破壊をもたらす獰猛で無慈悲な野蛮人像を中心として論じられることが従来あまりに多く、同じように重要でありながら衝撃性が少ないことがらが多数看過されてしまった。この主因は、当時のヨーロッパ年代記編者の一面的な見方にある。当然のことであるが、彼らはヴァイキングをもっぱら略奪者、貢物の強奪者とみなしたのだった」

「重要でありながら衝撃性が少ないことがら」とは、たとえば交易である。前述したように彼らは、武装交易商人の群れである。掠奪活動も旺盛だったが、それ以上の富を交易で得ていた。ヴァイキングの交易活動に関する情報が、年代記からは大幅に欠落しているのである。また、後ほど詳しく紹介するように、ヴァイキングは北欧の人々である。彼らは決して掠奪のためだけにヨーロッパに南下したのではなく、多くが植民のために南下していた。この植民に関する記事も、年代記には圧倒的に少ない。

年代記が、ある意味「正確でない」の記述になった理由について、シンプソン女史は前掲書中で、「編者は、ヴァイキングの背景、文化、交易、あるいは彼らの到来の根本原因はほとんど知らず、関心を抱くこともなかった」と指摘しているが、これはどうも、当時の年代記作成者の多くが、宗教関係者であることによるようだ。というのも、襲撃例を見るとヴァイキングたちは、好んで教会・修道院といった宗教施設を襲っている。これは宗教施設に防備が施されていないのと、地域の信者が寄進した財宝が宗教施設内に蓄えられていたためである。ヴァイキングにとって宗教施設は、ローリスクにしてハイリターンの“獲物”であった。宗教関係者が財宝を根こそぎ強奪するヴァイキングを獰猛な海賊として記すのは、当然のことであったろう。関心よりも、怒りと恐れが先行したのである。また、ヴァイキングが異教徒であったことも見逃せない。北欧では当時、キリスト教は浸透しておらず、彼らは自らの神を信仰していた。崇めるのはオーディン、トール、フレイの三神。北欧神話に登場する神々である。ヨーロッパの年代記作者の心中には、ヴァイキングに対する恐れに加え、異教徒に対する侮蔑感も相当にあったのではなかろうか。

ヴァイキングに関する研究書・研究論文などは、無数と形容しても良いほど出されており、論点もまた多岐にわたる。本書はヴァイキングにのみ焦点をしぼっている訳ではないから、ヴァイキングについてすべてを論じることは無理がある。しかし、年代記編者のように一面的にならず、公正な眼でヴァイキングの事跡を紹介することはできる。以下、ヴァイキングについて、ザックリと見ていきたい。

どこから来たか？　なんと呼ばれたか？

ヴァイキングは、北欧から東西ヨーロッパに南下した人々である。具体的にいえば、スカンジナビア半島とユトランド半島があたる。スカンジナビア半島は現在、ノルウェー・スウェーデン・フィンランドの3つの国があり、ユトランド半島はデンマークの国土になっている。

次に「ヴァイキング」という呼び名についてだが、これは確定的ともいうべき説がない。一般的には、峡江（峡谷に入り込んだ入江）を意味する「Vik（ヴィク）」に「……より来るもの」を意味するingがついた、とされているが確証はない。ただ、ヴァイキングの故郷であるスカンジナビア半島やユトランド半島には、フィヨルドと呼ばれる入り組んだ峡江が多いのは確かである。交易所に由来するとの説もある。交易所が北欧の言語で「ヴィク」と呼ばれており、ここに「……

より来るもの」のingがついてヴァイキングになったとする説だ。だが、これも推論の域を出ていない。前出のシンプソン女史は前掲書中において、「中世のスカンジナビアの言語で『ヴィーキングル』vikingrというと、海賊・略奪者を意味した。つまり、船で外国の沿岸を襲ったり、自国の海域で温和な船乗りを待ち伏せしたりして、富を求めようとする者のことである。このほかに『ヴィーキング』vikingという抽象名詞があり、これは『海外へ略奪に出かける行為』を意味した」と記している。ただ、「ヴィーキングル　vikingr」「ヴィーキング　viking」という言葉が登場した時期については明確ではない。疑問を提示しておいて無責任かも知れないが、確定的でない以上、「『ヴァイキング』vikingという語の正確な由来はなおベールの彼方にある」(『The Viking』　邦題『図説　ヴァイキングの歴史』　B・アルムグレン　蔵持不三也訳　原書房)とせざるを得ないだろう。

ヴァイキングは自身をなんと呼んだか？についてだが、シンプソン女史は前掲書中において、「スカンジナビア人自身はというと、自分たちを特定地域の住人であると常に考えていた。『ヴェストフォルドの民』『ホルザランドの民』『ウップランドの民』などである」と指摘している。もしかすると、自分たちについては「～の者」という形で出身地を冠して呼んでいたかも知れない。

ヨーロッパ人は、ヴァイキングを「ヴァイキング」という名で呼んだことはなく、各地域によって呼び方は異なった。たとえば、アングロ・サクソンは、彼らの出身地域に関係なく一様に「デーン人」と呼んでいる。以下、シンプソン女史の前掲書中から紹介すると次の通りである。

北欧の民［Normanni］（フランク人）

とねりこ(註1)の民（東ヨーロッパ人）

異国人［Gaill］／北欧人［Lochlannaigh］（アイルランド人）

異教徒［Majus］（イベリア半島のイスラム教徒）

また、スラヴ人、アラブ人、ギリシア人はヴァイキングたちを［Rus］［Ros］と呼んだそうである。なぜ、アラブ人、ギリシア人まで？と思われるかも知れないが、ヴァイキングたちは河川航行により、ロシア内部を抜けて黒海に出、地中海にまで進出し、ビザンティン帝国（東ローマ帝国）はもちろん、アラブ人とも

とねりこ（註1）

とねりこはモクセイ科の落葉樹。ヴァイキング船をとねりこで建造したと見たことから名がついた。ただし、ヴァイキング船は実際はナラ、カシ、カシワなどのオーク材で作られていた。

接触があったためである。

彼らはなぜ南下したのか？

ここからは、ヴァイキングによるヨーロッパ進出について見てみよう。ヴァイキングを部族に分けると

ノール人（ノルウェー人）

デーン人（デンマーク人）

スウェード人（スウェーデン人）

の3部族に分かれる。彼らのヨーロッパ進出は、この3部族が単独で、ときに入り混じりながら行われたのだが、これは現在では「民族大移動」として説明され

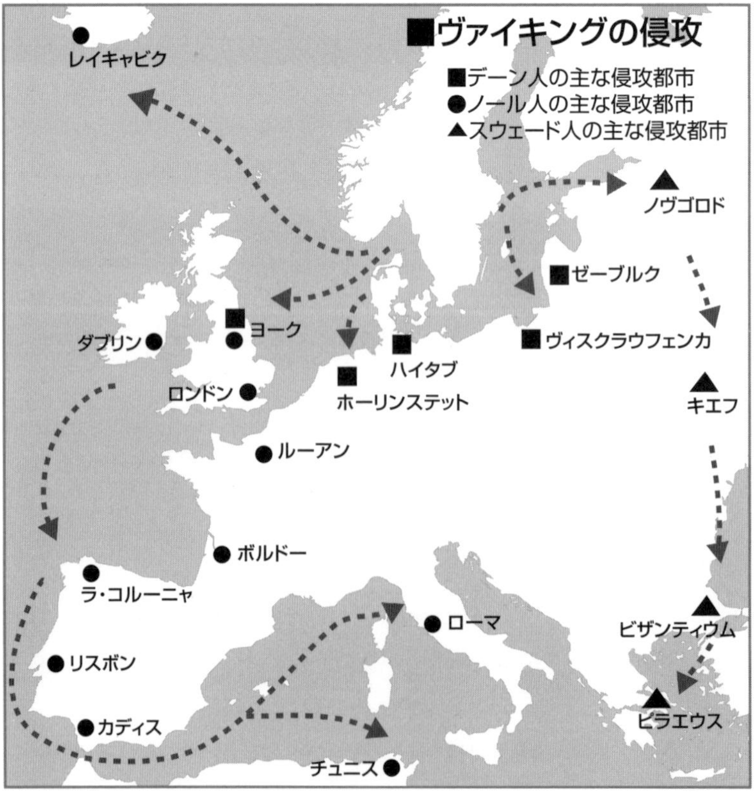

ることが多い。民族大移動が海賊行為をともなった訳だが、前例としては「海の民」(P019参照)による大移動と海賊行為があげられる。

さて、疑問なのは、こうした民族大移動がなぜおこったか？　ではなかろうか。これには確たる定説はないのが実際だが、

環境と人口の関係

経済変動

社会の変化

の3つが要因として考えられている。

まず、環境と人口。地図なり地球儀なりをご覧いただければおわかりになるかと思うが、北欧の緯度は日本の北海道よりも高い。農耕地があっても、こういう環境では農業のみで喰うことは難しい。だから、農業と並行して漁業・狩猟・牧畜も行われたし、海上交易も盛んに行われた。それでも人口が多くなってくると、生活は苦しかったと思われる。人口密度の推移といったデータはもちろんないので確実なことはいえないが、どうも人口の増加が、北欧の住人の南下に大きく関係しているのではないかと思われる。

次に経済的変動だが、これはイスラム勢力のヨーロッパ進出と関係があるようだ。「バルバリア海賊」の項でも説明したように、8世紀のはじめにはイスラム教徒が北アフリカの地中海沿岸とイベリア半島を征服し、地中海をあたかもイスラム勢力の海の如くしてしまう。これによってヨーロッパの経済は大打撃を受けることになるのだが、ヨーロッパと交易のあったヴァイキングの経済もまた、大きな打撃を受けたのである。この経済変動が、北欧の人々の経済に大きな変化を強い、結果として、民族大移動という事態が引き起こされたのではなかろうか。

最後に社会の変化だが、これは端的にいえば、ヴァイキング内の権力闘争である。ヴァイキング社会はそれまで、各地に有力者が並び立つ群雄割拠のような社会であった。ところが、9世紀に入ると「我こそは天下を統一してくれん」という者が出はじめる。

有名なのはハラルド1世(美髪王　在位860年頃〜930年頃)だ。彼は各地の有力者と激しい闘争に明け暮れ、従わないものは国外に追放した。また、ハラルドの支配を快く思わない人々は、こぞって国外に退去していったという。こうした動きはノルウェーばかりでなく、スウェーデン、デンマークでも起こっていた。権力抗争の背景には、さきに指摘した経済危機があると思われるが、果たしてど

うか？

要するに、環境・人口・政治・経済の複雑な絡み合いによって、8世紀末からの民族大移動が起こったと推定できるのである。

さて、移動先であるが、これは、

グレート・ブリテン＆アルイランド島ルート

ヨーロッパルート

ロシア→黒海ルート

大西洋横断ルート

の4つに分けることができる。以下、この順番でそれぞれのルートにおけるヴァイキングの活動を大まかに追っていきたいと思う。

アイルランド島とグレート・ブリテン島のヴァイキング

まずはアイルランド島から見てみよう。アイルランド島は795年の襲撃を皮切りに、ノール人、デーン人からたび重なる襲撃を受けている。有名なのは839年にやってきたトルギルスというノール人ヴァイキングだ。トルギルスはアイルランドに強圧的な支配を敷いたが、844年、アイルランド人のレジスタンス勢力によって殺された。死因は溺死。島の北部にあるネイ湖に沈められたという。

トルギルス以後もヴァイキングの侵攻は続いたが、彼らがアイルランド島を完全に武力制圧するまでには到らなかった。理由はふたつある。ひとつはアイルランド人のレジスタンス勢力が強かったこと。もうひとつは、ヴァイキングのアイルランド侵攻のウエイトは、全島支配と植民ではなく、掠奪と交易センターの建設に置かれていたためである。ちなみに、ダブリン（現在のアイルランドの首都）やウォーターフォードといった都市は、いずれもヴァイキングによって建設された交易都市から発展しているという。

続いて、隣のグレート・ブリテン島を見てみよう。ここもノール人とデーン人ヴァイキングによる波状攻撃を受けた。ヴァイキングの侵攻がはじまったとき、グレート・ブリテン島のイングランドとウェールズでは、ノーザンブリア、イーストアングリア、エセックス、サセックス、ウェセックス、ケント、マーシアという7つの王国が覇を競いあっていた。ヴァイキンの侵攻は、グレート・ブリテン島の住人たちの危機感をあおった。「分裂しているときではない」という意識のもと、829年にはウェセックス王エグバートにより、イングランドとウェールズが統一される。しかし、政権の基盤が弱かったためすぐに崩壊してしまう。

そうしたなか、ヴァイキングの侵攻はますます激しくなった。これは隣のアイルランド島とは違い、ヴァイキングの侵攻が、ハッキリと「征服」という目的を持っていたことにもよる。結果、9世紀の後半には、ウェセックス（グレート・ブリテン島の南西部を支配）以外の国は、ヴァイキングに屈服することになる。しかし、この頃になってようやく、グレート・ブリテン島にヴァイキングの脅威を打ち払えるだけの英雄が登場する。ウェセックスのアルフレッド大王（在位871年～899年）である。

アルフレッド大王の登場

アルフレッド大王は871年、ウェセックスの王位についている。頑健ではなかったが、頭脳は明晰。剛勇ではなかったが、戦略眼に優れていた。大王はヴァイキングの戦法を徹底的に研究した。その結果、彼らの強さが“ヴァイキング船”にあることを看破する。

ヴァイキング船とは、彼らが使用した船である。図版や説明などは、第2部の「海賊船」の項（P170参照）にあるのでこの項では省略するが、ともかく、グレート・ブリテン島はもちろん、当時のヨーロッパにあるどの船よりも、速度・航行能力という点で優れていた。ヴァイキングが河川航行をしてヨーロッパの内陸部にまで入り込めたのも、また、迅速な攻撃と撤退ができたのも、すべてはヴァイキング船の性能の賜物であった。

しかし、アルフレッド大王は研究の結果、無敵とも思えるヴァイキング船にも致命的な欠陥があることを知る。それは上部に遮蔽物がなく、上からの攻撃に対して無防備という点であった。つまり、上から矢や石が降ってきても、防ぎようがないのである。そこでアルフレッド大王は、ヴァイキング船より舷側の高い船を建造する。これは船体が大型のため浅瀬では動きが取れなくなるという難点があったが、海上では強みを発揮し、ヴァイキング船の無敵神話を崩すことに成功する。

大王がとったもうひとつの作戦が、各地への城砦で建設である。大王はやはり研究の結果、これまでの敗北の要因が“後手後手の対応”にあったことを知る。つまり、ヴァイキング船の機動力を活かした彼らの迅速な襲撃に、防衛行動がつ

アルフレッド大王の船とヴァイキング船の戦い

いていけなかったのだ。ならば、こちらも迅速な対応ができるような態勢を作れば良い訳であり、結果、城砦建設を推し進めることになる。城砦は防衛と攻撃の拠点。“ヴァイキング襲来”と報せが届くや、城砦に常駐している軍隊が出動するのである。城砦が多ければそれだけ対応の速度も早くなるため、侵攻してきたヴァイキングに対し、先手をとって迎撃することも可能になった。

これらの戦術的工夫が効をそうして、アルフレッド大王はヴァイキングとの戦いに絶対的強みを発揮。878年にはデーン人ヴァイキングの大攻勢を退け、886年には彼らと協定を結び、デーンロウ（デーン人支配地の意。島の南東部がデーン人ヴァイキングによって支配されていた）とウェセックスの間に、明確な境界線を引くことに成功する。

陥落したパリ

グレート・ブリテン島については、あとでもう一度触れることになるので、ここで視点を転じて、ヨーロッパに展開したヴァイキングを見てみよう。ヨーロッパを席巻したのは、デーン人ヴァイキングであり、東フランク王国（現在のドイツ）と西フランク王国（現在のフランス）が標的になった。

まず、東フランク王国から見てみよう。有名なのは882年から起こった侵攻である。ヴァイキング軍団はライン川のデルタ地帯に一大拠点を築き、ケルン、ボンなどの上流の諸都市を荒らしまくった。しかし、891年、東フランク王国軍との決戦に敗れ、東ヨーロッパでのヴァイキングの活動は、しだいに下火になっていく。

西フランク王国では、843年と845年の襲撃が有名だ。843年に襲われたのは、ロアール川下流の町ナントである。6月の聖ヨハネ祭の日、67隻の船で河をさかのぼってきたヴァイキングが津波のように町に乱入。殺され、奪われ、破壊された。

845年にはパリが陥落している。攻めたのはラグナール・ロードブログ。デンマーク王国の血縁者であり、「皮半ズボン」とあだ名されるヴァイキングだ。ラグナールと彼に率いられた軍団は、シャルル“禿頭”王の迎撃陣を難なく突破して、パリに入城した。王は、大金と引替えにパリの返還を求め、なんとかパリを回復する。しかし、以後、巨額の金を提供するはめになる（デーン税と呼ばれる）。

ところで、ラグナールの名前が出たところで、彼の3人の息子も紹介しておきたい。長男はイングヴァル。次男はビョルン。三男はハルヴダン。長男のあだ名は「軟骨男」。次男のあだ名は「鉄の銅」。三男のあだ名はわからない。この3兄弟はそろって勇猛であり、父親の死後、本格的にグレート・ブリテン島攻略をはじめている。彼らは866年、島に上陸。ノーザンブリア、マーシアなどの諸王国を次々と制圧した。このとき彼らの前にたちはだかったのが、前述したアルフレッド大王である。アルフレッド大王とラグナール3兄弟の攻防は、ヴァイキングの歴史を語るうえでの“名場面”といえよう。

話をパリに戻そう。845年以後も、デーン人ヴァイキングによるパリ侵攻は起こった。855年11月の襲撃はとくに大規模であり、ジーグフリートというヴァイキング率いられた4万の大軍団が、700隻の大船団でパリを包囲している。しかし、このときは西フランク王国軍が奮戦。パリを守りきっている。

ノルマンディー公国の誕生

デーン人ヴァイキングの西フランク王国襲撃が収束に向かったのは、10世紀の初頭、ロロ（860年頃〜933年）が登場してからである。ロロの出身については確定的な説がないが、海洋ジャーナリストの小島敦夫氏は、『海賊列伝』（誠文堂新光社）中で「ノルウェー西北部メールの豪族ヤルル・ロングヴァルドの息子ゴング・フロールヴであろうとする説は説得力を持っている」と指摘している。ロロのあだ名は「歩く男」。並みはずれた巨体の持ち主であったため、乗馬できないことからつけられたようだ。グレート・ブリテン島にも侵攻をしたことがあり、ヴァイキングたちの間では、歴戦の勇士として知られていた。

このロロが911年の春、パリの西方にあるシャルトルを攻撃する。王国軍が激しい迎撃を行ったため、シャルトル攻略には失敗するが、大軍団を率いてセーヌ川の河口域に留まっていた。ときの西フランク国王シャルル3世（単純王）は、ロロとヴァイキング軍団を追い払うことは無理と判断。彼らに対して、「キリスト教の洗礼を受けること」「海岸の防備の役割をになうこと」「国王を承認すること」の3条件と引き替えに、セーヌ川下流域の土地を与えることを申し出る。時間をかけてヴァイキングたちを懐柔し、王国のなかに取り込んでしまう作戦である。ロロは王国サイドの申し出を受託。西フランク王からノルマンディー地方の割譲を受ける。歴史上にいうノルマンディー公国の誕生であった。

ヴァイキングのイングランド征服

ここで再び、視線をグレート・ブリテン島に転じよう。899年、アルフレッド大王が没する。ノルマンディー公国誕生に先立つ12年前のことだ。大王の死後も、その威光により、ウェセックスはヴァイキングに対して優位を保った。しかし、10世紀末からヴァイキングの大侵攻がはじまる。主体となったのはデーン人たち。ユトランド半島にデンマーク王国が建設されていたこともあり、侵攻は大規模かつ組織的なものであった。そして11世紀初頭、ついにデンマーク王室の王子クヌート（在位1016年～1035年）が、イングランド全域を征服。イングランド王に即位してデーン朝を開くことになる。クヌートはデンマークの王位を継承した後、ノルウェーの王も兼任。さらにスウェーデンとスコットランド（グレート・ブリテン島の北半分）の一部も支配して、一大ヴァイキング王国を作り上げた。

だが、クヌートが没すると王国は一挙に崩壊。イングランドとウェールズには、アングロ・サクソンの王が君臨することになる。しかし、政権基盤が弱かったこともあり、国情は不安定であった。この動乱に乗じてイングランド侵略に乗り出してきたのが、ノルウェー王のハーラル3世“苛烈王”である。ハーラルはたびたびイングランド侵攻を繰り返し、1066年9月、イングランド王ハロルド2世と激突する。この戦いはイングランド側の勝利に終わったが、この間隙をつくかたちでノルマンディー公ギヨーム2世率いる軍団が、イングランドの南岸に上陸してくる。ギヨームは「悪魔公」という異名をとったロベール1世の子。初代ノルマンディー公のロロから7代目にあたる人物だ。ギヨームはヘースティングスの戦い[註2]でハロルド2世を撃破。ウィリアム1世（在位1066年～1087年）として即位し、ノルマン朝を開くことになる。世界史にいう「ノルマンの征服」である。ウィリアム1世は、アングロ・サンソン貴族たちの反乱を抑え、数年でイングランド全域を制圧。ノルマン朝はその後、1154年までイングランドを支配することになる。

ヘースティングスの戦い（註2）

1066年10月14日、ギヨーム2世軍とハロルド2世軍は激突した。ハロルド2世軍側は歩兵中心。ギヨーム2世側は騎馬兵中心。機動力に勝るギヨーム2世軍が戦いを優位に進め、ハロルド2世を戦死に追い込んだ。ヘースティングスはグレート・ブリテン島の南岸に位置する、英仏海峡を望む港町。

ヘースティングスの戦い（ノルマン人の侵攻）

ロシアから黒海、地中海へ

アイルランド島、グレート・ブリテン島、東西ヨーロッパと見てきたが、今度は視点を東へと移してみよう。ロシアから黒海、地中海へと抜けたヴァイキングの動きである。

ロシア方面に進出したのは、スウェード人ヴァイキングたちである。彼らは、バルト海から河川をさかのぼってロシアの内陸地に入り、交易や掠奪によって毛皮・奴隷などを手に入れた。ロシア内陸部にとどまらなかった集団もあり、彼らはドニエプル川をさらに南下して、黒海に出ている。こうした集団はビザンティン帝国（東ローマ帝国）や、アラブ・イスラム世界とも交易関係を結んだ。

ところで、スウェード人ヴァイキングが、ロシア内に国家を作ったとの伝説がある。それによれば826年、部族間の抗争に苦しむ東スラヴ人が、ロシアに進出してきたヴァイキングのうち、ルーシと呼ばれる一派に「混乱をおさめるためにも、血縁関係などないあなた方に、支配者になってほしい」という旨の使者を送ったという。そして伝説は――リューリクという人物が紛争地に赴き、ノヴゴロド王国を建国して混乱を収めた。リューリクの死後、王位はオレーグなる人物がリューリクの遺児イーゴリを奉じて継承。オレーグは南下政策をとり、ドニエプル川中流の都市国家キエフを占領した――と続いていく。

伝説だから当然といえば当然だが、これはかなり怪しい。「王になってくれ」との要請を受けたというところなど、作為のあとが色濃く残っている。むしろ力で征服したと考えるべきだろう。おそらく、現実を美化する目的で故意に作られたのであろう。ちなみに現在のロシアの語源は、このルーシに由来するとされる。

アイスランドのヴァイキング

最後に見るのは大西洋横断ルートである。彼らが到達した年代順にしたがい、アイスランド、グリーンランド、北アメリカ大陸と見ていこう。まずはアイスランドである。

アイスランドは北大西洋に浮かぶ島であり、現在、アイスランド共和国（首都レイキャビク）となっている。寒冷で厳しい風土の土地だが、3世紀後半のローマの貨幣が出土しているというから、古くからヨーロッパ人に知られてはいたのだろう。ヴァイキングのアイスランド移住は、9世紀のなか頃からはじまった。アイスランドを最初に探検したのは、フロキ・ヴィルゲルザルソンというノール人。同じくノール人のインゴールフル・アルナルソンと彼の一族が最初の移住者となった。一族の移住は870年頃と伝えられる。おそらく、ハラルド1世“美髪王”（在位860年頃〜930年頃）の支配に反抗する形で、故国をあとにしたのであろう。

アイスランドは無人島に近かったので、ノール人ヴァイキングはさしたる困難もなく、植民することに成功する。権力者も不在であったため、930年頃にはアルシングが設けられたという。現在でいう国民議会である。

アルシングが開かれるのは年1回。気候が穏やかな6月に、2週間ほどの日程で開催された。会場は、現在のレイキャビクから約50キロメートル東にある、シングヴェリルという平原地帯。部族の長が48人、自由身分の耕作者の代表が96

◆ヴァイキング船の航行能力は？◆

1893年、ヴァイキング船の航行能力を試す実験が行われている。使われたのは1880年に発掘されたヴァイキング船をモデルとして、正確に作られた船。《ヴァイキング号》と名付けられ、ノルウェー人マグヌス・アンデルセンという人物を船長に、大西洋横断の実験航海が試みられた。

ひとことでいえば、ヴァイキング船の性能は“素晴らしい”の一語に尽きたようだ。たとえば、速度。アンデルセンは「波頭の上を、さながら一羽のカモメにでもなったかのように軽やかに滑っていった」と述べている。また、水が漏れてくる心配も一切なかった。際だっていたのは、舵の性能だ。「海賊船」の項でも説明しているように、ヴァイキング船は舷側舵を採用している。これをアンデルセンは次のように絶賛している。

「…方向舵はまさしく天才の作品とも言えた。私の経験からすれば、この種の船には船尾の方向舵より、舷側の方向舵のほうがはるかに適わしい。いかなる場合でも十分な働きをし、船尾の方向舵に必ずみられるような反動をけっして生じたりはしない、という利点をもつからだ。それゆえ、どんな天候下でも、ほとんど航路から外れることなく操船できるのである」（『図説　ヴァイキングの歴史』B・アルムグレン編　蔵持不三也訳　原書房）

文中の「この種」というのは、文面から推測すると、船底が広く、喫水線が浅くなるように造られた船となるようだ。喫水線が浅いと荒波での安定性が心配になるが、アンデルセンは「荒波の時でも、舷縁はせいぜい一五センチ程度振れるだけだった」として、船の安定性も抜群であったことを記している。

《ヴァイキング号》は見事に大西洋を横断し、北アメリカ大陸に到達。船はシカゴに移され、開催中であった「シカゴ国際見本市」に展示された。

人出席して、掟の決定や変更を取り決めた。もちろん傍聴は自由。多くの人々が話合いに耳を傾けた。「当時、国家といえば、王様や皇帝がいないと成立しないと思われていたが、そういう通念を破って、極北の孤島に、共和国が誕生したのである」(『ヴァイキング——世界史を変えた海の戦史』荒正人　中央公論社)。

グリーンランド進出と北アメリカ大陸への到達

グリーンランドは総面積217万平方キロメートル。世界で最も大きな島である。島の80%は氷で覆われている酷寒の地であり、現在はデンマーク王国の領土となっている。この島に最初に足をふみいれたヴァイキングは赤毛のエリクである。エリクはノルウェーからアイスランドに移住したあと、殺人の罪でアイスランドを追放される。そのためエリクは西への航行を余儀なくされる訳だが、結果、グリーンランドに到達するのである。エリクはアイスランドへと引き返し、「新天地を見つけた」として、住人たちにグリーンランドへの移住を勧めた。これによってグリーンランドにヴァイキングの植民地が誕生する。986年頃のこととされている。

植民地は「東植民地」と「西植民地」のふたつが設けられたようだ。農業、牧畜が生活手段の中心となり、狩猟と交易も盛んに行われた。1000年頃にはキリスト教が入り、1262年からはノルウェー王国の支配を受けるようになる。しかし、15世紀の初頭頃から、気候の悪化もあって植民地は一挙に衰退。加えて、イヌイットが大挙して南下するという事態も発生する。イヌイットはグリーンランドを含む北極圏の先住民族。雪原での狩猟で生きる人々だ。彼らはグリーンランドの北部を居住地にしていたので、南部に植民しているヴァイキングと利害がぶつかることはなかった。ところが、気候の悪化が彼らの南下を促した。イヌイットとヴァイキング植民者たちは共存していた時期もあったが、最終的にイヌイットの襲撃により、両植民地は壊滅してしまう。

続いて、北アメリカ進出を見てみよう。ヴァイキングが北アメリカ大陸を発見したのは986年である。発見者はビャルニというノール人だ。彼は赤毛のエリクとともに旅立った家族を追って、アイスランドからグリーランドに向かう途中、方向を見失って漂流。苦心してグリーンランドに到達する訳だが、この漂流中に北アメリカ大陸を望見している。そして1000年頃にレイフ·エリクスソンが、北アメリカ大陸に上陸することになる。

エリクスソンが最初に上陸した土地は、カナダの東南地方、現在のラブラドル海岸あたりと推定されている。その後、現在のノヴァ・スコシア半島に到ったようだ。エリクスソンは一冬を過ごした後、グリーンランドに帰るが、未知の陸地に興味を引かれたグリーンランドのヴァイキングたちは、北アメリカへの植民に向けて動きだす。

植民地については、「マルクランド」「ヴィンランド」というふたつの地名が今日に伝えられているが、これはマルクランドがラブラドル半島、ヴィンランドがニューファンドランド島の北端に位置するケープ・ボールドに同定されているという（『図説　ヴァイキングの歴史』B・アレムグレン　蔵持不三也訳　原書房）。

植民地は、先住民族（ネイティブ・アメリカン）との抗争が勃発したことにより、短期間で放棄される。しかし、彼らヴァイキングこそ、最初に新大陸に到達したヨーロッパ人であり、その偉業は今もたたえられている。

定住による溶け込み

以上、ヴァイキングの活動をザッと追ってきた。北欧の住人であった彼らの移動がはじまったのが8世紀の終わり頃。大西洋横断ルート以外の移動は、激しい恐慌を巻き起こしたが、11世紀には収束した。大きな理由は、侵略地への定住である。定住はなにも、今まで説明してきたような国家建設という形だけで行われた訳ではない。ヴァイキングたちは河川をさかのぼって掠奪行為をすることも多かった。河口近くなら掠奪品を手に、それぞれの根拠地に帰ることもできるが、内陸地になるとそうはいかない。彼らは襲撃を受けないように防備を固めた居住施設を作るようになった。滞在が長くなると、彼らは家族を呼んで居住施設内で暮らすようになる。

ところで、掠奪は移動するからこそ成り立つ行為だ。1ヶ所に長く移住するようになると掠奪はできない。掠奪ばかり続けていたら、最後には掠奪するものがなくなってしまうからだ。つまり、定住する以上、彼らは海賊から平和的な交易商人になるしかなかった。加えて、ヴァイキングは内陸部ではあくまで少数派。一旦、平和的な交易の道が開かれると、周囲に溶け込むまでにはさほど長い時間を要しなかったのである。

ハンザ同盟の交易船を狙った ヴィタリエンブリューダー

都市の成立とヨーロッパの2大海洋交易

ヴァイキングの脅威が収束した頃から、中世の東西ヨーロッパでは環境・経済の面で新しい動きが現れるようになる。ひとつは人口の急速な増加である。これは8世紀末から続いたヴァイキングの大移動と定着に加え、ヴァイキングの脅威が収束し、ヨーロッパ社会が安定したことによる。新しい動きのふたつめは、経済の活性化である。人口が増えれば、養うための食料が必要になる。そのため開墾地は大幅に拡大され、また、農地を求めての移住も頻繁に行われるようになった。その結果、出てきたのが余剰生産物だ。ヨーロッパの各地に、この余剰生産物を交換するための定期市が開かれるようになった。加えて、この頃貨幣が使用されはじめたこともあり、ヨーロッパ内では商業が著しく勢いを持ちはじめたのである。これに付随して発生したのが、商業都市だ。定期市の多くは、安全かつ交通も便利な場所に設けられたから、商人たちも拠点を構えるようになった。そのため定期市には、より以上の物資と貨幣が集まることになる。物資と金の集まるところには、人も集まる。こうしてしだいに、都市が形成されていった。

都市の発展と並行して、遠隔地商業も盛んになった。これは7回に及ぶ十字軍の遠征で大規模な人と物資の移動が起こったためである。その結果、地中海海域と、北海・バルト海を含む広域の遠隔地商業が発展し、それぞれの沿岸都市が急速な成長をすることになる。

ハンブルク、ブレーメン、リューベック（現在のドイツ北部）、アントワープ、ブリュージュ（現在のベルギー）、ロンドン、ブリストル（現在のイギリス）などの諸都市は、いずれも北海・バルト海交易を機に著しく発展した都市である。そして13世紀には、それらの諸都市の間でハンザ同盟が結ばれることになる。

これは北海・バルト海交易で成長した諸都市が、共同の利益を確保するために

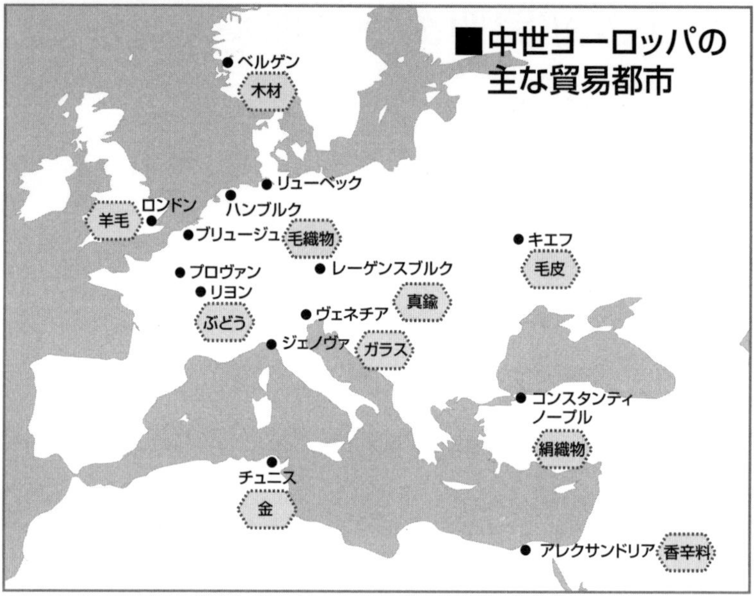

■中世ヨーロッパの主な貿易都市

たちあげた都市同盟である。盟主となったのはリューベック。最盛期には100を越える都市が同盟に参加していた。同盟諸都市はそれぞれ海軍力を保有しており、利益を乱す相手に対しては武力をもって応じた。しかし、富の行き交う海には必ず、海賊が現れる。北海・バルト海もまた例外ではなかった。

まず、スラヴ海賊がいた

ヴァイキングの脅威が去ったあと、北海・バルト海を横行したのはスラヴ人海賊であった。スラヴ人とは東ヨーロッパ、中部ヨーロッパから北アジアまで分布しているスラヴ語を話す民族のことである。現在でいえば、ロシア人、ウクライナ人、セルビア人、クロアチア人、ポーランド人、チェコ人、ブルガリア人などがあたる。スラヴ人海賊の横行がはじまったのは11世紀初頭。バルト海の南岸のスラヴ人が主役となった。

海洋ジャーナリストの小島敦夫氏は『海賊列伝』(誠文堂新光社)のなかで、「彼らの跳梁の原因はユトランド半島のつけ根から東はポーランド国境に至るまで、バルト海沿岸に住んでいたスラブ族原住民の地に、この時代にドイツ人領主や騎士団の植民が盛んになった社会情勢を反映しているようだ。ここでもまた支配者の圧迫と富の偏在とが、海賊を生んだのだ」と指摘している。文中の「この時代」とは、十字軍（1096年〜1270年）の間である。東ヨーロッパはこの時期、神聖ローマ帝国の支配下にあり、ゲルマン系民族に属するドイツ人の封建騎士団による東方への植民が、盛んに行われていた。小島氏は、この東方植民にこそ、海賊発生の要因になったと指摘するのである。再び、小島氏の指摘を借りよう。

「南の十字軍と歩調を合せるように、北方では封建騎士団が中心となってスラブ住民地域への布教をかねた営農定住も盛んに行われ、のちのハンザには都市ばかりでなく騎士団領主の名も見える。これらの布教・定住化は比較的スムーズに、ときには地元から歓迎されて進行したとされているが、ある記録書には、はっきりと『騎士団の暴圧を逃れ、これに反抗して』スラブ人は海賊に走ったとしている。のちのハンザの中心都市で、この時期にザクセン大公ハインリッヒ獅子公によって行われたリューベックの都市建設にしても、そこはスラブ人の居住地であったわけで、海賊出現の背景として、民族間のあつれきが作用していることは否めない。一一三九年にドイツ人によって征服されたスラブ人プリビスラフが、ザクセンの圧迫に対して訴えた言葉はその間の事情を語っている。『故国を奪われたわれらが海上をさわがし、デーン人の海を掠奪して生きなければならないとしても、われらの責任だろうか。われらは海に乗り出し、船を住み家とする以外にどんな途が残されているというのか』　バルト海と北海を結ぶ北方交易の拠点としてリューベックの町が建設されたのは一一四三年であった」

スラヴ人海賊たちは拠るべき大地を奪われた悲しみと怒りを胸に、北海・バルト海を航行する船を襲い、沿岸の交易都市を襲撃した。根城となったのは、バルト海のほぼ真中に浮かぶゴートランド島。バルト海で最も大きな島である。

かぶ飲み屋海賊の登場

1241年、リューベックとハンブルクの間で都市同盟が締結される。のちのハンザ同盟のさきがけとなる同盟である。この頃から北海・バルト会の海上交易に新しい動きが出てくる。前述したように、ハンザ同盟は交易諸都市の利益を守るために結成された。しかし、利益を守るための同盟である以上、これと対立する勢力が生まれてくるのも、また当然のことであった。具体的にいえば、騎士団領の領主たちである。彼らは、のちに同盟に加わることになるが、当初はハンザ同盟諸都市と激しく対立した。対立の詳細は煩雑になるから省こう。ただ、端的にいえば、交易諸都市から財を吸いあげたい領主と、自らの利益を確保したい諸都市の利害の衝突といえば良かろうか。このとき、騎士団領主たちがハンザ同盟諸都市を攻撃するために利用したのが、ゴートランド島を拠点として北海・バルト海を横行している海賊たちであった。

といっても、海賊連中は騎士団領主の専属だった訳ではない。ハンザ同盟都市の要請により、同盟都市と対立している都市を攻撃することもあった。土地を奪われた怒りと悲しみはどうした？　と思われるかも知れないが、再三指摘しているように、ここに海賊という存在の矛盾点と限界点があった。海賊は海を漂流して生きている訳でない。海で奪ったものを、陸で交換して生きている。拠るべき大地を失い、陸の権力者に憎しみを募らせながらも、生きるために陸を必要としていた。だから、最終的には陸の権力者に対して妥協するしかなかったのである。しかし、この妥協は間違いなく、海賊たちの懐を潤していた。

14世紀、ゴートランド島は海賊たちの巣窟となっていた。スラヴ人海賊に加え、スカンジナビア半島、北海・バルト海沿岸諸都市はもちろんのこと、西ヨーロッパからも既成社会からドロップアウトした人々が集っていた。この時期のゴートランド島の海賊事情について、小島敦夫氏は次のように述べている。

「その組織は厳格な規律をもっており、捕えた捕虜以外には女性はいなかった。船長は絶対の権限をもち、略奪品は功績に応じて分配された。ゴートランド島には、多くの海賊の本拠が置かれ、島の原住民を支配して年貢を強要したが、その額は、当時の諸領地にくらべてゆるやかなものであったといわれる」

14世紀も終わりになると、ゴートランド島の海賊はひとりの首領のもとに統率される。名はクラウス・シュトルテベッケル。「がぶ飲み屋」という異名を持つ海賊である。彼に率いられたゴードランド島の海賊団は、やがて「ヴィタリエンブリューダー（食料補給隊）」という名で呼ばれるようになっていく。詳細は3部の人物伝に記してあるのでそちらをご参照願いたい。なお、ヴィタリエンブリューダーの壊滅により、北海・バルト海における大規模な海賊の活動は、ほぼ収束している。よって北海・バルト海の海賊事情の結末については、第3部に譲る形で項を終わりたい。

第3章

カリブ海
大西洋
の海賊たち

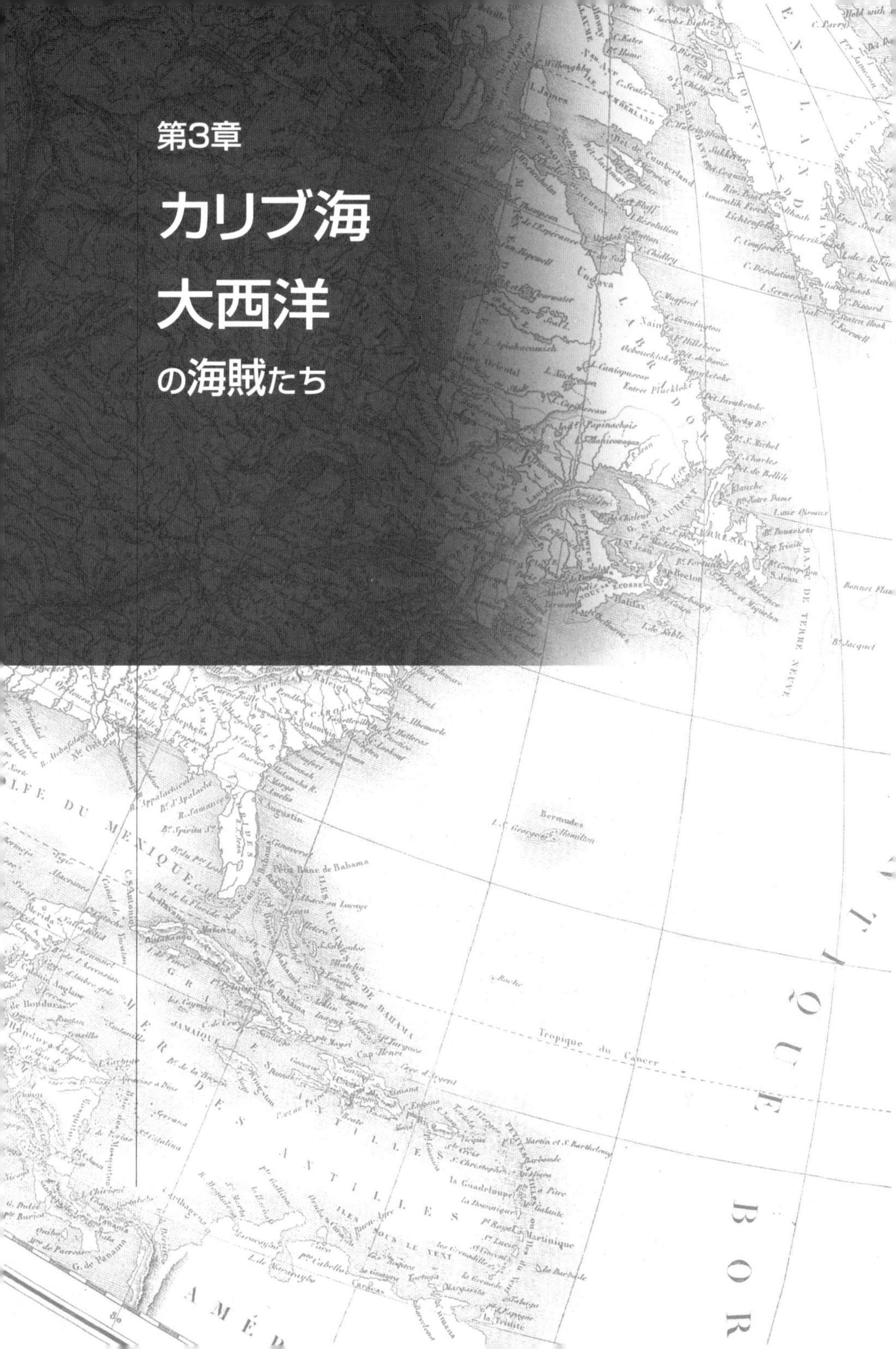

バッカニア—カリブ海の凶暴な落とし子

お前たちは悪魔なのか？

17世紀の初頭から終わり頃にかけて、カリブ海には「バッカニア」と呼ばれる海賊たちが跳梁した。海賊たちの国籍はさまざまだ。フランス王国、イングランド王国、スコットランド王国、アイルランド王国、オランダ共和国の人間もいれば、ポルトガル王国のものもいる。彼らは、トルチュ（トルトゥーガ）島とポート・ロイヤル（ジャマイカ島）を拠点に、スペイン船、スペイン人植民地（カリブ海の島々、南アメリカ大陸の北岸と太平洋沿岸、メキシコ湾沿岸に点在）を襲いまくり、人々を恐怖のドン底に陥れた。

前述したように、バッカニアによるスペイン船襲撃がはじまったのは17世紀初頭のこと。まず、『アメリカのバッカニア』から、その頃の襲撃例を見てみよう。著者はアレクサンドル・オリヴェール・エクスクェイメリン（エクスクェイメリングとも）。自身、バッカニアとしてカリブ海で海賊行為に従事したことがあり、同書は、バッカニアの世界を知るうえで最良の資料となっている。邦訳は『カリブの海賊』。石島晴夫氏の編訳で1983年に誠文堂新光社より刊行されている。なお、本文中で〈エクスクェイメリンの記述〉として引用しているのは、いずれも『カリブの海賊』からの抜粋であることをお断りしておく。

さて、エクスクェイメリンが海賊活動に身を投じた経緯は後ほど詳述するとして、紹介するのは、同書中にあるピエール・ル・グラン（フランス王国ノルマンディーの出身）という海賊による、スペインの財宝船襲撃についての記述である。

「ル・グランとその仲間が乗ったボートは恰好な獲物を求めて長い間航海していたが、今や食料も尽きて餓死寸前の状態であった。その時船団から離れてただ一隻で洋上に浮かぶスペインの大型船を発見した。そこでル・グランたちは決死の覚悟でこの船を襲う決心を固めた。そこで敵船に接近してみると、相手の武装は比較にならないほど強力であることが明らかになった。しかし彼らは一か八かの冒険をあえて試みることにした。そこでル・グランと仲間たちは、全員一致して

スペイン船を襲うル・グラン

勇敢に闘うことを誓い合った。しだいに洋上には夕闇が迫ってきていたが、敵船はル・グランたちの接近に気づかず、戦闘準備はしていないようであった」

このあとル・グランと一味は舷側をよじのぼり、一隊は船室に、一隊は武器庫になだれ込む。船室では船長と士官がトランプに興じている真っ最中であり、乱入してきた海賊を眼の前にするや、「お前たちは悪魔じゃないのか？」と絶句することになる。財宝船を制圧したル・グランは、航海に必要と思われる人員だけを船に残し、スペイン人の船乗りたちを近くの島に移送。エクスクェイメリンは、「そして貴重な財産を積載した捕獲船を出帆させ、ただちに母国フランスに向かった。そして二度とカリブ海には戻らなかった」とル・グランによるスペイン船襲撃のてん末を語っている。

襲撃年は1635年。これより後、カリブ海を航行するスペイン船は、バッカニアと呼ばれる海賊たちの横行に慄く日々を送ることになるのである。

バッカニア登場前史―コロンブスの快挙

バッカニアという海賊はなぜ生まれたのか？　その理由を知るために、彼らが登場するまでをしばらく追ってみよう。

ジェノヴァ（イタリア半島のつけ根にあった都市国家）人とされる、クリストファー・コロンブス（1451年～1506年）(註1) による新大陸到達、がすべての発端である。コロンブスが3隻の船を率いて、大西洋横断航海の旅に出たのが1492年8月3日のこと。彼はマルコ・ポーロの『東方見聞録』や、ピエル・ダイイ（フランス王国の枢機卿）の『イマゴ・ムンディ（世界の姿）』の影響を受けて、インディアス（当時のヨーロッパ人のアジアに対する呼称）探検を決意。スペイン王国をスポンサーに探検事業に乗り出した。

航海すること約2ヶ月。コロンブスは未知の陸地に到達する。彼はインディアスにたどりついたと思ったようが、実際はカリブ海のバハマ諸島であり、それを含む南北アメリカ大陸への到達であった。

クリストファー・コロンブス（註１）

コロンブスの出身については、ジェノヴァ説が有力だが、スペイン人、スイス人、イギリス人、コルシカ島出身の船乗り、と異説も多い。なかには「本当はポルトガル人貴族。王室の指示でスペイン宮廷にもぐりこんだスパイだった」という説まである。

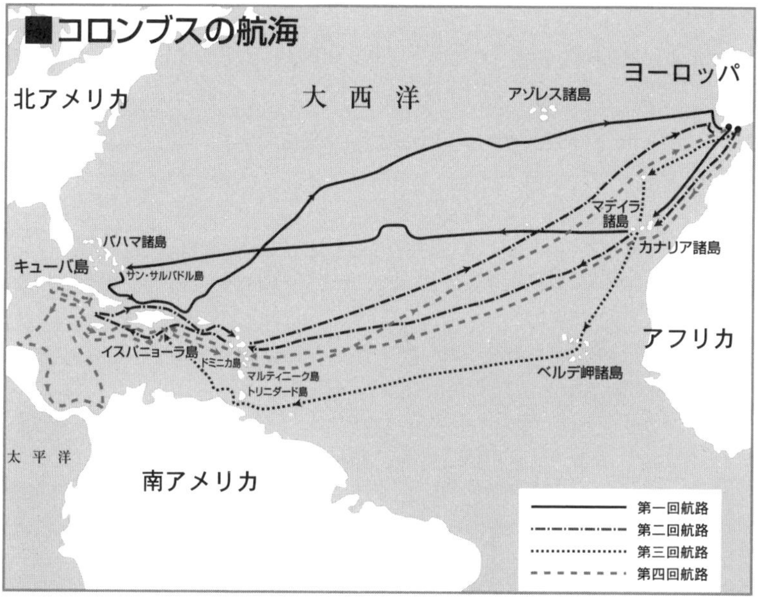

■コロンブスの航海

スペイン王国はカリブ海の島々と大陸を自国の領土に組み入れると、本格的に新大陸進出に乗り出した。最大の関心事は新大陸の富。スペイン人たちは血眼になって、金銀を探した。彼らのあくなき物欲はやがて、1521年のコルテスによるアステカ帝国征服。1533年のピサロによるインカ帝国征服という形で実現。両帝国が蓄えていた莫大な富が、スペイン王国の手に入った。1545年にはとりわけ大きな発見がなされた。ボリビア高地のポトシで無尽蔵の銀鉱脈が発見されたのである。新大陸はまさに宝の山だった。スペイン王国はそれを独占していた。

バッカニア登場前史—プライベーティアの出現

スペイン王国による新大陸の富の独占は、他のヨーロッパ諸国に焦りを抱かせた。彼らは、カリブ海の島々に強引な植民を進める一方、プライベーティアによるスペイン船襲撃も推し進めた。プライベーティアとは「私掠船」の意。国が存在の必要性を認めた公認海賊である。彼らは掠奪品の一部を納めることを条件に、国なり、国にかわる有力者なりから「私掠免状」を与えられて海賊行為を働いた。ヨーロッパ諸国は公認海賊を使って、新大陸からスペイン本国に向かって運ばれる富を横取りしようとしたのである。

最初に大きな獲物を捕獲したのは、フランス王国の公認海賊ジャン・フルリであった。フルリが指揮する私掠船6隻は、大西洋に浮かぶアゾレス諸島付近で新大陸からスペイン本国に向かっていた財宝船3隻を襲撃。このうち2隻を捕獲する。財宝船はアステカ帝国を征服したコルテスが送った船であり、船内には国王カルロス1世に贈呈される財宝が積まれていた。内容は、黄金と銀のアクセサリー、ハシバミの実（ヘーゼルナッツ）ほどもある真珠、ヒスイ製の小立像、儀式用のコスチューム、モザイクの仮面、羽根のついた頭の飾り、3頭の生きたジャガーまで積まれていたという（『図説　海賊大全』デイヴィッド・コーディングリ編　増田義郎監修　増田義郎・竹内和世訳　東洋書林）。1522年頃のことと推定される。

フルリの成功にフランス王国の公認海賊たちはふるい起った。彼らは、獲物がくるのを待つよりも、捕まえに行った方が得策と判断。カリブ海へと向かうようになる。ロベール・ワール、ジャック・ド・ソレ、ジャン・ボンタン、ジャン・マルタン・コト、ジョバンニ・デ・ヴェラツァーノといった人々が、カリブ海を横行したフランス王国の公認海賊として知られている。なお、このうちヴェラツァーノはフィレンツェ（イタリア半島の都市国家）の出身。1524年に北アメリカ大陸の大西洋岸を探検し、ニューヨーク湾を発見したことで有名である。

フランス王国の公認海賊に次いで暴れ回ったのは、イングランド王国のイギリス人プライベーティアたちである。ジョン・ホーキンズ、フランシス・ドレイク、トマス・キャベンディッシュ。ドレイクとキャベンディッシュは、公認海賊であるのと同時に、世界周航を成し遂げた偉大な航海者である。ドレイクについては第3部の人物伝に、キャベンディッシュについてはのちの「第5章太平洋の海賊たち」に記しているので、そちらをご参照願いたい。

このあとカリブ海には、ヨーロッパの新興国家オランダ共和国のプライベーティアがやってくる。ピート・ヘインは1628年、31隻の大船団でカリブ海に潜入。キューバ島の北でスペインの財宝艦隊捕獲に成功し、莫大な財宝を手にしている。

ところで、新大陸の富に魅せられたのは、なにも各国の上層部や公認海賊といった連中ばかりではなかった。ヨーロッパ社会の底辺にいる人々もまた、新大陸の富に魅せられていた。そうした人々のなかには、あたかも新天地を目指すような感覚で新大陸に向かった人々もいた。カリブ海を恐怖の渦に巻き込むバッカニアは、そうした人々の群れから生まれてくるのである。

新大陸に向かった落伍者の群れ

バッカニアの母体となったのは、有体にいえば社会の脱落者・逸脱者である。いかさま賭博師、詐欺師、人殺し、盗人、アルコール中毒者、愚連隊、怠け者、物欲病患者、山師、おしゃべり好きの拷問人、やぶ医者、どさ回りの役者、冷酷で低級な用心棒、多重債務者、無能力な貧乏人、精神異常者、異端者etc。彼らはあらゆる意味で思い屈した人々であり、本国に留まっていても、先行きの見込みがまったくない人々であった。

戦争による犠牲者もいた。これは「フリバスター」の項（P094参照）で詳しく説明しているが、要は、戦争が生んだ失業者の群れである。また、領主の過酷な取り立て反抗したため土地を追われたり、あるいは、土地から逃げ出した農民。不当な裁判によって土地も権利も剥奪され、社会の最下層に身を落した教養ある人々。さらに反体制者たち……。とにかく、本国で行き場のない人々が、自発的に、または追いたてられるようにして新大陸へと向かった。

新大陸において、落伍者の群れの最初の敵となったのは同国人たちであった。国が進めた強引な植民政策もあり、カリブ海の島々には、スペイン王国以外のヨーロッパ諸国の植民者が少なからずいた。植民者の多くは、農場を経営して生活の糧を得ていた。農産物は交易品として歓迎されるタバコが主。後に砂糖きび栽培も大々的に行われている。

新大陸に微かな希望を抱いてやってきた社会の落伍者たちは、地位も名誉も資金もない。だから、多くが植民者に雇われて農場で働いた。たいてい契約期間を定めた「年季奉公」という形をとることが多いのだが、これがひどかった。冒頭で紹介した『アメリカのバッカニア』の著者エクスクェイメリンも、年季奉公の経験者なのである。

悲惨な年季奉公人という境遇

これからも再三名前・名称が登場することになるので、エクスクェイメリンと彼の著書『アメリカのバッカニア』について見ておこう。これは同時に、年季奉公人が海賊になる典型的なケースの実例でもある。

アレクサンドル・オリヴェール・エクスクェイメリンは、1645年に生まれ、

1707年に没したと伝えられる。国籍は不明。フランダース生まれのオランダ人との説が有力だが、フランス人ともいわれている。エクスクェイメリンは1666年、21歳のとき、フランス西インド会社（新大陸との交易・商業活動を統括する会社）の年季奉公人として新大陸にわたっている。

彼はここではじめて年季奉公という労働形態に接する訳だが、これは奴隷労働といっても良い過酷なものであった。実態について、エクスクェイメリンは記している。

「非情な農園主たちは情容赦なく奴隷同様に酷使して、時にはせり市で売買されることすらあった。そして当初の三年契約は無視されて、終身奴隷さながらの重労働と厳しい自然に耐えて行くうちに、病にかかって死んだり廃人同様となるものが多かった。このように不幸な運命に会った人びとの中には教育のある優れた人材もいたが、こうした人はとかく体力に恵まれていなかったので、とうてい無事に生き延びることは不可能であった」

仕事が厳しいばかりでなく、奉公人への虐待も頻繁に行われたようだ。再び、エクスクェイメリンの記述から見てみよう。

「残酷な農園主の仕打ちに耐えかねたある白人奴隷が脱走したが、とうとう捕えられて鞭打ちの刑に処せられた。彼の背中の肌が破れて流血がしたたると、塩と胡椒と土を混ぜたレモンの汁が傷口に塗りこめられたので、彼は激しい苦痛に悲鳴をあげ続けた。そのままの状態で炎天下に一日放置されたあげく、再びいっそう激しい責苦が加えられた。そしてこの哀れな男は『全能の神よ、どうか私に与えたような多くの苦しみを、彼にも死ぬ前に与えてやって下さい』とつぶやきながら死んでいった。（中略）カリブ海の島々に移住した植民者たちは、多かれ少なかれ召使いに対しては残忍であった。リーワード諸島のセント・キッツ島に住んだオランダ人商人ベテサという男は、鞭打ちや殴打で一〇〇人以上の召使いを殺したとのことである。イギリス人の残酷さも有名であった。七年の年季奉公の契約で六年間も厳しい労働を強いられた白人奴隷が、別の傭主に自分を買ってくれと頼むと、また新たに七年間の苦役を続けなければならなくなることさえあった。私も一五年、時には二〇年もの間奴隷労働をして、ようやく自由の身となった男たちに逢ったことがある」

年季奉公人から海賊になったエクスクェイメリン

さて、当のエクスクェイメリンについて見てみよう。彼がたどりついたのは、トルチュ（トルトゥーガ）島である。この島はフランス王国が強引に植民を進めた島のひとつであり、島は総督によって統治されていた。1666年という時期からすると、すでにバッカニアの基地として十分機能していたときである。島内には、海賊たちがウヨウヨいたに違いない。それからの経緯について、エクスクェイメリンは次のように記している。

「不幸にもかつて島の総督を務めた非常に残酷な男の手に渡ってしまった。満足な食事も与えられず餓死するようなひどい待遇だったので、私は自分の自由を購いとろうとすると、彼は三〇〇ペソという法外な値段を吹きかけてくる始末だった。ちなみに会社が私を売った値段は二〇ないし三〇ペソに過ぎなかった。とてもそんな金を払えない私は、奴隷のような境遇に耐えて行かなければならなかったが、そのうちとうとう病気にかかってしまった。すると彼は七〇ペソの値段で、私をある外科医に売りつけてしまった。ところがこの第二番目の主人は十分な食事と衣類を与えてくれたので、私の健康はみるみるうちに回復した。そして一年後には、一〇〇ペソ払えば私を自由にしてやるといってくれた。そこで私は有金を全部はたいてようやく自由の身となったが、無一物の私は今後どうやって生きて行ったらよいのか途方に暮れてしまった。さんざん迷ったあげく、私はとうとう海賊の仲間に入る決心をし、一六七二年まで海賊の生活を続けた」

以上、エクスクェイメリンが年季奉公人から海賊になるまでの経緯である。

エクスクェイメリンは、外科医兼理髪師として海賊船に乗り込んだようだ。理髪の技術はわからないが、外科医としての技術は2度目の主人のところで学んだのだろう。彼が年季奉公人となった理由はわからない。医学を習得したり、海賊についての記録を残すあたり、知的水準の高さが伺われる。社会の落伍者だったか否か？　その点もわからない。ただ、『アメリカのバッカニア』を編訳した石島晴夫氏の「新天地に雄飛してなんとか成功の機会を得ようと思い立って、あえて西インド会社の年季奉公を志したのであろう」との推定が妥当な線かと思われる。新天地で一旗、という思いがあったに違いない。

また、エクスクェイメリンの記述からは、「甘言に誘われて、フランスやヨーロッパの国々から連れてこられた白人の青少年」が多数いたことがわかる。彼らはおそらく、幸福な生活とは無縁の青少年たちであったろう。甘言に乗ったのも、今を変えたいという意志が、心の隅にあったためと思われる。いずれにしても、社会の落伍者はもちろんのこと、落伍者でなくとも身ひとつで新大陸に渡ってきた人々は、皆、心中に期するところがあったことは間違いない。しかし、待っていたのは過酷な現実であり、この現実が海賊という存在を生む大きな要因になったことが、エクスクェイメリンの記述から知ることができるのである。

自身が語るように、エクスクェイメリンは1672年までカリブ海で海賊稼業を続けた後、ヨーロッパに帰還した。『アメリカのバッカニア』がアムステルダムで刊行されたのが1678年。当初は『アメリカの海賊』というタイトルであったが、ドイツ語版、スペイン語版、英語版、フランス語版と刊行されるにつれ、『アメリカのバッカニア』という題名で落ち着き、今日に到っている。

最初は薫製肉を作っていた

さて、バッカニアと呼ばれる海賊たちの発生について見てみよう。これはエクスクェイメリンがカリブ海にやってくるより、約30年前にさかのぼる。

カリブ海に「イスパニョーラ」と呼ばれる島がある。現在、ドミニカ共和国とハイチ共和国が2分する、カリブ海ではキューバ島に次いで2番目に大きな島である。1492年、ヨーロッパ人としてはじめてこの島に上陸したコロンブスは、島をラ・イスラ・イスパニョーラと名づけた。「スペイン人の島」という意味であり、これが島の名前となった。

フランス人を中心とするヨーロッパの下層民がやってきたのは、イスパニョーラ島のうち現在のハイチに相当する区域である。この区域は人がほとんどいなかった。というのも、島の総督が他国との密貿易を理由に、スペイン人植民者の多くを島の東側（現在のドミニカ共和国に相当する区域）に移住させていたからである。移住してきた下層民たちは簡単な農耕を営むかたわら、牛・豚を狩って暮らしはじめた。家畜はいずれも、スペイン人植民者たちが持ちこみ、彼らが去った後、野生化し繁殖したものである。移住者はそれらの家畜を食料にする一方、薫製肉作りをはじめた。彼らにその方法を教えたのは、島の原住民アラワク族だった。薫製肉作りはいたって簡単。「ブカン」と呼ばれる木製の焼網の上で、肉をいぶすだけだ。彼らは作った薫製肉を島に寄港する船に持ち込み、物々交換をした。船は常に新鮮な食料を欲していたから、交換には喜んで応じた。薫製肉と引替えに、武器弾薬、酒、タバコ、生活必需品などが彼らの手に渡った。スペイン人たちは彼らをブカニエ（Bucanier）と呼んで軽蔑した。日本語に直せば「薫製肉野郎」となろうか。このブカニエの英語読みが、「バッカニア（Buccanier）」という語になり、海賊を指すようになったのである。

獣を狩って、生計を立てているだけあって、彼ら自身もまた獣じみていた。脂まみれの顔（虫よけのため獣脂を塗っていた）に加え、肉しか食べないための体臭も獣に近い。また、身体には、屠殺した家畜の血と内臓の臭いがしみついていた。着るものといえば、粗雑に加工した家畜の生皮。それらが入り混じった臭気は、想像を絶していた。生活は7〜8人の小集団での行動が基本。これは“運命共同体”ともいうべきものであったようで、持ち物は個人のものである前に、全員の物であったという。また、グループによっては、全員が性的関係で強固に結びついている集団もあったという（デイヴィッド・コーディングリ前掲書）。

ブカンをするバッカニア

ただ、彼らはかなり変わってはいたが、さほど危険な存在ではなかった。海賊行為・密輸なども行ったが、薫製肉作りができない雨季に行うささやかな副収入程度であった。

彼らを凶暴な海賊へと豹変させたのは、イスパニョーラ島の植民地当局であった。イスパニョーラ島は、スペイン王国の領土であるから、他国民は不法滞在者になる。当局は、彼らを追いだしにかかった。方法は島内の家畜の駆除。手っ取り早く収入源を絶ってしまえ……という訳である。これが1630年頃のことらしい。

生活の糧を奪われたバッカニアたちは、仕方なく隣のトルチュ島に移り、海賊を働くようになった。陸での生活基盤を奪われた以上、生活の糧は海に求めるしかないからである。イスパニョーラ島の植民地当局はこれを危険視し、1635年、さらに強力な取り締まりを行った。島に乗り込むと海賊の多くを絞首刑にしたのである。このことはイスパニョーラ島から追われたことと相俟って、生き残ったバッカニアたちに、スペイン人に対する深刻な憎悪を植えつけた。彼らがスペインの大型船襲撃をはじめるのはこのときからであり、冒頭で紹介したピエール・ル・グランの襲撃は、その最初の成功例であった。

トルチュ島で海賊たちが猛烈に暴れはじめ、大きな稼ぎをしているという情報

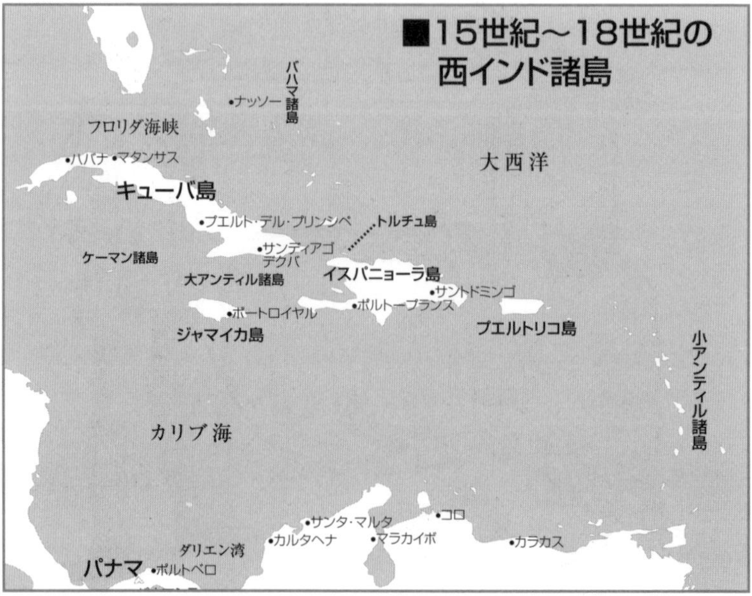

■15世紀～18世紀の西インド諸島

は、アッという間にカリブ海全域に広まった。新大陸でも希望を持てない連中はトルチュ島に集い、グランに続け！　とばかり、海賊行為に乗り出した。

トルチュ島の恐ろしい海賊たち

トルチュ島のバッカニアのなかで、とりわけ残虐さで恐れられたのは、フランソア・ロロノアである。本名はジャン・ダヴィド・ノー。ロロノアの前歴についてエクスクェイメリンは、

「一六三〇年、ビスケー湾のフランス西部、ラ・ロシェルの北、レサブレ・ドロヌに生まれたフランソア・ロロノアは、青年時代にカリブ海に移り住んで、奴隷のような苛酷な年季奉公を勤めた。やがて年季が明けて自由の身になると、イスパニョラ島に渡ってしばらく狩猟の仕事をしたあと海賊の生活に入った」

と記す。ロロノアもまた、年季奉公人から海賊稼業に入った男であった。

残虐さにおいては、バッカニアの歴史中でも確実に五指に入る海賊であり、残虐さゆえにカリブ海で有名になった。捕虜に対する拷問のバリエーションは数知れず。「財産の隠し場所を自白しない者は、短剣で切り刻まれたり舌を切り取られたりした」とエクスクェイメリンは伝えている。あるときなど怒りのあまり、捕虜の胸を切り裂いて心臓を取り出し、飢えた狼のようにかぶりついたという。精神異常の傾向が強かったのではなかろうか。しかし、ロロノアは最後に天罰を受ける。ロロノアは遠征計画をめぐって仲間たちと対立。大多数のものは彼のもとを去ってしまう。おりしも、スペイン人から攻撃も重なり、ロロノアと少数の仲間はカリブ海をさまよい、その挙げ句に殺される。彼の末路についてエクスクェイメリンは次のように記している。

「カルタヘナの南のダリエン湾の沿岸に住むインディアンは、今でも決してスペイン人に服従しようとせず、その野蛮さはとりわけ有名であった。カルタヘナの近くに上陸して間もなく、このインディアンに襲われたロロノアは、たちまち生きたまま八つ裂きにされて、バラバラになった手足は火の中に投ぜられてしまった。（中略）今まで目にあまるような残虐行為を重ねて罪のない人びとの生命を奪ってきたロロノアは、彼にまさるとも劣らぬ野蛮なインディアンの手によって報復されたのであった。ロロノアは四一歳であった」

なお、ロロノア以外ではピエール・フランソワ、バーソロミュー・ザ・ポルト

ガルといった海賊たちが、トルチュ島のバッカニアとして名を残している。

バッカニアたちの海賊活動

これよりしばらく、バッカニアの世界を覗いてみよう。

海賊活動への参加者には、

所定の日に乗船すること

遠征に必要な弾薬を十分に携行すること

のふたつが義務づけられた。

武器に関しては、

マスケット銃（銃口から弾薬と火薬をこめる前装銃）

ピストル1〜2挺（これも前装）

剣・短剣

が一般的であった。

全員が揃うと、次に食料の調達を話し合う。食料は塩漬けの豚肉か亀の肉。ときどきスペイン人の養豚業者の家を襲って、豚を奪うこともあった。業者を脅かすだけのこともあれば、サッサと殺してしまうこともあった。食料が揃うと、次はどこに遠征するか？　が話し合われる。この話合いの際に「全員が守るべき規約と義務」「利益の分配方法」が決められ。さらに、利益なければ収入なし！　という原則を改めて確認しあう。また、戦闘中、負傷したものに対する補償金額もキッチリと決められる（負傷者への補償については第2部「掟・罰則」の項を参照）。

襲撃は基本的には「待ち伏せ」。獲物を見つけると、快速のスループ船（第2部の「海賊船」の項参照）を駆って接近し、船に乗り移って一気に制圧した。財宝はもちろんのこと、武器弾薬、食料、衣服、日用雑貨etc。奪えるものはなんでも頂いた。

船を捕獲したあとについて、エクスクェイメリンは次のように記している。

「さて敵船を捕獲すると、海賊たちはまず捕虜を近くの島に移すが、役に立つ数名の捕虜は船に残して、二、三年手伝わせてから解放する。海賊たちは補給のため近くの島に立ち寄ることがあるが、特に利用したのはキューバ島の南側にある島々である。彼らは島で狩猟をして食料用の肉を補給したり、船底を修理したりするかたわら、カヌーを使って新しい獲物を探し続ける。またしばしば貧しい亀取りの漁師を捕えて彼らの住居に連れて行き、そこで必要な期間彼らを使役する」

ところで、『アメリカのバッカニア』を読んで驚かされるのは、海賊たちの絆と信頼関係の強さである。たとえば、前出の補償金。支払いについてエクスクェイメリンは、「いうまでもなく遠征の全利益から支払われる。残りの金はそれぞれの能力や役割に応じて全員に配分される」と記しているから、負傷者への補償が最優先されたことがわかる。当時の軍艦・商船が船乗りたちを使い捨て同然に酷使していたのとは、雲泥の差といえよう。

また、こんな記述もある。

「仕事が一段落すると、海賊たちは掠奪品を私物化しなかったことを誓い合った。そして遠征中に死んだ仲間への分け前は、故人と兄弟の契りを結んでいた友人か親戚かまたは法的相続人に与えられた」

「海賊の仲間同士の友情はきわめて固く、お互いの苦境を助け合っていた。海賊たちの中には居酒屋に多額の借金をして、そのために身売りをしなければならなくなった者もいた、そんな時には、仲間たちで金を出し合って借金の肩代わりをしてやるのである」

「もしだれかがこっそりと捕獲品を盗んだりすれば、彼は直ちに仲間から追放されてしまう。その代わり、もしもだれかが金を必要とする場合には、仲間同士で融通するのが海賊仲間の友情である」

バッカニアは互いを「沿岸の同胞」あるいは「沿岸の兄弟」と呼び合っていたというが、この相互扶助的な結びつきの強さは彼らのパワーを考えるうえで無視できまい。かような意識が徹底していたからこそ、事に臨んで臆せずに働くことができ、また、団結力が強まることで、常に荒々しい力が発揮されたと考えられるのである。

世界でいちばん堕落した島

今までトルチュ島のバッカニアについて触れてきたが、ここで視点をもうひとつのバッカニア基地に移してみよう。ジャマイカ島のポート・ロイヤルである。ジャマイカ島はもともとスペイン王国の領土であったが、17世紀のなか頃、イングランド王国が支配権を奪い取って掌握していた。500隻の船が停泊できる良好な港を有しており、基地としての機能はトルチュ島より優れていたようだ。ポート・ロイヤルは海賊であふれかえるのだが、島を統治する総督府は海賊たちを大歓迎。盛んに「私掠免状」を発給した。

総督府がかような措置をとったのは、ひとえに新大陸における力関係を考えてのことだ。新大陸でのイングランド王国の立場はまだ弱い。バッカニアがスペイン船・植民地を襲撃すれば、それだけスペイン王国の支配力は弱体化することになる。また、海賊たちが掠奪した富を持ち込むことで、島が経済的に豊かになる、という読みもあった。

総督府の読みは当たった。ポート・ロイヤルは海賊たちが持ち帰る掠奪品であふれかえるようになった。金貨・銀貨、宝石、金銀の延べ棒、真珠、貴金属をふんだんにあしらった高級工芸品etc。貨幣鋳造所まで造られ、ロンドン以上の貨幣が流通するようなった、という（デイヴィッド・コーディングリ前掲書）。

海賊たちが持ち込む財宝目当ての密輸業種がやってきた。居酒屋、売春宿、賭博場も林立した。バッカニアたちは航海から戻るたびに、それらの歓楽施設で大騒ぎをした。業者側も手を尽くして海賊たちに稼ぎを吐き出させようとした。そのため、膨大な稼ぎを一晩でつかってしまうことなどザラであった。町は海賊、娼婦であふれていた。仲間入りをしようと、カリブ海のあちこちから、また、ヨーロッパ本土からも、行き場を失った人々が来た。ポート・ロイヤルはまさに、新大陸とヨーロッパの「掃きだめ」となった観があった。

この島で聖職者の任務に就くためにやってきたイギリス人牧師は、「ここの住人の大多数は海賊、人殺し、売春婦をはじめ、世界で最も堕落した人々から成っている。私がここにいても何の役にも立たないと思われる」との捨て台詞を残して帰国してしまったという（デイヴィッド・コーディングリ前掲書）。

ポート・ロイヤルのバッカニアたち

ポート・ロイヤルの海賊としては、ヘンリー・モーガンが最も有名だ。出身はイングランド王国のウェールズ。1671年にパナマ攻略を成功させ、新大陸に名をとどろかせた。帰国後、爵位を授けられ、ジャマイカの副総督に就任。一転して海賊取締りの責任者となった人物である。詳しいことは第3部で紹介している。そちらをご参照願いたい。

次いで有名なのは、オランダ人バッカニアのロッシュ・ブラジリアーノだろう。

この男はアムステルダムの西インド会社に年季奉公人の契約をして、新大陸にやってきた。たどりついたのはブラジル。自由の身になったあと、ジャマイカ島に移ってきた。過去にブラジルにいたから、ブラジリアーノと呼ばれたようだ。ロッシュとは「岩」の意。でっぷり太っていたことに由来するらしい。直訳すれば、「ブラジルの岩石男」とでもなろうか。さしずめ、現代のプロレスラーのような体型をしていたかと思われる。

この男は精神的にかなりいかれていたらしい。まず、酒癖が異常に悪かった。酔っ払うといきなり走り出し、出会う人を片っ端から殴りつけた。また、ワインの大樽を買い込んで往来の真んなかで呑み、通行人にはだれ彼の見境なくワインを振る舞った。拒んだら大変だ。ピストルを抜くや胸元に突きつけて脅かしたという。さしずめ「おれ様の酒が呑めないのか？」というところであろう。残虐なことこのうえなく、エクスクェイメリンは、「とりわけスペイン人に対しては根深い反感を持っていて、彼らには実に残酷な仕打ちをした。たとえば農園主が豚や食料のありかを隠したりすると、ただそれだけの理由で彼を木製のすのこの上で焼き殺したりした」と記している。

バッカニアの落日と海賊の黄金時代到来

しかし、バッカニアたちが成功に浮かれているとき、すでに時代は動きはじめていた。モーガンがパナマ攻略に成功する前年、スペイン王国とイングランド王国の間でマドリード条約が結ばれた。この条約によってイングランド王国は、スペイン王国から正式にジャマイカ島の領有権を獲得することになる。しかし、
「海賊たちを島から締め出し、取り締まること」
という条件が課せられていた。もし、イギリスがこの要求を拒めば、開戦も辞さない覚悟を示していた。

イングランド政府はスペイン側の要請を受け入れた。今まで海賊たちに好き勝手させていたのは、新大陸に関するイングランド王国の権利をスペイン側に認めさせたかったためである。ジャマイカの領有権が認められ、新大陸進出の足掛かりができた以上、もうバッカニアたちに用はない。王国政府は方針をバッカニア取り締まりに転換した。ヘンリー・モーガンの副総督任命もその一環であった。「毒をもって毒を制する」のである。

ポートロイヤルで飲んだくれる海賊

取り締まり強化を受けて、海賊から足を洗うものもいたが、一度味わった稼業の味はそう忘れられるものではない。海賊に戻る者がほとんどだった。

バッカニアたちには、稼ぎ場所を変えるか？　死刑を覚悟でカリブ海での稼ぎを続けるか？　というふたつの選択肢があった。前者を選んだ者たちは、インド洋・太平洋へと進出していくが、後者を選んだ者たちもいた。海賊の黄金時代を現出する「フリバスター」は、カリブ海に残ることを選んだ人々を母体に生まれ、さらなる海賊志願者を吸収して増殖していくのである。

黄金時代の海賊フリバスターの世界

ポート・ロイヤルの壊滅

1692年7月7日、カリブ海で発生した巨大地震と大津波により、ジャマイカ島のポート・ロイヤルは壊滅する。1670年のマドリード条約（イングランド王国がスペイン王国からジャマイカ島の領有権を獲得した条約）以後の海賊取り締まり強化により、昔日の繁栄を失っていたポート・ロイヤルは、大津波によって止めをさされたのである。人々はこの天災を「新世界のソドム」に対する神の審判と見たという（『図説　海賊の大全』デイヴィッド・コーディングリ編　増田義郎監修　増田義郎・竹内和世訳　東洋書林）。ソドムとは『旧約聖書』に登場する町の名前。悪徳が栄えたため神の怒りに触れ、硫黄の火によって滅ぼされたとされる町である。

それから5年後の1697年、オランダ共和国でライスワイク条約が締結される。これは1688年に発生したファルツ継承戦争の終結に伴う国際条約であり、イングランド王国、フランス王国、神聖ローマ帝国、オランダ共和国、スペイン王国、スウェーデン王国が和平条約を結んでいる。この条約によりフランス王国はスペイン王国から、イスパニョーラ島のうち現在のハイチ共和国に相当する部分を割譲することに成功する。しかし、割譲の条件としてスペイン王国政府から、隣のトルチュ島のバッカニアの取り締まり強化、という注文も付けられた。

前項で見たようにトルチュ島は、フランス人を中心とするバッカニアの海賊基地となっていた。フランス政府が海賊たちを野放しにしていたのは、新大陸でのスペイン王国の支配力を弱体化させるためだ。しかし、島の半分の領有が認められたとなると話は違う。スペイン王国と無用の摩擦を生じないためにも、海賊取り締まりを強化する必要がある。

フランス政府は島の総督に、元バッカニアのジャン・デュ・カスを任命し、取り締まりを命じた。イングランド政府がヘンリー・モーガンに取り締まりを命じたのと同様、「毒をもって毒を制する」というやり方である。カスはバッカニアたちの活動を抑えるかたわら、新しい仕事への転職を斡旋した。平和な交易業者、

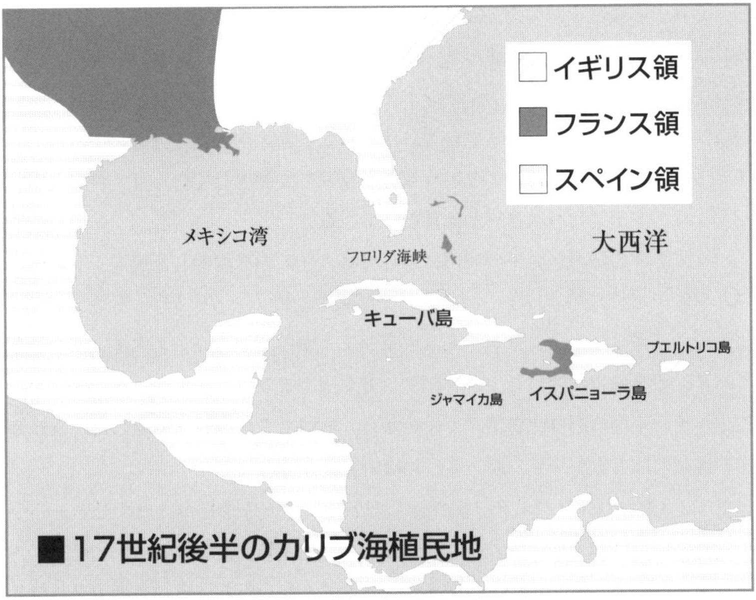

■17世紀後半のカリブ海植民地

牧場経営、農業……。これによりトルチュ島のバッカニアの多くが、海賊稼業から足を洗い、イスパニョーラ島へと移った。

ポート・ロイヤルの壊滅と、ライスワイク条約の締結により、バッカニアの時代は終焉した。しかし、すでに新しい海賊が活動を開始していた。船と見れば国籍に関係なく襲う、純然たる海の盗賊集団フリバスターである。

自由に襲う海の盗賊団

フリバスターの世界を見る前に、理解を深める意味も込めて、カリブ海・大西洋で暴れた海賊の種類を今いちど整理し、フリバスター誕生までを簡単に追って見よう。まず、カリブ海・大西洋を横行した海賊は、

プライベーティア

バッカニア

フリバスター

の3つに分けることができる。

プライベーティアは、日本語に直せば「私掠船」となる。国なり、有力者なり

が、存在の必要性を認めた公認海賊である。彼らは国・有力者が発給する「私掠免許状」を手に海賊行為に励んだ。公認海賊は古今東西、どの海にも出没したが、カリブ海・大西洋では、イングランド王国、フランス王国を中心とする新大陸出遅れ国家？のプライベーティアが暴れまわった。新大陸の富を独占しているスペイン王国に一泡ふかせたい、という意志が反映して発生している点、自然発生したバッカニアやフリバスターとは異なっている。

バッカニアの語源と発生の理由については、先の項で説明した通り。トルチュ島とジャマイカ島のポート・ロイヤルを根城とした人々が、「バッカニア」と呼ばれた。イギリス人、フランス人、オランダ人が中心となり、スペイン植民地とスペイン船を執拗に襲った。イングランド王国やフランス王国は、新大陸におけるスペイン王国の弱体化を望んでいたから、海賊たちの横行を歓迎した。自然発生の海賊ではあるが“半公認”くらいはいえそうである。

さて、3番目のフリバスターだが、この名称について海洋ジャーナリストの小島敦夫氏は『海賊列伝』(誠文堂新光社)のなかで、「自由な捕獲者という意味のスペイン語から出て、フランス語のフリビュスティエから転じ、古い英語でフリバスターとなって残り、一方ではフランス語からオランダ語、転じて英語のフリビュターになったといわれる」と説明している。いずれにしても「自由な捕獲者」という点、完全な海の犯罪者集団である。

ところで、17世紀も終わりになると、バッカニアのフリバスター化がはじまる。つまり、スペイン船・スペイン人植民地にこだわることなく、襲撃の対象としはじめたのである。取り締まりの強化によりスペイン船や植民地が襲えないなら、手っ取り早く他の国を襲ってしまえという訳だ。

海賊たちの巣ニュー・プロヴィデンス島

チャールズ・ジョンソンという人物が記した『海賊史』という本がある。正式名は『悪名高い海賊の掠奪と殺人の歴史』。これは1724年にロンドンで刊行された本であり、海賊（フリバスター）全盛期にカリブ海・大西洋・インド洋を横行した海賊たちを、列伝形式で紹介している。邦訳は『イギリス海賊史（上下)』。朝比奈一郎氏の訳で1983年にリブロポートから刊行されている。本項で〈チャールズ・ジョンソンの記述〉〈『海賊史』の記述〉として「　」で引用している文は、『イギリス海賊史』からの抜粋であることお断りしておく。なお、著者のチャールズ・ジョンソンの正体については、長いあいだ謎とされていたが、最近ではダニエル・デフォーではないか？　という推定がほぼ定説化している。有名な『ロビンソン・クルーソー』の作者である。

ところで、海賊たちがカリブ海・大西洋で猛威を振るうことができたのは、ニュー・プロヴィデンス島という理想的な基地を手に入れることができたためだ。ニュー・プロヴィデンス島はバハマ諸島に浮ぶ島であり、現在、バハマの首都ナッソーがある。海賊たちがニュー・プロヴィデンス島にいたった経緯については、『海賊史』に詳しい。原文を引用すると長くなるので、要約して紹介しよう。なお、イングランド王国は1707年、スコットランド王国を併合し、グレート・ブリテン王国となっているが、混乱を招くといけないので、1707年より前をイングランド王国、あとをイギリス王国と呼んでいることをお断りしておく。

——1716年、キューバ島のハバナからフロリダ湾に派遣されたスペイン船団は、沈没船の財宝回収作業にあたっていた。スペイン人は数百万ペソの銀貨を回収してハバナに運んだが、現地にはまだ35万ペソの銀貨が残っていた。

スペイン人が銀貨回収作業をしているとき、ヘンリー・ジェニングス船長率いる5隻の船団が、偶然にもフロリダ湾に入ってきた。ジェニングスは事情を把握すると、直ちに襲撃を開始。銀貨を奪い取った。船団は意気揚々とジャマイカ島に向かった。途中、航行中のスペイン船も襲い、6万ペソの銀貨と藍・洋紅などの積荷を奪った。

ハバナのスペイン総督は、ジャマイカ島のイギリス総督に対して、奪われた財宝の返還を要求した。ジェニングスと仲間たちは、

〈戦争中ならいざ知らず、今、スペインとイギリスは平和な関係にある。これは完全な犯罪行為であるから、確実に処罰の対象となるに違いない〉

と考え、掠奪品をもとでに大急ぎで武器弾薬・食料などを調達。再び、海へと乗り出した。彼らは「毒を喰らわれば皿まで……」とばかり、船を手あたりしだい襲いはじめた。そうしているときに船団は、漂流している3隻の船を見つけた。乗っているのはイギリス人ばかりで、いずれも木材採集船の乗組員であった。彼らはスペインの軍艦に船を奪われ、替わりの船に積めこまれて漂流しているところであった。ジェンキンス海賊船団は、彼らを仲間に加えてふくれあがった。

こうなると適当な基地が必要だ。一味は考えた末に、バハマ諸島のニュー・プ

ロヴィデンス島を根城とすることに決めた。この島には、500隻の船を収容できる港があった。港の前には小さな島があり、港への出入口がふたつになっていた。どちらの入り口にも砂洲があり、大型軍艦は通れなかった——

以上が、ニュー・プロヴィデンス島が海賊基地となるまでのてん末である。以後、この島はたちまち、海賊たちの“巣窟”となった。『海賊史』は島に集った海賊たちの名前を列挙している。ベンジャミン・ホニゴールド、エドワード・ティーチ、チャールズ・ヴェイン、アール・サンプル、トマス・コクライン、トマス・バージェス、ジョン・マーテル、ジェームス・ファイフ、クリストファー・ウィンター、ニコラス・ブラウン、ポール・ウィリアムズ、サミュエル・ベラミー、エドワード・イングランド、オリヴァー・ラ・ブーシュ、メイジャー・ペナー……。有名海賊のオンパレードである。

商人、密輸業者も集まった。彼らは海賊たちから掠奪品を買い、海賊たちが必要とする品々を運んだ。また、歓楽施設も建ち並んだ。安っぽい居酒屋、場末の売春宿、なれの果ての風情漂う娼婦たち、見るからに怪しい賭場……。彼らは海賊たちが航海から帰ってくると、あの手この手を使って稼ぎを吐き出させた。ニュー・プロヴィデンス島は、かつてのポート・ロイヤルをほうふつとさせる町となった。

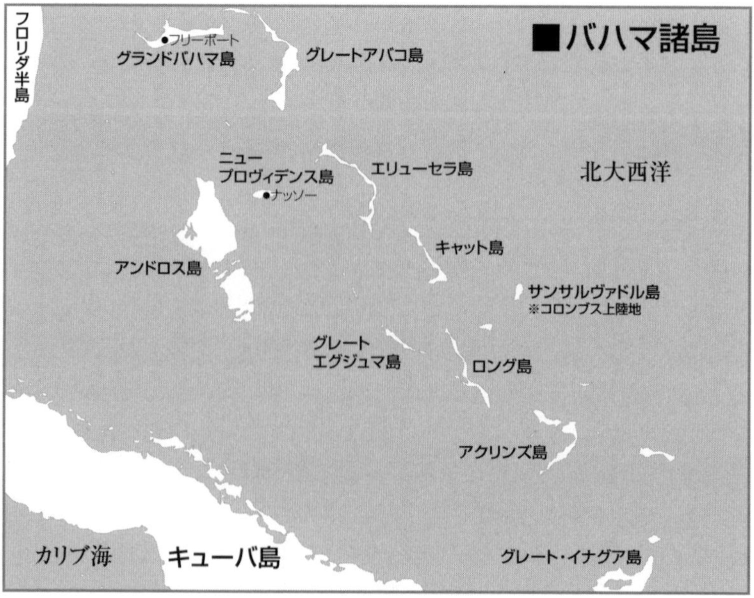

■バハマ諸島

島にはまた、カリブ海各地から海賊志願者がやってきた。まともな生活とは最初から縁のない者もいれば、主人のもとを逃げ出して来た年季奉公人もいた。貧乏で生活ができない植民者も多かったし、海賊稼業の味が忘れられず、“復職”したバッカニアも大勢いた。ともかく、社会の落伍者・逸脱者がわんさかと集まった。だが、そうしたなかに混じって、社会の犠牲者となった人も数多くいた。

悲惨な軍艦の船乗り

さきのバッカニアの項で「戦争が生んだ失業者」を棚上げしておいたが、ここで改めて説明したい。戦争が生んだ失業者とは、軍艦乗り込みの船乗りたちである。

世界史など年表を見てもらえばわかるが、ヨーロッパという地域は戦争ばかりしている。内戦もあれば、国際間の戦争もある。友好関係が決裂、即、戦争だ。本項で取り上げている16世紀から18世紀を見ても、

イタリア戦争＝1494年～1559年
ネーデルランド（オランダ）独立戦争＝1568年～1609年
第一次英蘭戦争＝1652年～1654年
第二次英蘭戦争＝1665年～1667年
第三次英蘭戦争＝1672年～1674年
オランダ戦争＝1672年～1678年
ファルツ継承戦争＝1688年～1697年
スペイン継承戦争＝1701年～1713年
ポーランド継承戦争＝1733年～1735年
オーストリア継承戦争＝1740年～1748年
ジョージ王戦争＝1744年～1748年

と国際間の戦争が行われている。

この時期の国際戦争の特徴は、海軍力の優劣が勝敗を分けるという点である。たとえば、ネーデルランド（オランダ）独立戦争の際には、独立を支持するイングランド王国に対して、これを阻止しようとするスペイン王国が1588年、“無敵艦隊”を派遣するものの、接舷しての白兵戦を中心としていたため、小回りがきき、砲撃力にすぐれた艦をそろえたイングランド艦隊の前に敗北してしまう。この戦い（アルマダの海戦）は、戦争の帰趨を決めるうえで重要な戦いとなってい

る。だから、各国とも戦争となると海軍力の充実をはかった。

戦争には人員が必要だが、海軍の人員調達はきわめて強引だった。人集めを担当するのは、士官に率いられた水兵強制募集隊。募集隊といえば聞こえは良いが、ゴロツキのような集団である。彼らが最も欲したのは、漁師・船乗りなど航海技術を身につけたものである。しかし、基本的にはだれでも良く、町で見かけた男たちを拉致同然に連れていった。一度、船に連れこまれたらもうアウト。あとは地獄のような生活が待っている。狭く湿った船内、粗末な食事、重労働……。病死、ケガによる負傷も相次いだ。身体に障害が残っても補償はない。

厳格な船内規定も船乗りを苦しめた。「上官には絶対服従」からはじまり、「つばを吐いてはいけない」などの細かい規律が多数設けられていた。違反すれば処罰だ。しかも見せしめのために、船乗りたちが見ている前で行われた。サディスト傾向のある上官となると、立場を利用して水夫たちを徹底的にいたぶった。まさに「こんなふうにして生きているくらいなら、死んだ方が増し」という世界であった。

かようなひどい環境なら、誰しも船を降りたくなるだろう。しかし、一旦軍艦に乗り込んだら最後、戦争が終わってお払い箱になるまで船を降りることはできなかった。それでも降りたければ、死体になるか、脱走するしかなかった。

さて、軍艦でのひどい生活に耐え、運良く戦争終了まで生き延びたとしよう。しかし、問題なのはその後である。イザ別の仕事をと思っても、仕事はほとんどなかった。彼らはつらい軍艦生活に耐えてきた見返りとして、失業者という境遇を与えられたのである。こうした人々の怒りと悔しさは、察するに余りある。彼らはその怒りを胸にカリブ海へと向かい、海賊に身を投じた。奪われた時間を取り戻すためであり、同時に海軍関係者に仕返しするためである。

私掠船も商船も変わらず

戦争に関係する船としては、公認海賊としての私掠船もあげられる。戦争ともなると国は海賊行為を奨励し、「私掠免状」を発給して敵国の船を襲わせた。だから、戦争がはじまると私掠船乗り込み志願者も多かった。私掠船は船長しだいである。良い船長の船に乗り込めれば幸運だ。食事も良いし、規律も緩やかだし、分け前もごまかしがない。しかし、最低の船長がいる船に乗り込んだら、もうアウト。船長は立場の上にあぐらをかいて、船乗りたちをいたぶりまくり、上官たちも同様の態度をとった。抗議すれば、待っているのは刑罰。自殺に見せかけて殺すこともあった。

反発した船乗りが、反乱を起こした例は多い。だが、失敗しても成功しても展望は暗い。失敗すれば船長に殺され、成功すれば国に処罰された。当然だろう。海賊といえども国家公認である。反乱＝国家への反逆罪になる。

戦争とは直接関係ないが、一般商船も見てみよう。こちらも私掠船と同様、船長の善し悪しによった。温厚で人格者の船長もいたが、暴君も多かった。

私掠船・一般商船の船乗りから、海賊に転身したものは数多い。いちばん多かったのは、海賊船に襲われたのをきっかけに、海賊の仲間入りをするケースだ。海賊になったものは、船長という存在に対する恨みを胸に海賊船に乗り込んだ。

船長はまず助からなかった

海賊たちは艦長・士官・船長という存在に対して、深い憎しみを持っていることが多かったから、そうした人々は捕まるとまず助からなかった。1726年に捕まったフィリップ・ラインという海賊は、「37人の船長を殺した」と誇らしげに語っている。また、絞首刑になる直前、多くの船長に“報復”したことを堂々と主張したのち、吊るされた海賊もいたという。船長への報復行動を海賊たちは、「正義の分配」と呼んだ。商船を襲って乗っ取ったとしよう。海賊たちは船員に、

「船長の扱い方はどうだったか？」

と尋ねる。船乗りたちを手ひどく扱ったことがわかると、商船の船長でさえ、鞭で散々打たれてから殺された。鞭打ちは日常的に行われている刑罰だ。船長は船員たちの苦しみを思い知らさられてから、殺されるという訳である。この「正義の分配」をとりわけ重んじていたのが、大海賊として知られるバーソロミュー・ロバーツだ。ロバーツはジョージ・ウィルスンというとりわけ気の荒い男を、正義の分配の執行者に任命していたという（デイヴィッド・コーディングリ前掲書）。

しかし、船員たちを人間的に扱った船長は、許されることがあった。たとえば1719年4月、アフリカ沿岸を航行中のイギリスの商船が、ヨーロッパ人の海賊集団に捕らえられた。海賊は船長のスネルグレーブを殺そうとした。だが、船員たちが、

「船長を殺さないでくれ。こんなに良い人は滅多にいない」

と懇願したため、命を助けられている。スネルグレーブはこのあと解放されてロ

ンドンに帰ることになるが、11人の部下が海賊に加わるために残ったという（『海賊の歴史―カリブ海、地中海から、アジアの海まで』フィリップ・ジャカン著　増田義郎監修　後藤淳一、及川美枝訳　創元社）。

もちろん、「正義の分配」は海賊すべての共通項ではなかったろう。船を捕まえたら、船長だろうが船員だろうが無差別に殺した海賊も多かったはずである。だが、「海賊行為をする理由は、卑しい商人たちや残忍な船の船長たちに仕返しをするためである」というハウエル・デイヴィス船長の言葉（デイヴィッド・コーディングリ前掲書）にも耳を傾けておくべきだろう。でなければ、海賊の世界に対する十分な理解はあり得ないように思う。

「海から」やって来た

「正義の分配」に加えて、この時期の海賊でもうひとつ特筆しておきたいのは、乗組員の多彩さである。西ヨーロッパの国々はもちろん、北欧出身者もいれば、ギリシア人、インド人などもいた。そして、どの船にも黒人とムラト（黒人と白人の混血）がいた。少し長くなるが、デイヴィッド・コーディングリ編の『図説海賊大全』（東洋書林）から、黒人海賊の実態について記した個所を抜粋してみよう。

「しかし、海賊船の乗組員たちのなかに、アフリカ出身の人々が、大変たくさんいたということも注意されねばならない。そうした人々のなかには『絞首台の上で踊って』命をおいた者も何人かいる。たとえばブラック・バート・ロバーツといっしょに航海をして一七二〇年にそのためにバージニアで絞首刑に処せられたムラトがそれである。もうひとり別のシーザーという名の『度胸のすわった黒人』は、一七一八年に、王室海軍に降伏するよりはむしろ、海賊黒髭（エドワード・ティーチのこと）の船を爆破してやろうと構えて抵抗した。この男も絞首刑に処せられた。また黒人の海賊は、海賊たちの前衛、これと目を付けた獲物の船に飛び移って戦うために指名された、もっとも信頼されもっとも有能な乗組員たちの一部を構成していた。モーニング・スター号の切りこみ隊には、『ふつうの人の二倍の武装をした黒人のコック』がいた。ドラゴン号のエドワード・コンデントの切りこみ隊の半分以上は、黒人であった。これらは例外的な場合ではなかった。とにかく『黒人とムラト』が、ほとんどどの海賊船にもいて、彼らについて述べている船長や商人たちの多くが、滅多に『奴隷』という言葉を彼らに対して使っていないからだ」

今、ここでわざわざ黒人海賊のことを取りあげたのは、15世紀からはじまった奴隷貿易との関係である。奴隷貿易については、いまさら力説するまでもなかろう。アフリカ大陸の人々が、ヨーロッパの奴隷商人によって大量に新大陸に送りこまれ、苛酷な労働に従事させられた。

まさに人類の不幸な歴史のひとつだが、この奴隷貿易を非人道的行為として禁止する動きが出たのは、19世紀に入ってからである。1807年、南北アメリカ大陸とアフリカ大陸を結ぶ奴隷貿易を独占していたイギリス王国で奴隷貿易が禁止され、1833年、イギリス本国はもとより、イギリスの全植民地に対して奴隷解放令が出された。黒人奴隷を最も抱えていたアメリカ合衆国も、1863年に奴隷解放宣言を出している。しかし、300年以上にわたって続いた奴隷売買の歴史は、ぬぐいがたい人種差別観念を白人社会に植えつけており、今日においても完全に払拭されたとはいい難い状況である。

本項で取り上げているのは18世紀。奴隷貿易が進行している最中である。強調したいのは、この時期において、アフリカ出身の人々を奴隷として扱わなかった人々もいたということだ。もちろん、海賊のすべてがそうだったとはいわない。奴隷運搬船を捕獲した場合には、奴隷たちは“積荷”として悪辣な奴隷商人に出荷されるのが普通だった（デイヴィット・コーディングリ前掲書）。しかし、少数の場合には海賊仲間に誘われるケースが多く、実際にチャールズ・ジョンソンの『海賊史』にも、そうした事例が紹介されている。

かような事例を考えるとき、ジェームズ・バローという海賊の行為が、なぜか心に響く。彼は夕食時、オランダ語の祈祷書の文句に、スペインやフランスの歌の節をつけて歌うという冒涜的なことを敢えて行い、さらに海上でほかの船に呼かけるとき、「海から」やって来たと名乗りをあげ、国籍の否定を強調したという（ディヴィッド・コーディングリ前掲書）。バローがなぜかような行為をしたのか？　その真意のほどはわからない。しかし、真意の不明を考慮してもなお、「海から」という言葉は印象的である。この言葉こそ、国境・国籍・人種という、人類が歴史の営みのなかで作りあげた既成の枠を取り払い得る、最大の力をもった言葉とはいえないだろうか。もちろん、再三繰り返すように、海賊たちを美化するつもりはないし、彼らの野蛮な行為を擁護するつもりもない。だが、少なくとも「海から」という言葉には、彼らの突き詰めた思いと理想が、にじみ出ているように思われるのである。海賊がいまなお、小説・映画などの題材となるのは、この「海から」という言葉に込められた思いが、多くの人の共感を誘うからではなかろうか。

ウッズ・ロジャーズの登場

海賊たちがニュー・プロヴィデンス島で「我が世の春」を謳歌していたとき、すでに海賊包囲網が準備されはじめていた。積極的に動いたのはイギリス王国である。イギリス王国は、北アメリカ大陸に植民地を抱えている。航路の途中に無法者と化した海賊の基地があることに危機感を募らせたのである。1716年9月、王国政府は海賊鎮圧の責任者としてウッズ・ロジャーズを任命。「バハマ諸島内及びその周辺における総司令官および総督」とした。

ウッズ・ロジャーズは私掠船の船長だった人物である。統率力・決断力・行動力に優れ、1708年～1711年にかけてデューク号・ダッチェス号の2隻の船を率いて太平洋に進出。太平洋を行き交うスペイン王国の財宝船を捕獲し、世界周航を成し遂げている。ニュー・プロヴィデンス総督就任は、指揮官としての力量を買われてのことであった。総督就任のための準備に1年近くを費やしたロジャーズは、イギリス国王ジョージ1世から与えられた赦免状を手に、任地へと向かった。『海賊史』は赦免状の文面を伝えている。

「一七一八年九月五日以前に、自ら大英帝国あるいはアイルランドの国務大臣、またはわが海外植民地の総督に投降した海賊はすべて、当人が同年一月五日までに犯した海賊行為に関しては無罪とし、放免する。また、わが海軍の全提督、艦長、将校、植民地総督、植民地にある砦、要塞その他の指揮官、および民間、軍を問わずすべての船舶士官に対しては、本布告に従って投降することを拒否した海賊を拿捕することを命ずる」

赦免状の内容は、ロジャーズ到着の前にニュー・プロヴィデンス島に届いた。この報せを受けて島では、今後の身の処し方をめぐって海賊たちの総会が開かれた。議論は紛糾した。『海賊史』によれば、「あるものは、この島を守り、海賊共和国として、自分たちの条件により政府と交渉しようと主張した。またあるものは、島の防備を固めることは賛成しながら、めんどうな手続きは一切やめにして、獲物の賠償義務なしで赦免を受け入れ、分捕品の全部を持って近隣のイギリス植民地へ隠退しようと提案した」という。

島で最も発言力があるジェニングスは、「投降こそ現実的で有利な判断」と考えた。しかし、ジェニングスの判断に異を唱える者も多く、総会は分裂。ジェニングスをはじめとする投降派は、バミューダ諸島のイギリス総督のもとに出頭。赦免状を手にした。しかし、「彼らの大部分は、野良犬がごみ捨て場に集まるように、再び海賊稼業に戻ってしまった」と『海賊史』は伝えている。

ロジャーズがニュー・プロヴィデス島に到着したのは、1718年の5～6月とされる。軍艦が接舷するのと同時に、投降を決めていた海賊たちは降伏した。ホニゴールド、ラ・ブーシュ、バージェスといった海賊たちが投降し、ティーチ、イングランド、ヴェインなどは、ロジャーズ到着と前後して島から逃亡した。

ロジャーズは海賊取り締まり責任者として、まさに適任であった。彼は降伏した海賊たちを使って、足を洗わない海賊たちを追跡。多くの海賊を絞首台に送った。海賊は吊るされる前、人々の前で最後の言葉を発することを許される。『海賊史』から、ある海賊一味が集団で処刑されたときの言葉を紹介しよう。

「俺たち十人が、固く誓い合った昔の友だちや仲間が黙って見守る中で、まるで犬ころのように吊るされることがあろうなどとは考えたこともなかったぜ」

「心から後悔するぜ。俺がもっと悪事を重ねなかったことをな。それに俺たちを捕まえた奴らの喉をかき切ってやらなかったこともな。お前らが俺たちと同じように吊るされねえのが癪だぜ」

海賊たちの終焉

ジリジリと包囲網が狭まるなか、海賊たちの活動はやまない。ニコラス・ブラウン、ハウエル・デイヴィス、バーソロミュー・ロバーツ、ジョージ・ラウザ、エドワード・ロウ、ジャック・ラカム……。ラカムの船にはメアリ・リードとアン・ボニーというふたりの女海賊も乗り込んでいた。

しかし、当局の追跡も執拗だ。1720年には、ジャック・ラカムとチャールズ・ヴェインが絞首刑となった。さらに翌年には「海賊取り締まり法」が定められた。これは海賊と取り引きをするすべての人々を処罰の対象とする法律であり、結果から見れば、この法律がダメ押しとなった。

海賊は海を漂流して生きているのではない。海で得た品を陸に持ち込み、陸から生活物資の供給を受けて生きているのである。生きていくうえで、陸とのつながりは不可欠だった。無法海賊たるフリバスターにも、陸でつながる相手はいた。密輸業者、腐敗役人、一部の沿岸住人である。海賊たちは密輸業者に掠奪品を売ることで収入を得ていた。腐敗役人は海賊から掠奪品をもらい受けることで私腹を肥やし、取り締まりを緩やかにしていた。沿岸住人は、海賊たちに食料・物資を補給することで、収入を得ていたのである。海賊と接触を持った人すべてを処罰の対象にするという「海賊取り締まり法」は、海賊と陸とのつながりを断ち切るものであった。

1722年、大物海賊バーソロミュー・ロバーツが戦死。同年、41名の海賊がジャマイカで縛り首になった。1726年には「大海賊」として知られていたニコラス・ブラウンが、戦闘による負傷がもとで死亡する。ロバーツとブラウンの死は、カリブ海・大西洋における、海賊の時代の終焉を告げるものであった。海の無法者としての海賊が海賊船を操り、多数の手下をしたがえて堂々と海賊行為を働く時代は終わったのである。

処刑される海賊

第4章

インド洋の海賊たち

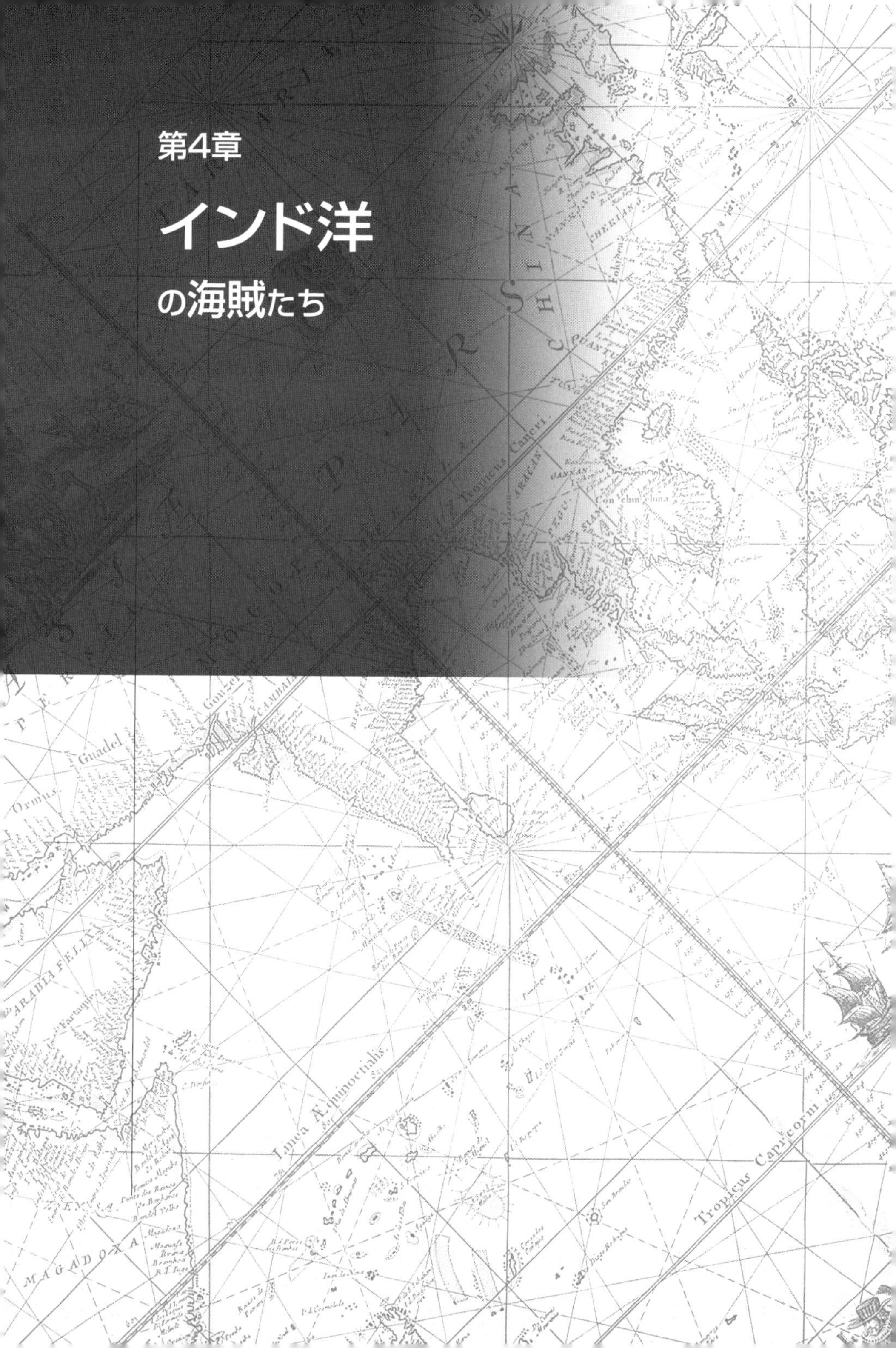

マルーナーたちのリバタリア伝説

海洋貿易に適したインドの地形

インド洋に突き出した逆三角形の陸地。インド亜大陸の形状である。この陸地は海洋貿易に最適の形だ。西に向かってインド洋を横断すればアフリカ大陸東岸に達する。また、陸地づたいに西に向かえば、紅海を経て地中海に抜けられる。東に向かえば東南アジア。そのさらに先には中国大陸がある。かような条件を備えているがゆえに、インドは古代から海洋貿易の一大拠点であった。1976年にオックスフォード大学で出された論考「A History of South India』は、古代インドの繁栄ぶりを次のように記している（『日本民族のふるさとを求めて』所収　森本哲郎　新潮社）。

「港町には大きな市場にさまざまな商品が並べられ、その傍らには何階建てかの

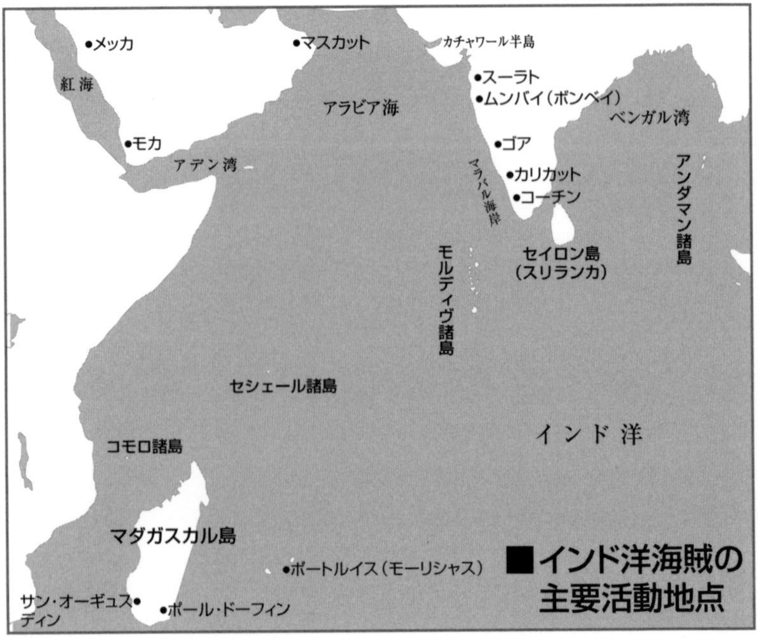

■インド洋海賊の主要活動地点

ベランダ付きマンションが軒を接し、港にも船にも色とりどりの旗が風になびいていた。外国船――といっても、主として地中海からやってきた船であるが――は、リンネルやアンチモン、珊瑚、ガラス、銅、錫、鉛製品、黄玉、鶏冠石、そしておびただしいローマの貨幣をもたらした。それらの見返りとして南インドからは、たくさんの真珠、象牙、絹布、さまざまな透明な石、ダイヤモンド、サファイヤ、ベッ甲、それに多量のコショウが輸出された」

また、明確な時代は特定できないが、インドは北欧世界とつながっていたことも確実視されている。というのも、スウェーデンの交易所（ビィク：P056参照）跡からブロンズ製の仏像が発見されているからだ。作られた場所はインド北部。6～7世紀頃のものと推定されている。インドは世界でも有数の富める地であり、インド洋は富が行き交う海であった。富のある海に海賊は必ず現れる。インド洋も例外ではない。

東方見聞録は語る

インド洋とは、ユーラシア大陸、アフリカ大陸、オーストラリア大陸、南極大陸に囲まれた海を指す。太平洋・大西洋とともに、世界三大洋のひとつに数えられており、ベンガル湾・アラビア海もインド洋に含まれている。

インド洋は古代から海賊が横行する海であった。すでに紀元前1600年にはアラビア海で海賊による被害が続出していたし、古代のペルシア人はアレクサンドロス3世（アレクサンダー大王）によって支配されるまで、ティグリス川の河口を封鎖し、海賊が川を遡ってくるのを防いでいた。

海賊たちが根城とした場所は、ひとつはアラビア半島の沿岸。人目につかない場所に拠点を構えて、航行する船を捕獲した。もうひとつの場所はインド亜大陸の西海岸であり、ここは古代から「海賊海岸」と呼ばれていたという。インド亜大陸の西岸は、マラバル海岸と呼ばれる地域であり、同地域の海賊の実態については、マルコ・ポーロ（1254年～1324年）の『東方見聞録』に詳しい。

有名なのでマルコ・ポーロと『東方見聞録』について少し説明しよう。マルコ・ポーロはヴェネツィア（イタリア半島の都市国家）の人。1271年、父・叔父と中国大陸に旅立ち、1274年に到着。以後、17年間を中国で過ごした。中国では元帝国皇帝フビライに重く用いられ、フビライの命令により中国各地を探検旅行し、詳細を伝える役目を果たしていたという。ヴェネツィアに帰国後、しばらく貿易の仕事に従事していたが、やがてジェノヴァ（イタリア半島の都市国家）との戦争に従軍。捕虜となり、投獄されてしまう。マルコは牢獄で東方での体験を語って聞かせた。話があまりに面白いので、牢獄ばかりかジェノヴァでも有名な存在になってしまった。

ここでマルコは、東方に関する物語を一冊の本にまとめようと思い立つ。動機について、1599年にヴェネツィアで『東方見聞録』のイタリア語版を記したラムジオは、「人々が皆、カタイや大ハン（フビライのこと）の話を聞きたがるのを見て、そして、毎日同じ物語をさせられるのにウンザリして、それを書物にせざるを得ないと考えるようになった」（『ヴェネツィアの冒険家マルコ・ポーロ伝』ヘンリー・H・

◆『東方見聞録』の信憑性◆

本書でも参考史料として取り上げている『東方見聞録』だが、信憑性についてイギリスのフランシス・ウッドをはじめとする研究者から疑問が提示されている。根拠は、

○中国サイドにマルコ・ポーロに関する記述がない

○中国の風俗などに関して、重大な欠落個所が見える

という2点である。

1点目。マルコ・ポーロは『東方見聞録』中でフビライ汗から重く用いられた旨を記している。ならば、中国側の記録に登場しても良さそうなものだが、マルコ・ポーロの名前は見つからないのである。

2点目。たとえば、お茶があげられる。中国では喫茶の風習が一般的だが、フランシス・ウッドも指摘するように、マルコ・ポーロはお茶については触れていない。食料品・酒、その他の飲み物には強い関心を払っていたにも関わらず（『マルコ・ポーロは本当に中国へ行ったのか』栗野真紀子訳　草思社）である。他に万里の長城、中国独特の風習である纏足（女性の足を大きくしないために、幼いうちから布をかたく巻きつけてその発育をさまたげたこと）など、中国にいれば必ず目にしたであろう建物や風習に言及がない。

研究者たちの結論はさまざまだが、要点だけを述べると、

○マルコは中国には行かなかった

○中東か、コンスタンティノープルで商業活動に従事しており、東方からの旅行者、交易商人、船乗りから話を聞く機会が多かった

○それらの話をルスティケロに語り、『東方見聞録』ができあがった

となろうか。しかし、まったくのホラ話を語った訳でないので、いずれの研究者も、史料批判の目さえ失わなければ、『東方見聞録』が当時の東洋の実際を知るうえで、重要な史料である、という点では一致している。

ハート　幸田礼雅訳　新評論）と記している。このマルコとともに獄中にいたのが、ピサ（イタリア半島の都市）の物語作家ルスティケロであり、彼はマルコの話を記録し、整理した。こうしてできあがったのが『東方見聞録（原題は《世界の記述》）』である。

マルコがマラバル海岸の海賊について記すのは「メリバール王国」の項。平凡社東洋文庫の『東方見聞録』（愛宕松男・訳註）から該当個所を抜粋する。

「メリバール〔南毗国〕は西方に位置する大王国で、土人の王が君臨している。住民は偶像教徒で独自の言語を行使し、外国のどこにも隷属していない。（中略）このメリバール王国および隣接したゴズラート地方からは、毎年百艘以上もの船が海賊を働くために出動する。彼らは凶悪な海賊なものだから、よその船を見つけ次第これを捕獲し、乗り組み商人を掠奪する。彼らはこの海賊行に妻子を同伴して出洋し、夏季の間ずっと海洋にあって商人に甚大な被害を与える」

マルコは海賊たちの襲撃方法についても記す。

「この多数をたのんで横行する凶悪な海賊船は、洋上をあちこちと遊弋しつつ、商船を狩り出したり、または待ち伏せしたりするほか、海上に非常線を張るという奸悪な手段をも採るのである。すなわち彼等は、相互間に約五マイルの間隔を保って海上に散在する。したがって二十艘ばかりが出動してこのように排列すれば、百マイルにわたる海域がその偵察圏内におかれることになる。彼等は商船を見つけると、すぐに烽火を挙げて合図するものだから、どんな船でもこの偵察線を突破して彼等の魔手から脱出することはできないのである」

貿易船も海賊襲撃を予想し、武装を怠らなかったことがマルコの記述から知れる。しかし、相手は用意万端整えて待ち構えているのである。奮戦むなしく捕まる船が多かったようだ。捕獲された船の運命について、マルコは次のように記している。

「海賊は商船を捕獲すると、積み荷もろとも船を押収するが、乗り組み商人には危害を加えず、ただこう言うのである。『帰国してもう一度財産を仕上げ直すのだ。でも多分その財産も我々が頂戴することになるだろうよ』」

ゴズラート地方（註1：P112）についても見てみよう。『東方見聞録』が記すコズラート地方とは、現代のカチャワール半島を中心とする地方である。

「このゴズラート国にも世界で最悪の海賊どもがいる。彼らの犯す凶悪ぶりを次に述べてみよう。この極悪な海賊は商人を捕えると、羅望子（タマリンド）の実を海水に混ぜて飲ましめる。すると商人は無理やり下剤をかけられたことになって、胃の腑にたまったすべてのものを排泄する。海賊はこの排泄物をすっかり集め、もしや真珠・宝石がその中に混じっていやしないかと吟味する。それというのも、海賊に捕らえられた商人は、所持する真珠・宝石を奪われまいとして、ひそかにこれを嚥下していると称せられているからなのである。凶悪な海賊たちが今いったように、かかる飲み物を商人にしいるのは、全くこのためにほかならない」
『東方見聞録』が伝えるのは、13世紀後半のインド洋の海賊事情である。そして、それから約300年後、インド洋にはヨーロッパ人の海賊勢力が台頭することになる。

ヨーロッパ勢力のインド洋進出

ヨーロッパ人海賊の紹介に先立ち、ヨーロッパ人のインド洋進出について、まず説明する。これは1498年、ヴァスコ・ダ・ガマ（1469年頃～1524年）によるインド航路開拓にはじまる。ガマはポルトガル王国の航海者である。ポルトガル王室はエンリケ航海王子（1394年～1460年）以来、アフリカ大陸南端の喜望峰迂回によるインド洋進出計画を進めており、1498年、ガマがこれに成功する。以後、ポルトガル王国は順調にアジア進出を進め、1505年にはセイロン島を制圧。1510年にはインドのゴアを、翌年にはマレー半島の都市ムラカ（マラッカ）を占領し、マルク（モルッカ）諸島（香料諸島とも）との交易開始にも成功。アジアの富を独占する形になる。ポルトガル王国の成功にヨーロッパ諸国は刺激され、続々とアジアに進出。東インド会社（アジアとの貿易を独占するための会社）を設立し、貿易を開始する。

この頃インドを支配していたのはムガール帝国である。ムガール帝国はバーブル（在位1526年～1530年　中央アジアの覇者チムールの5代目の直系子孫）が、1526年に建国した国であり、ヨーロッパ勢力が進出した時期は、第6代皇帝アウラングゼーブ（在位1658年～1707年）の治世であった。このムガール帝国がそれこそ“宝の山”のような国であった。というのも、皇帝アウラングゼーブが強権

カチャワール半島（註1）

カチャワール半島を中心とする地域は、現代のインドではグジャラート州という行政区分になっており、マルコのいうゴズラートとはグジャラートのことである。グジャラートはこの地方の歴史的名称であり、意味は「グルジャラ族の地」。中国の南宋時代（1127年～1279年）に趙汝適が記した『諸蕃誌』には、「胡茶辣国」という名で紹介されている。

マラータ海賊の服装

を発揮し、金銀・宝石はもとより、極彩色の絹織物や高級工芸品など、ありとあらゆる富を集めていたからである。インド洋は一般的な交易船に加え、ムガール皇帝直属の財宝艦隊が行き交う海であった。ここにインドの富をヨーロッパに運ぶ貿易船が加わったのである。インド洋はまさに財宝の行き交う海であった。

ヨーロッパ人が進出した時期も、マラバル海岸は海賊たちの根城であり、マラータ族のアングリア家という一派が、海賊連盟を組織して海賊たちの上に君臨していた。彼らは“海賊王朝”と呼んでも良いほど強固な連盟を築き、ムガール帝国の艦船はもとより、ヨーロッパの交易船も悩ませていた。

アングリアの海賊連盟が壊滅したのは、18世紀のなか頃。海賊軍団はイギリス軍との戦いで敗北し、降伏している。

バッカニアのインド洋進出

インド洋に最初に進出したヨーロッパ人海賊集団は、バッカニアであった。彼らは、1670年のマドリード条約締結以後、取り締まりが厳しくなったカリブ海に見切りをつけ、インド洋に進出したのである。航路は大西洋南下→アフリカ大陸南端（喜望峰）迂回→インド洋。「海賊周航」と呼ばれる掠奪航海である。

最初の名前をあげたのは、ジョン・アイランドとトマス・ヒックマンのふたりだ。彼らはセイロン島（スリランカ）の近くで、イスラム教徒の財宝船を襲撃。その後、ポルトガルの交易船を襲い、高級工芸品などを掠奪した。彼らは1688年に処刑されるが、インド洋の富を具体的に海賊たちの前に示してみせた。

バッカニアたちのスポンサーとなったのは、北アメリカ大陸イングランド王国植民地のイギリス人たちである。本国が海賊取り締まりに力を入れているのに、植民地がなぜ？　と思うかも知れないが、すべては本国との利害関係のこじれが原因である。本国は植民地に対して、「本国以外との貿易を禁ずる」旨の通達を出していた。普通の貿易ができるなら良いが、植民地からの輸出品は買いたたかれ、本国からの輸入品にはむやみに高かった。加えて、高い税金が課されていた。

これではたまらない。植民地が経済的に立ち行くためには、非合法的な交易に頼るしかなかった。そこで「海賊周航」という掠奪航海が生まれたのである。掠奪航海の提案者はわからない。カリブ海に見切りをつけたバッカニアが持ちかけたのかも知れないし、あるいは、植民地サイドが彼らに声をかけたのかも知れない。ただ、「海賊周航」は双方にとってプラスであった。植民地の役人・商人は、積極的にバッカニアに投資し、彼らのインド洋での掠奪を支援した。ニューヨーク、ボストン、フィラデルフィアなどがインド洋に向かう海賊船で賑わったという（デイヴィット・コーディングリ前掲書）。

トマス・テューの成功

トマス・テューという海賊がいる。彼はバッカニアではないが、インド洋が「稼げる海」であることを、より大きく示してみせた。

テューは、北アメリカ大陸のロードアイランドに拠点を置く私掠船の船長であり、1692年、バミューダのイングランド王国総督から「私掠免状」を与えられ、アミティ号という船に乗り込んだ。目的地は、アフリカ大陸西岸のガンビア河の河口。任務は、王立アフリカ会社(註2)の援助。加えて、「沿岸のゴリーという土地にあるフランスの商館を占拠せよ」という命令が与えられていた。テューは一応、了承して出航した。ジョージ・デューという船長が指揮する船との共同任務である。しかし、途中で嵐に遭遇。2隻は離れ離れになってしまう。ここに到ってテューは方針を転換。乗組員たちを前に甲板で一世一代の演説をすることになるのだが、演説内容はチャールズ・ジョンソンの『海賊史』に詳しい。

チャールズ・ジョンソンと『海賊史』については、前章で紹介しているので詳しくは述べない。ただ、長いあいだ“謎”とされてきた著者の正体について、

「『ロビンソン・クルーソー』の著者ダニエル・デフォーではないか？」

との説がほぼ定説化していることは繰り返しておこう。なお、同書の邦訳は『イギリス海賊史』。朝比奈一郎氏の訳でリブロポートから刊行されている。本書で引用する『海賊史』の記述は、『イギリス海賊史』からの抜粋であることを改めてお断りしておく。

テューの演説に戻ろう。彼は居並ぶ船乗りたちに自らの所信を述べた。

「俺たちは総督がフランス商館を壊滅させるために私掠船を用意したことを知らないわけじゃない。いかにも俺はそのための任務を引き受けはした。もっとも俺の考えと違って、雇われ船長だったがな。ところがこいつがまったく間尺に合わない仕事だということがわかった。仮に俺たちが仕事に成功したとしても、得するのはほんの一握りの奴らだけだ。それに俺たちが勇敢な働きをしたところで、そいつらから報酬が出るわけじゃねえ。仕事はやばいだけで獲物の見込みはねえ。好きでわざわざ戦うような奴はいねえだろう。何か得になるとか、皆のためになるんでなきゃ、わざわざ命がけの仕事をする奴はいない。今度の航海にはそのどっちもねえんだ。だからよ、俺は皆がもっとうまみのあることを考えるほうがいいと思う。もし皆にその気があるなら、俺は、生涯安楽に暮らせるような方策を講じるつもりだ。もう一つ勇気をふるって仕事をすりゃ、俺たちは安全に、しか

王立アフリカ会社（註2）

1672年、奴隷貿易の独占を目的としてイギリスに設立された。この試みは失敗する（1712年に解散）ものの、スペイン継承戦争（1701年～1713年）、アン女王戦争（1702年～1713年）に勝利したイギリスは、奴隷貿易の権利をほぼ独占することに成功する。この奴隷貿易を含む三角貿易によって得た莫大な富が、のちの産業革命へつながる資金となった。

も有名になって国に帰れるぞ」

テューの演説を聞いた乗組員たちは、「金の鎖を手に入れるにしろ、義足をつけることになるにしろ俺たちは船長について行きますぜ」と答えたという。こうしてテューの船は喜望峰を迂回してインド洋に入り、ムガール皇帝直属の財宝艦隊旗艦の捕獲に成功する。宝石類と真珠、絹織物、象牙……と莫大な財宝を手に入れたテューは、インド洋に浮かぶマダガスカル島で船体を修理した後、ロードアイランドに帰還。一躍、英雄として迎えられることなる。

テューの成功は、功名心と物欲旺盛な人々を大いに刺激した。触発された人々は、商人や役人からの投資を得て海賊船隊を仕立て、続々とインド洋へと向かった。「大海賊」と呼ばれたヘンリ（ジョン）・エイヴァリ（P240参照）はとくに有名である。

海賊たちの島マダガスカル

古今東西、海賊が大いに稼ぐためには、有力な基地が必要だ。バッカニアにはジャマイカ島のポート・ロイヤルとトルチュ島が、フリバスターにはニュー・プロヴィデンス島があったように、インド洋を横行する海賊たちにも基地があった。マダガスカル島である。

マダガスカル島は、アフリカ大陸の東岸から約400キロメートルの位置に浮かぶ巨大な島であり、現在マダガスカル共和国（首都アンタナナリボ）となっている。総面積は58万7041平方キロメートル。大きさでは世界第4位の島である。島の中央部は標高2000メートルほどの山々が点在するが、海岸部には平野が広がっている。気候は熱帯性だが、島が南北に長いため南側と北側では、降雨量などに差がある。

マダガスカル島がヨーロッパ人海賊の根拠地となったのには、相応の理由がある。まずひとつは、ヨーロッパ各国の支配権が及んでいなかったこと。もちろん、島には原住民がいた。しかし、海賊たちがインド洋に進出した時期、島では部族同士の激しい抗争が繰り広げられ、統一国家はなかった。そのため、部外者たる海賊を排除しようという動きが起こるまでには到らなかった。もうひとつの理由は住みやすさである。土は肥え、飲料用の水はいくらであり、新鮮な柑橘類もふんだんに実っている。動植物と魚介類も豊富なので、食料補給にも事欠かない。

加えて、船体修理に必要な入り江が多いことが魅力だった（船体修理の仕方についてはP210参照）。

ヨーロッパ人海賊は早くも、17世紀のなか頃にはマダガスカルを根拠地として使っていたようだ。フランソワ・コウシュとレジモンというふたりのフランス人海賊は、この島を拠点にインドとエジプトを行き来する貿易船を狙っていたという（『図説海賊』増田義郎　河出書房新社）。

海賊ミッソンとリバタリア（自由の国）伝説

さて、ここからは『海賊史』の記述内容を要約する形で紹介することになる。内容はフランス人海賊ミッソンと、彼がマダガスカル島に建国したリバタリア（自由の国）の話だ。『海賊史』から、リバタリア建設と崩壊の流れをざっくりと見ていこう。

チャールズ・ジョンソンは冒頭に、「この海賊紳士については、少々詳しい話をすることができる。というのも、まったくの偶然から、私は彼が自分の冒険を綴ったフランス語の手記を入手することができたからである」と記した後、物語を書きはじめている。

――ミッソンは南フランスの財産家の家に生まれた。少年時代から優秀であり、古典語・論理学・数学に優れた才能を発揮した。父親はミッソンを銃士隊に入れようとしたが、放浪癖のあるミッソンは「船乗りになりたい」と主張した。父親は、親戚で、ヴィクトワール号船長のフルバンなる人物に息子を託した。こうしてミッソンは念願の船乗りとなる。ミッソンは地中海を航行中、シニョール・カラチオーリというひとりの僧と知りあう。カラチオーリがミッソンに「宗教界は腐敗している。自分は偽善の仮面をかぶり通すことはできない。両親が私の才能を見極めてくれなかったのが残念だ。こんな珠玉よりも、ひと振りの剣を与えてほしかった」と盛んにこぼすので、ミッソンは「ならば、船乗りにならないか？」と誘った。カラチオーリは大喜びし、ヴィクトワール号の乗組員となった。このあとふたりは、バルバリア海賊（P039参照）の襲撃を撃退したり、イングランド国籍の船を襲撃したり、自分たちの船を所有したりと冒険を繰り返し、無二の親友となっていく。

この間、カラチオーリは盛んに自分の理想をミッソンに語った。

「人間はみな自由である。空気を吸う権利があるように、生命の維持に関するものに対しては同等の権利がある」
「神は貧困の生活を送らせるために、人間をこの世に生じさせたのではない。貧富の差は、一方に強欲と野心、一方に無気力な服従があることによる」
「生命維持のための戦争は自然法で許される。しかし、私利私欲の戦争は許されない。同様に私利私欲の犯罪はすべて罰せられるべきである」
　ミッソンはしだいに、カラチオーリの語る理想に感化されはじめた。

自由の旗のもとに

　あるときカラチオーリは、ミッソンに決起を促した。
「自らの船があり、勇敢な乗員がいる今こそ、絶好の機会だ。この運を逃がすべきではない。今こそ、南の海に君臨し、自然法により与えられた自由という権利を奪う全世界に対して、合法的に宣戦布告すべきときだ」
　親友の語る理想に魅せられていたミッソンは、海賊政府の樹立を決意。乗組員たちに自らの意志を告げる。乗組員は「ミッソン船長万歳、カラチオーリ先生万歳」と歓喜の声をあげ、海賊政府の樹立を喜んだ。ミッソンは乗組員たちの前で、
○自分の権力は全体のために役立てる
○全体のために必要なときには、私を援助すべきこと
○自分は友であり仲間であるから、権力の乱用は決してしない
○だが、必要なときには、船長である私にしたがうこと
と約束を交わすことになる。政府樹立は決まったが、問題は今後の行動だ。ミッソン、カラチオーリ、乗組員の代表者5名との間で協議がはじまった。最大の論点は、「いかなる旗のもとに全世界と戦うか？」という点であった。乗組員の代表者は、「黒い海賊旗はどうか？」と提案した。カラリオーチは言下に反対し、
「われわれは神と自然法が与えてくれた自由を擁護することを決意した仲間であり、だれにも服従せず、全体の利益のために奉仕する。命知らずで無原則な海賊とは違うのだから、海賊の旗を使うのはやめよう。われわれの主義は雄々しく公正で、汚れなく高貴である、われわれは自由を主義とする」
と主張し、白地の布にフランス語で「自由」の字を記して旗とすることを提案。乗組員たちの熱狂的な賛成を得る。最後をしめくくったのはミッソンだ。彼は乗

「自由」の旗のもとに集うリバタリア海賊

組員を甲板に集め、「われわれは全員、権力欲にかたまった連中に侵害された自由を守り、取り戻そうと決意した。これは公正に判断して、正しく勇気ある決意だと思う」と所信を述べ、さらに、

○隷属しか知らず、生来の権利や自由の美しさを知らず、支配者のいうなりになっている者に海賊と呼ばれても一向に構わない

○われわれの自己保存のための入港を拒むものはすべて敵とみなす。とくにヨーロッパ諸国の船は容赦なく敵とみなす

ことを訓示。

「ここに私は宣戦を布告する」

と宣言して、船を出航させた。乗組員は健康な乗員200名。病人・負傷者35名である。

マダガスカルでのリバタリア建設

ミッソンに指揮された海賊船はこのあと、カリブ海を横行。ヨーロッパ各国の船と戦闘を交えた後、新天地を求めてマダガスカルに向かい、島の北端に拠点を定めることになる。平坦な土地、良港、豊富な飲料水が決め手だった。ミッソンはこの地に小さな町を作ることを決定。あわせて、高齢になったり負傷して動けなくなった仲間が、快適に暮らしていけるための施設を作ることも決定する。

ミッソンはこの開拓地を、自由・解放の地を意味する「リバタリア」と名付け、仲間たちを「リベリ」と呼ぶことにした。イギリス人でも、オランダ人でも、フランス人でもない。国籍からも人種からも解放された人々の意である。やがて、ミッソンが奴隷船から解放した黒人奴隷たちも加わり、さらには前出のトマス・テューが、ミッソン、カラチオーリとともに指導的な地位につく。『海賊史』は、テューがムガール帝国皇帝の財宝艦隊襲撃後、マダガスカル島に立ち寄った際のこととしている。

このあとリバタリアの海賊軍団は、攻め込んできたポルトガル艦隊を激しい戦いの末に撃退。戦いが終わってのち、ミッソン、カラチオーリ、テューの3人の指導者は、念願のリバタリア海賊政府の樹立に着手。議事堂を建設し、国会を開設し、法律を制定する。人民の代表たる評議員には、国籍・人種に関係なく優秀な人間が選ばれ、最高責任者の護民長官はミッソン、国務長官にカラチオーリ、

テューには提督の称号が与えられた。

リバタリアの崩壊

リバタリアの崩壊は唐突に起こった。まず、テューが遭難する。テューは、マダガスカル島上陸直後に袂を分かった仲間たちの居住地を訪れた。リバタリアに合流することを勧めるためだ。ところが、その最中に嵐が発生。テューの船は沈没してしまう。テューは仕方なく、かつての部下たちと暮らすことになる。その4ヶ月後、ミッソンが偶然にも、テューのいる場所にやってきた。しかも、たった2隻の船で……。

再会を喜び合うふたり。だが、テューはミッソンの口から、リバタリアの壊滅という意外な報せを受ける。リバタリアある夜、原住民の襲撃を受けた。とくに争いの種もなかったので、リバタリア側は原住民の夜襲を想定しておらず、奇襲を受けた格好となった。乱戦のなかでカラチオーリが戦死。ミッソンは辛うじて難を逃れた45名の部下と、命からがらリバタリアを脱出したのだった。ふたりは互いの不運を慰めあった。テューはミッソンに「ロードアイランドに来ないか？」と誘った。幸いミッソンはリバタリアを逃げ出す際に、蓄えていていた財宝中から、未加工のダイヤモンドと金の延べ棒を持ち出している。これだけの財産があれば、一生安楽な生活ができる。ミッソンはテューの申し出に感謝しながらも、「南フランスに帰って、家族の安否を確かめてから隠遁生活に入る」と告げた。

一週間後、ふたりは出航の準備にかかった。2隻の船のうち1隻は、ミッソンが船長を勤めるヨーロッパ行きの船。もう1隻はテューが船長を勤めるロードアイランド行きの船である。出発に先立ちミッソンは、リバタリアから持ち出してきた財宝を平等に分配した。生き残った部下たちばかりでなく、テューと彼のかつての部下たちもこれを受け取った。45人のうち30名が、テューとロードアイランドに行くことを希望したので、ミッソンの船に乗り込んだのは15人である。

ミッソンの船が先発し、テューと仲間たちは見送る。ところが、突然の強風により、ミッソンの船はテューたちが見ている前で沈没してしまう。目と鼻の先の出来事だったが、どうすることもできなかった――

以上が、『海賊史』に記された、ミッソン船長によるリバタリア（自由の国）

建設と崩壊の物語である。

チャールズ・ジョンソンが意図したもの

海賊研究者たちは、『海賊史』中のこの物語をフィクションと断定している。テューは実在だが、ミッソンもカラチオーリも実在しない。マダガスカルにリバタリア（自由の国）が建設されたことは史実上なかった……と。筆者もこの意見には賛成である。冒頭で手記の入手をもっともらしく記しているが、物語に真実味を持たせるための方便かと思われる。しかし、フィクションなのは確実としても、疑問は禁じえない。『海賊史』は、実在した海賊たちを列伝形式で紹介した書籍である。なぜ、チャールズ・ジョンソンという著者は、実在の海賊たちの物語を扱う本のなかに、架空の人物による架空の物語を入れたのか？

研究者たちの大方の傾向としては、市民革命的思想と関連づけて解説することが多いようだ。カラチオーリが再三、ミッソンに問いた理想を思い返して頂きたい。ここには搾取・専制的抑圧に対する怒りがにじみ出ている。また、海賊政府は、民衆の代表者による政治というスタイルをとった。日本における海洋史研究の第一人者である、文化人類学者の増田義郎氏は『図説海賊』（河出書房新社）のなかで、『海賊史』中のこの物語に触れ、「しかし、一八世紀という時代は、アンシャン・レジーム（旧制度の意。フランス革命以前フランス社会に残っていた伝統的な身分制度のこと）に対する批判が高まり、専制主義に強く反対する動きが起こって、やがてアメリカ合衆国の独立や、フランス革命などが実現された時代であったから、そうした思想が生まれてもべつに不思議はなかったろう」と指摘している。『海賊史』の刊行は1724年。北アメリカ大陸でイギリス植民地が、アメリカ合衆国として独立宣言を出すのが1776年。フランスで市民革命が勃発するのが1789年のことである。なるほど、市民革命的思想が底流にあること確かだろう。

ただ、市民革命との関連づけは、『海賊史』に架空の物語が“挿入された”説明にはなっても、“挿入する”説明としては物足りないような気がする。大切なのは、チャールズ・ジョンソンという著者が、ノンフィクションのなかにフィクションの入れることで、なにを訴えようとしたのか？　という点ではなかろうか。かようなことにこだわるのも、海賊となった多くが“思い屈した人々”であるという事実が、どうしてもひっかかるのである。

海賊には自堕落者、悪人、異常者が多いことは確かである。しかし、心ならずも海賊になったものが多いこともすでに見た。それらの人々の心のなかには、リバタリアのような国を希求する思いが募っていたのではなかろうか。ウッズ・ロジャースがニュー・プロヴィデンス総督に任命されたとき、ニュー・プロヴィデンス島の海賊たちの間で、海賊共和国を作って対抗する案が出されたことを思い出して頂きたい。国家や既成社会の枠から弾き出された人々の間に、安住の地を求める思いがあったとしても決して不思議ではなかろう。チャールズ・ジョンソンという人物は、海賊たちのそうした思いを敏感に感じ取り、海賊たちの思いに形を与える意味で、ユートピア的物語を描いてみせたのではなかろうか。

そして――これもまったく推定だが――ジョンソンという書き手の目は、一般読者ではなく、海賊たちに対して向けられていたように思える。『海賊史』が刊行された1724年は、海賊取り締まり法制定の3年後。バーソロミュー・ロバーツ（P228参照）の死の2年後だ。大海賊ニコラス・ブラウンはまだ生きていたが、すでに海賊の時代は終わりつつあった。ジョンソンはノンフィクションたる『海賊史』に、敢えてリバタリア建設と崩壊というフィクションを挿入することによって、未だ活動をやめない海賊たちにメッセージを発したのではなかろうか。もう、終わったのだ。戦いをやめよ……というメッセージを。ミッソンとリバタリアの物語は、チャールズ・ジョンソンという著者が、海賊たちのために奏でたレクイエムではないか？　筆者はそう考えてみたい衝動に駆られている。

なお、実在の海賊トマス・テューの最期について触れておこう。テューが北アメリカのロードアイランドで英雄として迎えられたことは、すでに記した通りである。テューは財宝を手に悠々自適の生活をしていたが、彼の元部下たちが盛んにインド洋に行きたがった。というのも、酒、バクチ、女遊びで膨大な稼ぎを使いきった連中が多かったからである。

テューは重い腰を上げ、再び、インド洋に向かった。今度もムガール帝国の財宝艦隊に出会うことができた。しかし、テューは戦闘中、銃撃を受けて戦死する。その最期をチャールズ・ジョンソンは次のように記している。

「敵弾がテューの腹を貫いた。テューはほんのしばらくの間、腹から出た腸を自分の手で押さえていた。彼が倒れると乗組員は恐慌を来たし、そのまま抵抗することもなく敵に投降してしまったのである」

それからのインド洋

テューの死後も、海賊たちのインド洋進出は続いた。ことにウッズ・ロジャーズ（P104参照）による海賊取り締りが強化されると、インド洋を新しい稼ぎ場所とする海賊が、それまで以上に多くなった。ハウエル・デイヴィス、クリストファー・コンデント、エドワード・イングランド、ジョン・テイラー……。

しかし、1721年にイギリス王国政府が出した海賊法令が、インド洋の海賊たちにも留めをさすことになった。「フリバスター」の項でも説明したように、これは海賊と接触を持ったすべての人を処罰の対象とする法律である。陸上とのつながりがあってこそ、海賊稼業は成り立つ。海賊法令は海賊と陸地のつながりを絶つ法令であった。

以後、カリブ海・大西洋と同じくインド洋でも、公認海賊としての私掠船は別として、非公認の海賊は活動ができなくなっていく。

なお、インド洋の海賊といえば、ウィリアム・キッドというものすごく有名な海賊がいるが、キッドについては第3部で紹介しているので、そちらをご参照願いたい。

ちなみに、インド洋の海賊を「マルーナー」と呼ぶことがあるが、これは海賊の刑罰のひとつである「マルーン（置き去り）」に由来するといわれている。刑罰については第2部を参照されたい。

第5章

太平洋の海賊たち

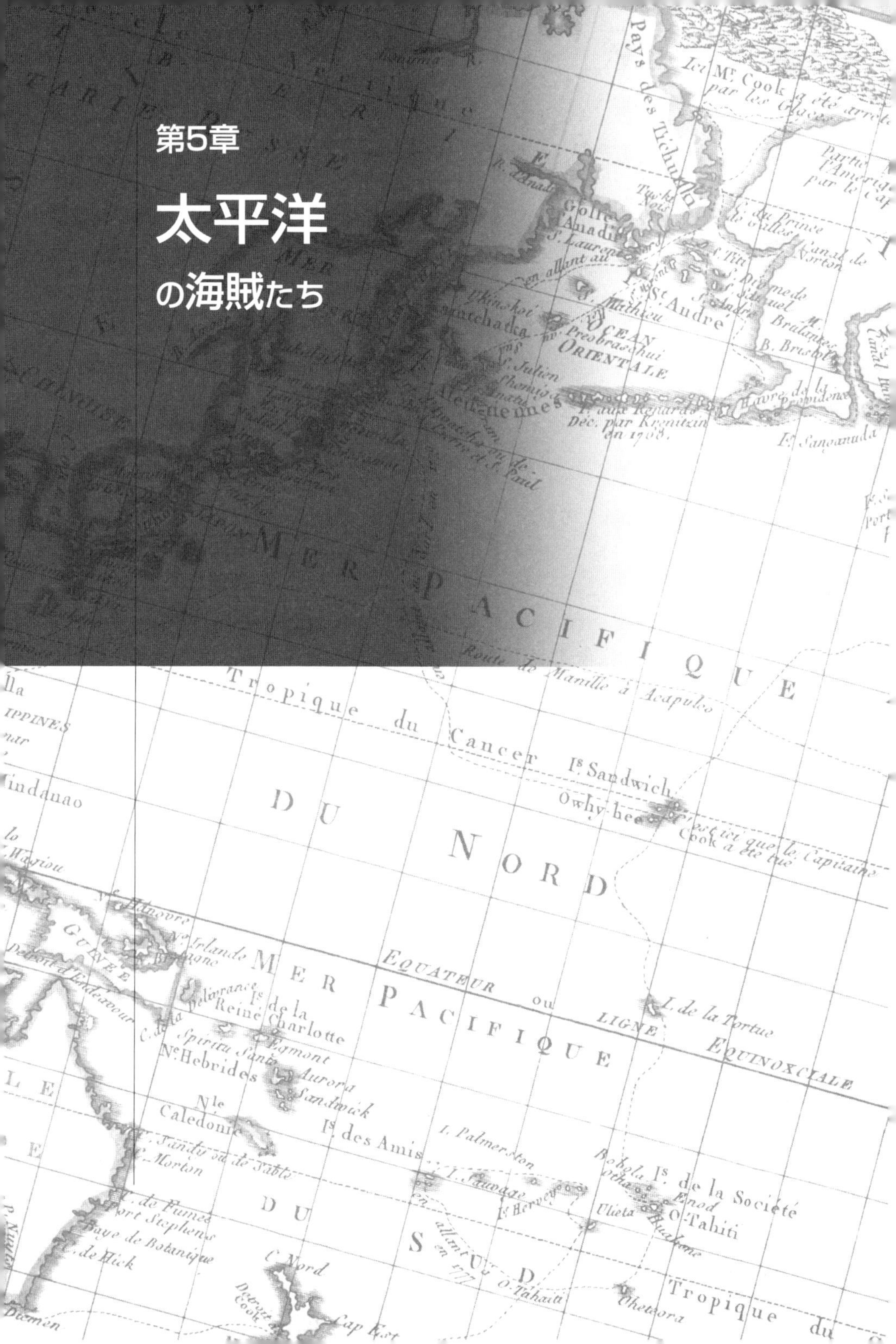

プライベーティアとバッカニアの太平洋

海賊登場前史—太平洋の発見

太平洋とはアジア、南北アメリカ、オーストラリア、南極の各大陸に囲まれた広大な海である。総面積は約1億6500万平方キロメートル。地球上の海洋の半ばを占める広さがある。この太平洋で活動した海賊として歴史に名を留めるのは、ヨーロッパ人海賊たちである。ヨーロッパ人海賊が、なぜこの大洋を跳梁するようになったのか。理由を探りながら見ていきたい。

まず、ヨーロッパ人の太平洋進出から説明していこう。ヨーロッパ人として最初に太平洋に足を踏み入れたのは、スペイン人のバスコ・ヌニェース・デ・バルボアである。バルボアの前半生はよくわかっていないが、伝えられるところによると、貧乏貴族の家に生まれ、1500年頃、イスパニョーラ島にやってきたといわれる。その後、スペイン人植民者が開拓したダリエンという場所に移る。カリブ海の南西部の最奥部、パナマ地狭の東海岸にある植民地である。パナマの歴史に詳しいデイヴット・ハワースは、バルボアのダリエン移住を1509年頃と推定している（『パナマ地狭秘史』　塩野崎宏訳　リブロポート）。

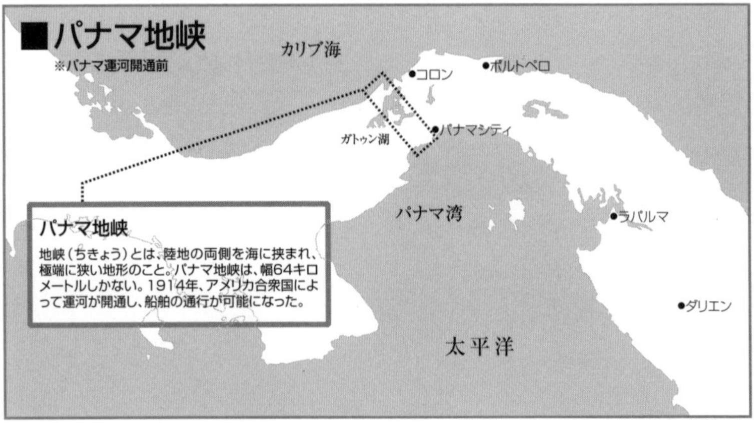
■パナマ地峡
※パナマ運河開通前
カリブ海
コロン
ポルトベロ
ガトゥン湖
パナマシティ
パナマ湾
ラパルマ
ダリエン
太平洋
パナマ地峡
地峡（ちきょう）とは、陸地の両側を海に挟まれ、極端に狭い地形のこと。パナマ地峡は、幅64キロメートルしかない。1914年、アメリカ合衆国によって運河が開通し、船舶の通行が可能になった。

バルボアはその後、ダリエンの総督となり、黄金探索に従事。インディオと戦いと交流を繰り返すことになるのだが、その過程でインディオから北の海（カリブ海のこと）とは異なる、南の海の存在を知らされる。やがてバルボアは、パナマ地狭横断を敢行。1513年9月25日、ヨーロッパ人としてはじめて南の海を望見。29日にはこの海に浸かり、スペイン国王の名において領有を宣言した。

未知の大洋の発見にスペイン王室は色めき立った。スペイン王室が航海事業を推し進めた本来の目的は、西廻りでアジアに到達することである。コロンブスによる航海もその目的でなされたものであり、新大陸の発見は偶然の産物であった。スペイン王室は、この未知の大洋こそアジアにつながる海ではないか？　と期待を抱いた。

海賊登場前史—マゼランの世界周航

結果、スペイン王室の関心は「大西洋とこの未知の大洋をつなぐ海峡は存在するのか？」という点に集中した。そのためマゼラン（1480年頃～1521年）による海峡探索航海が行われることになる。

マゼランはポルトガル人航海者だ。ポルトガル王国はアフリカ大陸南下→喜望峰（アフリカ大陸南端）迂回→インド洋という航路をとってアジアに進出していたが、西廻りルートの探索も秘密裡に進めており、1514年にはジョアン・デ・リスボアが、南アメリカ大陸を南下し、ラ・プラタ川（ウルグアイとアルゼンチンの国境地帯にある大河）まで到達していた。マゼランはこのリスボアの助手を勤めていた男であり、ポルトガル王室が所有する膨大な航海機密情報を手土産に、スペイン王室に自らを売り込んだ。マゼランが祖国を捨てた理由は判然としないが、ともかくスペイン王室は、マゼランを海峡探索の航海に派遣することになる。

マゼラン指揮の探検艦隊が、スペインのサンルーカル・デ・バラメーダの港を出航したのは、1519年9月2日である。船はマゼラン座乗の旗艦トリニダー以下、サン・アントニオ、コンセプシオン、ヴィクトリア、サンティアゴの計5隻だ。艦隊は大西洋を南下し続け、1520年10月21日、南アメリカ大陸南端で西に向かう海峡らしき水路を発見する。艦隊は嵐に加え、迷路のように入り組む水路に悩みながら航海を続け、11月28日、南の海に出ることに成功する。海峡は東西へ長さ約560キロメートル。発見者の名前をとって、今日「マゼラン海峡」と呼ばれている。

マゼラン艦隊はその後、3ヶ月と20日間、南の海を漂うように航行し、マリアナ諸島に到達する。その後、船隊はフィリピン群島→カリマンタン島→香料諸島（マルク諸島）→ティモール島→インド洋横断→喜望峰（アフリカ大陸南端）→ヴェルデ岬諸島のサンティアゴ島と経て、1522年9月6日、スペインに到着した。

指揮官のマゼランはフィリピン滞在中に原住民の抗争に巻き込まれて戦死し、沈没・逃亡も重なってヴィクトリア号のみのスペイン帰還となったが、人類初の世界周航の達成であり、かつ、地球が球体であることを証明した航海であった。この南の海が、現在「太平洋（パシフィック・オーシャン）」という名称で呼ばれるのは、マゼラン艦隊に乗り込み、詳細な記録をつけていたアントニオ・ピガフェッタが、3ヶ月余の航行中に一度も嵐に遭遇したなかったことから、「マール・パチフィコ（静かで平穏な海）」と命名したことに由来する。

■マゼランの航海図

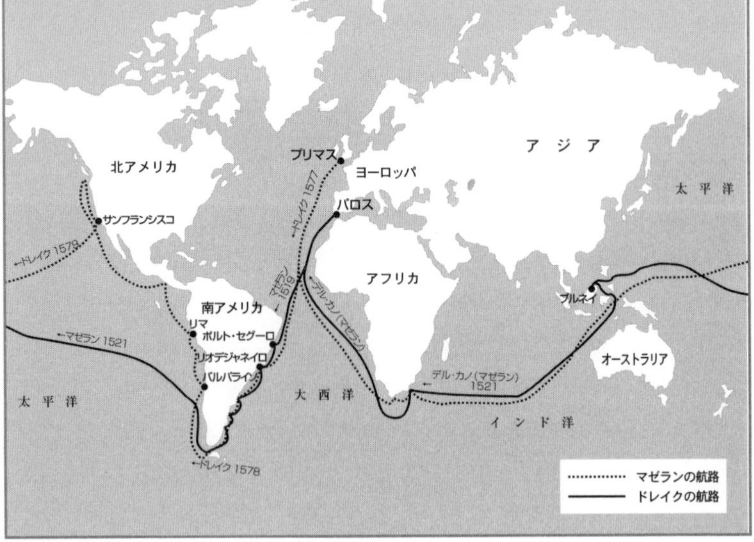

海賊登場前史―スペイン船の太平洋

しかし、マゼランによる発見後、海峡はしばらく閉ざされることになる。理由は海峡通過にともなうリスクである。アジアでは先に進出したポルトガル王国の勢力が強い。アジアでポルトガル勢力と対抗していくには、相応の艦船・人員が必要なのだが、マゼラン海峡通過の難しさがネックとなって、それらの送り込みができなかったのである。たとえば1525年、スペイン王室は7隻からなる艦隊を西廻りでのアジア到達に向けて派遣している。しかし、悪天候に遭遇し、海峡を通過できたのは4隻。しかも、太平洋航行中に飢えと壊血病（P207参照）によって乗組員たちが次々と死に、1隻のみがヨレヨレになって香料（マルク）諸島に到達するという有様であった。到達した人々は、島民の協力を得て、しばらくポルトガル勢力と対抗するが、やがて捕虜となってしまう。スペイン人航海者の間では、――マゼラン海峡通過による太平洋進出はリスクが大きすぎる――という意識が広まるようになり、そのため海峡に到る者も減って、海峡に関する情報はしだいに減少。憶測が憶測を呼び、ついには「マゼラン海峡は、地滑りがあったか、海底火山の爆発で埋まり、完全にせきとめられてしまった」（『海賊たちの太平洋』杉浦昭典　筑摩書房）と真しやかな報告までなされる始末になる。

マゼラン海峡通過に替わって出てきたのが、メキシコの太平洋沿岸で船を建造し、アジアへと到達する計画であった。これなら人員や物資を失うことなく、豊富にアジアに送り込める。しかし、この計画にも難点があった。アジアに到達した後である。仮に、アジアに拠点を築くことに成功したとしよう。得た富はどうするのか？　西廻りでスペイン本国に到達することは無理である。一度や二度ならまだしも、永続的な航行とあっては、ポルトガル勢力が船を見逃すはずはない。スペイン王国がアジアに確固とした拠点を持つためには、新大陸とアジアを往復できる独自の航路発見がどうしても必要だった。

航路開拓はなかなかはかどらず、スペイン王国のアジア進出計画放棄は、時間の問題かに見えた。ところが1565年、メキシコから出たスペイン艦隊が、

○北東貿易風と北赤道海流に乗ってフィリピン群島に到達

↓

○日本海流（黒潮）に乗って北上し、偏西風を受けて東に航行

↓

○北アメリカ大陸沿岸でカリフォルニア海流に乗り、大陸沿岸を南下してメキシコに到る

という航路の開拓に成功するのである。

航路開拓を受けてスペイン王国は、本格的にアジア進出を推進。1571年にはフィリピン群島のルソン島にマニラ市を建設。マニラとメキシコのアカプルコの間に、大型帆船による定期航路を開くことになる。この大型帆船はアカプルコ・ガレオン、あるいはマニラ・ガレオンと呼ばれ、大量の金銀・香辛料・中国の陶磁器や絹織物などを積んで太平洋を航行した。スペイン人は「太平洋はスペインの湖である」と豪語したという。

そしてアカプルコ・ガレオンが行き来しはじめてからから7年後、太平洋にも海賊が現れる。やってきたのはイングランド王国の公認海賊であった。

イングランドの公認海賊たち

公認海賊とはプライベーティア（私掠船）のこと。国なり、有力者なりから「私掠免状」の発給を受けて海賊行為を働く連中のことだ。最初にやってきたイングランド王国の海賊は、フランシス・ドレイク（P216参照）であった。海賊史に不朽の名を残す公認海賊である。エリザベス女王から航海の認可を受けたドレイクは、

○スペイン植民地で掠奪を行う

○太平洋でのマニラ・ガレオンの捕獲

○金銀の新しい産出地の発見

○イングランドの領土にできる未知の陸地の発見

○北アメリカ大陸の北方に存在すると思われる、北大西洋から北太平洋に抜ける伝説の航路（北西航路）の確認

という5つの任務を与えられ、1577年11月15日にプリマスの港を出航する。

翌年、マゼラン海峡通過に成功したドレイクは、スペイン船の襲撃と財宝の捕獲にも成功し、イングランドに帰還する。人類史上ふたり目の世界周航達成であり、ドレイクはこの功績によってナイト（騎士）の位を授けられる。エリザベス女王はそれ以来、ドレイクのことを「私の海賊」と呼んだという。

1586年7月には、やはりイングランド王国の公認海賊トマス・キャベンディッ

エリザベス女王の前でひざまずくドレイク

シュが、3隻の船とともに太平洋に向かう。キャベンティッシュ艦隊は翌年の1月にマゼラン海峡を通過。太平洋に出た後、スペイン船の襲撃や、太平洋沿岸にあるスペイン人植民地を襲いながら、南アメリカ大陸西岸を北上。11月にはメキシコのアカプルコ沖で、当時、最大の財宝船とされていたサンタ・アナ号（スペイン）の捕獲に成功する。その後、キャベンディッシュ艦隊は太平洋を横断。喜望峰を迂回して1588年9月、イングランドのプリマス港に入った。人類史上3番目の世界周航者であり、キャベンディッシュもナイト（騎士）に叙せられた。

太平洋に現れたバッカニア

イングランド王国の公認海賊の次に太平洋に進出してきたのは、バッカニアたちであった。

カリブ海で稼いでいたバッカニアたちが太平洋に進出してきたのは、1670年に締結されたマドリード条約が原因である。ジャマイカ島は1494年、コロンブスの第2回探検航海の際に発見され、1509年にはスペイン領となった。しかし1655年、ウィリアム・ペン卿（北アメリカのペンシルバニア州を創設したウィリアム・ペンの父親）が率いるイングランド王国海軍が同島を急襲。島の支配権を強引に奪ってしまう。それから島はバッカニアの基地として賑わう訳だが、1670年、イングランド王国はマドリード条約によって、スペイン王国から正式にジャマイカ島の割譲を受けることになる。ただ、割譲の条件としてバッカニアへの取り締まり強化が含まれており、条件を飲まない場合には開戦も辞さず、との覚悟をスペイン王国は秘めていた。ここに到ってはイングランド側も、スペイン側の要求を黙殺することができず、海賊取り締まりの強化に転じた。

この事態を受けて海賊たちも動いた。インド洋を新たな稼ぎ場所として喜望峰を越える者。捕まることを覚悟でカリブ海でも稼ぎを続ける者。太平洋を新しい稼ぎ場所に選んだ者もいた。

1679年のクリスマス頃、バッカニアによる太平洋遠征部隊が組織される。参加したのはジョン・コクソン、リチャード・ソーキンズ、バーソロミュー・シャープといった大物海賊たちだ。また、3度の世界周航を成し遂げることになるウィリアム・ダンピア（P230参照）も加わっていた。

遠征部隊が目指したのは、パナマ地狭の太平洋側にあるスペイン人植民地のパナマ市である。パナマ市は1519年、スペイン人ペドロ・アリアス・デ・アビラによって建設されており、太平洋沿岸で集められた新大陸の富の集積地となっていた。まさに宝の山というべき町であり、1671年にはバッカニアのヘンリー・モーガンによって占領され、財宝の多くが奪われる事件が起こっている。

しかし、今回の襲撃は海賊側の敗北に終わった。海賊たちは1680年5月22日、パナマ市の西方で同市の防衛部隊と激突。敗れたばかりか、総指揮官のソーキンズを失うのである。敗れた海賊たちは、アスエロ半島を隔てた位置に浮かぶコイバ島にしばらく投錨した後、南アメリカ大陸の太平洋岸を荒らし廻るようになる。この掠奪航海は約1年と3ヶ月ばかり続いたようである。しかし、スペイン植民地側の防衛力は強く、たいした収穫を手にすることができなかったようだ。海賊船隊は1681年の8月末に南アメリカ大陸南下を開始。翌年の1月、カリブ海に帰還している。

1683年、バッカニアは再び太平洋に現れる。指揮官はジョン・クック、エドワード・デイヴィス。ウィリアム・ダンピアもこれに加わっていた。彼らはお決まりのようにスペイン船を遅い、スペインの植民地を襲撃することになる。なお、ダンピアが記した『最新世界周航記』(平野敬一訳　17・18世紀大旅行記叢書　岩波書店)には、たびたび他のバッカニア部隊と遭遇した旨が記されており、カリブ海での稼ぎに見切りをつけたバッカニアたちが、多数、太平洋側に流れ込んできたことがわかる。

しかし、バッカニアにとって太平洋岸は、思ったほど割の良い稼ぎ場所ではなかった。理由のひとつは、スペイン植民地が防衛力を著しく強化したことだ。そのため襲撃成功と引き替えに、大きな損害を受けることもあった。ふたつ目の理由は、適当な根拠地がなかったことだ。そのため武器弾薬・食料・生活物資の補給がおぼつかなかった。それらを奪うための襲撃も考えられるが、生活物資を奪うために大損害を出しては割があわない。つまり、労多くして益少なしであり、海賊行為をする意味がなかったのである。

そのため1680年代を境に、バッカニアによる太平洋岸での活動は、しだいに下火になっていく。ちなみに、前出のウィリアム・ダンピアは、1685年8月25日、デイヴィス船長の船から、途中で合流したスウォンという船長の船に乗り換え、太平洋、インド洋を横断して世界周航をすることになる。

ロジャーズ私掠船隊の太平洋横行

1703年、バッカニアの姿が消えた太平洋に2隻の海賊船が姿を現す。1隻は聖ジョージ号。もう1隻はサンク・ポート号。両方ともイングランド王国の私掠船であり、聖ジョージ号はウィリアム・ダンピアが、サンク・ポート号はチャールズ・ピカリングが指揮をとっていた。この私掠航海は完全な失敗であり見るべき成果はなかったが、1704年の9月にアレクサンダー・セルカークをファン・ヘルナンデス諸島に置き去りにしたのは特記される。このセルカークこそ、ダニエル・デフォーの小説『ロビンソン・クルーソー』のモデルとなった人物である。なお、ダンピアは掠奪行為こそ失敗したが、無事に帰還。2度目の世界周航を果たしている。

1709年、ウッズ・ロジャーズ率いるイギリス王国（イングランド王国は1707年、スコットランド王国を併合しグレート・ブリテン王国となっているが、混乱を招くといけないので1707年以降は「イギリス王国」としている）の私掠船隊が、太平洋に姿を現す。

ファン・ヘルナンデス諸島に置き去りにされていたセルカークは、このロジャーズ船隊によって救出されることになる。セルカークから孤島での独り暮らしを聞いたロジャーズの感想を、彼が世界周航後に著わした『世界巡行記』(平野敬一・小林真紀子訳　17・18世紀大旅行叢書　岩波書店）から抜粋してみよう。

「(セルカークの話から）こういうことも分かってくる——すなわち、世間から切り離されて一人暮らしをするのは、大方の人が想像するほど耐え難い生き方ではない、ということ。セルカークのように、不可抗力によって、つまり、はっきりした神の御意志で、そういう状態に陥った場合は、余計その点がはっきりするのである。セルカークはこの島に置き去りにされていなかったら、遭難死していたに違いない。彼を置き去りにして出帆した船（サンク・ポート号）は程なく遭難し、殆ど全員が命を失ったというのだから。このセルカークの挿話から『必要は発明の母なり』という格言が、いかに真実を伝えているか、納得させられるのである。セルカークはごく自然に、命をつなぐ方策を見つけていくのである。万事具合よく、という訳には行かなかったが、それでも現実の人間社会にあるさまざまの便宜の助けを借りてやって行くのとは、結果的には、それほど違わない形でやって行けたのである」

なお、ロジャーズ船隊には、3度目の世界周航に挑むウィリアム・ダンピアも乗っていた。ダンピアはセルカークを見ると、言下に「サンク・ポート号では、とびきり優秀な船員だった」と証言。これによりセルカークは、ロジャーズ座乗のデューク号に士官として乗船することが許された。

ロジャーズはその後、太平洋沿岸で海賊行為を展開。航行中のスペイン船を襲った。捕獲成功もあれば失敗もあったが、全体の成果はまずまずであり、ロジャーズ船隊は財宝を手にイギリスに帰還した。

テムズ川の南岸に投錨したのは1711年10月14日のこと。ロジャーズが記した『世界巡航記』の最後は、「これでようやくわれわれの長く苦しい旅は終わったのである」と結ばれている。莫大な財宝を持ち帰り、かつ、世界周航も成し遂げたロジャーズへの評価は高く、1716年にはその手腕が見込まれて「バハマ諸島内およびその周辺における総司令官および総督」に任命されることになる。

ジョージ・アンソンのイギリス艦隊出動

1739年、イギリス王国とスペイン王国の間で、「ジェンキンスの耳の戦争」と呼ばれる戦争が勃発する。かなり変わった名前の戦争だが、これは「ジェンキンスの耳削ぎ事件」に端を発しているためである。きっかけとなった事件は、1731年にカリブ海で起こった。スペイン側の警備船がイギリス王国の商船レベッカ号を捕まえ、積荷を掠奪したあげく、抗議したジェンキンス船長の耳を削ぎ落したのである。ジェンキンスはイギリス政府に訴えた。ジェンキンスの訴えは、最初のうちはあまり関心の対象とはならなかったが、7年後、両国の関係が険悪になると、ジェンキンスはスペインの横暴の証拠として、保管していた耳を改めて提出し訴えた。これで世論に火がついた。「スペイン討つべし」の声がイギリス中に広がり、1739年10月19日の宣戦布告となったのである。

これにともない、太平洋を航行するスペイン船と太平洋岸のスペイン植民地の襲撃を任務とする、太平洋派遣艦隊が編成され、ジョージ・アンソン（1697年〜1762年）が総指揮官に就任した。

ジョージ・アンソンは、イギリスのスタッフォード生まれの海軍軍人である。艦長に昇格してからの任地は、主に北アメリカのイギリス植民地。艦隊勤務のかたわら投資にも熱心で、植民地にかなり広い土地を所有していたという（『海賊たちの太平洋』杉浦昭典　筑摩書房)。アンソンがセンチュリオン号の艦長となったのが1737年のこと。太平洋派遣艦隊の総指揮官となったのが、その2年後である。1740年9月、アンソン指揮の艦隊は太平洋に向けて出航した。船は計8隻。旗艦センチュリオン号、グロスター号、セバーン号、パール号、ウェイジャー号、トライアル号、インダストリ号、アンナ号である。

ところで、このアンソン艦隊。船は揃っていたが人員がひどかった。「フリバスター」の項でも示したように、海軍では強制徴募が行われる。士官に率いられたゴロツキのような強制徴募隊が、だれかれ構わず引っ張ってくるのである。

アンソン艦隊の徴募隊は本当にだれかれ構わず引っ張ってきた。年金生活をしている老人。昔の戦争で負傷して自由に動けない老人。太りすぎて満足に動けない老人。盲目の人。付添いがいなければ船に乗り込むことができない人もいれば、担架に乗せられてくる人もいる始末だ。こういう人たちが300人近く集められた。「重病人はさすがに……」と思ったのだろう。アンスンは重病人のふたりを病院に入院させると、海軍本部にその旨を打診した。しかし、本部の回答は「例外は認めない」。結局、このふたりは病院から軍艦に移された。うちひとりは出航して1ヶ月後に死亡している。

ドレイク海峡での苦闘

アンソン艦隊は翌年の3月、ドレイク海峡(註1)に入るが、ここで猛烈な暴風雨の洗礼を受ける。強風で帆が引き裂かれる船が続出。波にさらわれる船員、船倉に転落して大けがをする船員、帆柱で作業をしていて船外に吹き飛ばされる船員が相次いだ。

アンソン座乗のセンチュリオン号が、チリのサンティアゴ沖に浮かぶファン・ヘルナンデス諸島にたどりついたのは、1741年6月のことである。艦隊には「艦

ドレイク海峡（註1）

南アメリカ大陸南端のホーン岬と、南極大陸の間にある海峡。イングランド王国の公認海賊フランシス・ドレイクがマゼラン海峡突破後、暴風雨にまきこまれ、しばらくの間この海峡を右往左往したことに由来して命名された。ドレーク海峡とも。なお、ホーン岬は1616年、オランダ人航海家ヤコブ・ル・メールとウィレム・スホーテンが回航することに成功し、ヨーロッパ世界に存在が知られるようになった。

情け容赦のないイギリス海軍の人員徴集

隊が散り散りとなったときは、ファン・ヘルナンデス諸島で落ち合う」という取り決めがなされていた。アンソンはここで、船体修理と乗組員の体力回復をはかりながら、僚艦の集合を待つことになる。しかし、集まったのはグロスター号、トライアル号、インダストリ号、アンナ号の4隻だけだった。セバーンとパールの2隻は、ドレイク海峡での嵐に耐えきれず大西洋へと引き返し、ウェイジャーは太平洋には抜け出たものの、違う進路を選択。大陸沿岸で座礁し、沈没した。

アンソン海賊艦隊の横行

アンソン艦隊が動きはじめたのは、9月に入ってからである。艦隊は南アメリカ大陸西岸を北上しつつ、海賊行為を開始。スペイン船とスペイン人植民地を襲った。とりわけ大きな収穫だったのは、11月のパイタ攻略だ。パイタは現在のペルー北部にある町であり、当時はメキシコとの中継地点として重要や役割を果たしていた。アンソン艦隊はこのパイタを襲撃し、大量の財宝を奪うことに成功している。

パイタ襲撃後、アンソン艦隊は太平洋を横断する。メキシコのアカプルコと、フィリピンのマニラの間を行き来するマニラ・ガレオンを捕獲するためである。途中、グロスター号の放棄を余儀なくされたり、アンソン自身が病気になるなど苦難の連続であったが、1743年6月20日、マニラ沖でついにマニラ・ガレオンを捕獲。莫大な量の銀入手に成功する。

1744年6月、アンソンはイギリスに帰還した。修理不能な船舶の放棄などにより、アンソン座乗のセンチュリオン号のみの帰還となったが、イギリス海軍はむろん、イギリス国民たちもアンソンの任務完了と、世界周航の達成を称えた。なお、戦争自体はこの後、1740年に大陸で勃発したオーストリア継承戦争(註2)に呑

オーストリア継承戦争（註2）

神聖ローマ帝国の王位継承問題がきっかけとなって起こった戦争。オーストリアのハプスブルグ家は、15世紀以降、神聖ローマ帝国の皇帝位を世襲してきた。しかし、1740年、男子の相続者がいなくなると、カール6世が残した王位継承法（プラグマティシュ＝ザンクティオン）により、カール6世の娘の皇女マリア・テレジアが即位した。するとヨーロッパ諸国のなかには、これに反発する声が続出。結果、フランス王国、スペイン王国、バイエルン（ヴィッテルスバッハ家）と、イギリス王国、オーストリア（ハプスブルグ家）が戦火を交えた。

み込まれる形で続き、1748年のアーヘン条約によって終結した。

この後もヨーロッパでは、国家間の戦争がたびたび勃発する。しかし、時間とコストがかかりすぎる世界周航掠奪航海は、以後、行われることはなく、ジョージ・アンソンによる周航が世界史上最後の世界一周海賊航海となった。

第6章

アジアの海

の海賊たち

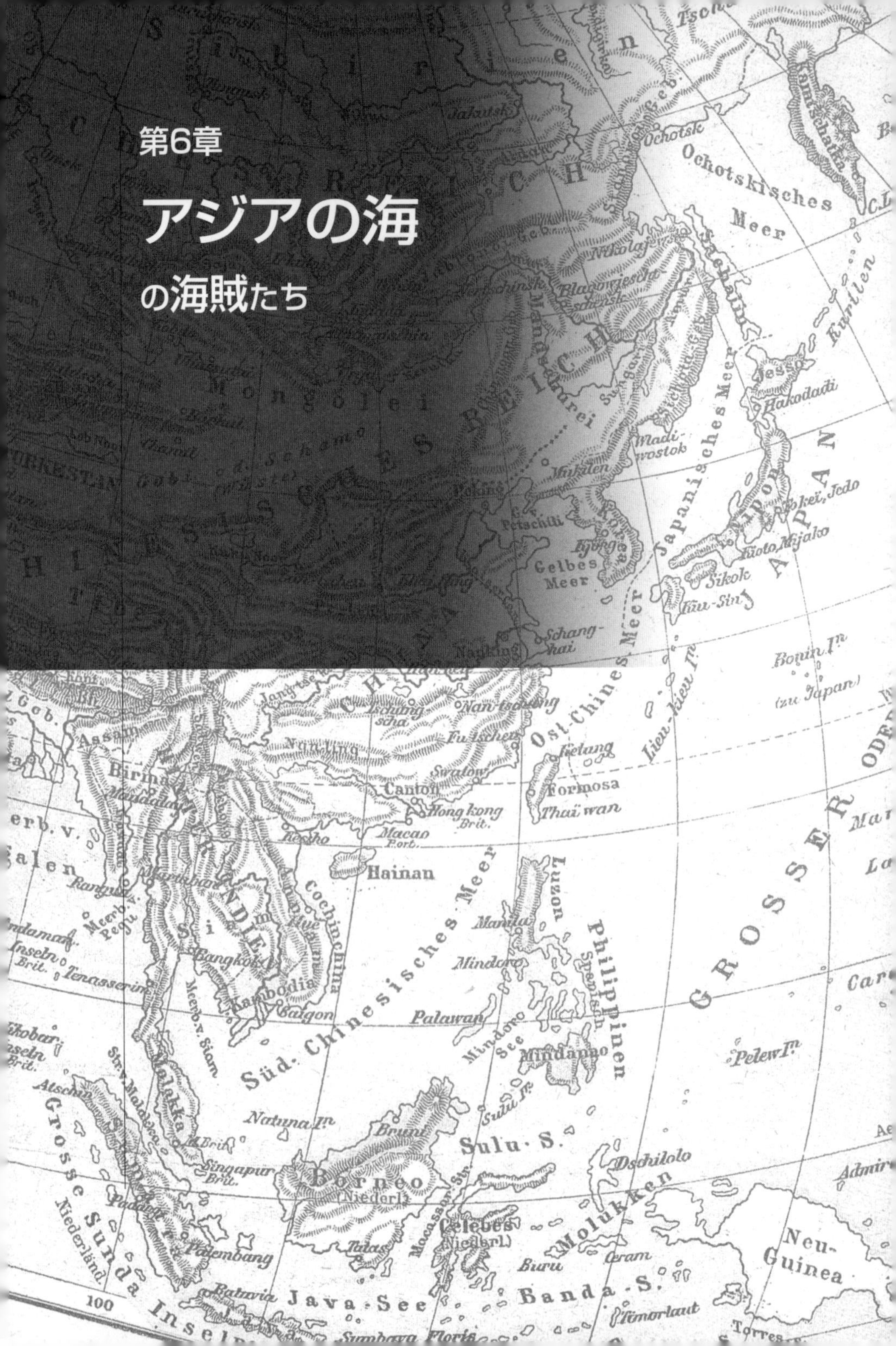

東南アジアの海賊と中国の海賊

世界一の多島海

東南アジアには大小さまざまな海がある。南シナ海、ジャワ海、バンダ海、フロレス海、モルッカ海……。そして、大小さまざまな島が浮かんでいる。スマトラ島、スラウェシ島、マルク（モルッカ）諸島、ジャワ島、フィリピン群島……。東南アジアの海は、カリブ海、エーゲ海と並ぶ世界有数の多島海である。

古今東西、多島海は海賊多発海域である。理由は、島嶼《とうしょ》間交易にある。島は周囲を海に囲まれているが、絶海の孤島でない限り、孤立している訳ではない。人の住む島が多ければ多いほど緊密なネットワークが作られ、交易船が行き交うようになる。交易船が航行すれば、これを狙う海賊が現れるのは当然のことだ。ことに多島海は、海賊が身を隠したり、根城にしたりできる島も多い。つまり、多島海は獲

■東南アジアの島々

物と根城というふたつの要素が揃っており、海賊の発生に適した環境なのである。

東南アジアの海における海賊発生の起源については、活字資料が残されていないのでわからない。ただ、島嶼間交易がはじまったのとほぼ同時に、海賊行為もはじまったかと思われる。おそらく、地中海やインド洋と同じく、紀元前期にはすでに海賊たちが横行していたに違いない。航行中の船を襲うこともあったろうし、物資の集積地が襲撃されることもあったろう。

東南アジアの海賊について記録が残されるようになるのは、16世紀にヨーロッパ勢力が進出して、東西交易が盛んになって以後のことだ。それらの記録は、現地人海賊に加え、中国人、ヨーロッパ人、イスラム教徒など多様な海賊が、東南アジアの海を横行していたことを伝えている。

現地の海賊たち

現地人海賊としては、たとえば、カリマンタン（ボルネオ）島の先住民族ダヤク族がいる。好戦的で、首狩りの習俗を持つ彼らは、部族間の抗争に際して海賊行為を働いていた。しかし、17世紀の終わり頃、マレー半島からマレー人が大挙して移住し、ダヤク族と連合すると、強力な海賊集団となった。彼らは喫水の浅いバンコンという船を操って海上を自在に動き回り、主としてカリマンタン島の沿岸地域を襲った。

ミンダナオ島のイヌラン人も海賊として恐れられた。彼らは進出してきたヨーロッパ人を大いに悩ませているが、ヨーロッパの船に追跡されると、拠点である島の南西部の海岸地帯に逃げ込んだ。この拠点が天然の要塞だった。海岸線が曲がりくねっているうえに、「ぎっしりと入り組んだ沼地およびマングローブの竹馬の足のような根が海まで張りだして、ヨーロッパ人がそこを通ろうとすれば大変な危険を覚悟しなければならない。通行不可能な壁をなしていた」（『図説海賊大全』デイヴィット・コーディングリ編　増田義郎監修　増田義郎・竹内和世訳　東洋書林）からである。

また、イヌラン人と同盟関係にあったバラニーニ人たちも、悪名高い海賊として恐れられた。彼らはミンダナオ島とカリマンタン島の間にあるスル諸島を根拠地に、付近の島々を襲撃。ときにはマレー半島まで遠征をしたという。

しかし、彼らが東南アジアの海を横行し、ヨーロッパ人を翻弄できたのも、19世紀のなか頃までだった。東南アジアの各地を植民地化し、支配力を強化したヨ

現地の海賊　ダヤク族（左）とイヌラン人（右）

ーロッパ諸国は共同して現地人海賊退治に乗り出している。蒸気船と近代兵器を駆使したヨーロッパ諸国の圧力の前に、現地人海賊は屈するしかなかった。

メンデス・ピントと『東洋遍歴記』

現地人海賊の次は、中国人、ヨーロッパ人、イスラム教徒の海賊について見てみよう。それらの海賊の実態はフェルナン・メンデス・ピントの『東洋遍歴記』（岡村多希子訳　平凡社東洋文庫）に記されている。内容を見る前に、同書と著者について少しばかり説明をしておいた方が良かろう。

フェルナン・メンデス・ピントはポルトガルの武装交易商人である。生まれたのは1509年から1512年の間。1537年、インドに向けて旅立ったあと、マレー半島に拠点をおいて東南アジアの島々はもとより、中国、日本を何度も往復。莫大な財産を築いた。その後、日本にはじめてキリスト教を伝えたイエズス会宣教師フランシスコ・ザビエルとの親交を通して、神の教えの伝導に開眼。全財産を捨ててイエズス会に入り、インド副王の使節として日本の豊後（大分県）を訪れ、大友宗麟《おおともそうりん》(註1)に謁見している。しかし、間もなく還俗《げんぞく》。1558年、ポルトガルに帰国。リスボン近郊のアマルダに居を定め、1583年に没している。

『東洋遍歴記』は彼の東洋での活動を自伝的に綴ったものである。刊行は1614年。リスボンで出版されたあと、ヨーロッパ各国で翻訳され広く読まれた。同書を翻訳した岡村多希子氏によれば、刊行当初は「荒唐無稽な冒険譚」と評価されたが、「最近では、『遍歴記』は事実（著者の体験、伝聞、文献による知識）とフィクションとを巧みに織りまぜた文学作品であるということに研究者の意見はほぼ一致しており、大航海時代の側面史としての価値もさることながら、純粋な文学作品として評価しようとする方向が見られる」という。文学作品の傾向が強いとしても、事実が下敷きになっているのだから、16世紀の東南アジアの状況を知るうえでの参考資料としても差し支えはなかろう。

東南アジアの海を行く日本の銀

さて、同書には海賊に関する記述が多く見られる。たとえば、プレマタ・グンデル。ピントによればグンデルは、「ポルトガル人の不倶戴天の敵で、パタネ（マレー半島北部の港町）、スンダ（ジャワ島西部）、シャム（タイ王国）およびポルトガル人に出くわすその他の土地で、しばしばポルトガル人に大損害を与えていた」海賊である。同書の記述からするに、どうもイスラム教徒の海賊らしい。ただ、人種や国籍まではわからない。

ピントの乗る船団は1542年、南シナ海でグンデルの襲撃を受ける。東南アジアに拠点を持つヨーロッパ人たちはこの頃、中国のジャンク船（P179参照）を使って航行していたから、グンデルは、ピントが乗る船団を中国人商人の船団と勘違いしたようだ。

グンデルは200人の戦闘員を乗せた、大きなジャンク船2隻を率いて、船団に襲撃をかけてきた。戦いは熾烈を極めた。基本的な戦法は、船による体当たりと、船に乗り込んでの白兵戦。体当たりの際には、相手の船に長い鎖でつないだひっ

大友宗麟（註1）

日本の戦国大名。1530年～1587年。天文19年（1550年）に大友家の家督を相続。九州の北半分を支配した。キリスト教を厚く信仰し、キリスト教保護の政策を打ち出し、キリシタン大名として名を馳せた。

かけ鈎をかけ、船を引き寄せつつ体当たりしたことがわかる。ともかく、海賊の攻撃力はものすごく、ピントの乗った船団は幾度となくピンチに陥る。しかし、なんとか撃退することに成功する。

興味深いのは、戦闘終了後の記述だ。海賊たちは殺されるか、自ら海に飛び込んで逃げ出したので海賊船はもぬけの殻。ピントたちは海賊船に乗り込んで積荷を調べた。ピントは「その大部分は、その海賊が平戸からシンシュウにいく三隻の商人のジャンク船から奪った日本銀であった」と記している。平戸とは現在の長崎県の平戸。シンシュウは漳州（チャンチョウ）。現在の福建省厦門（アモイ）の近くにある都市である。

日本銀について説明しよう。戦国時代、日本では金銀の産出量が急激に増加していた。戦国大名たちが軍資金を得るため、鉱山開発を推し進めたからである。産出した金銀は日本列島内に流通する一方、海外にも流れ出した。ことに銀は莫大な量が海外にわたった。

主な行き先は朝鮮半島と中国大陸。さらに中国から南シナ海を南下してインドに運ばれ、インドからヨーロッパ世界へと運ばれていった。結果、ヨーロッパ諸国には日本銀が大量に流通することになる。スペイン人が日本列島を「プラタレアス群島（銀の島）」と呼んだり（イエズス会宣教師フランシスコ・ザビエルの書簡による）、1561年にリスボンで作成された世界地図に石見《いわみ》銀山（島根県大田市）が記され、ポルトガル語で「ミナス　ダ　プラタ（銀鉱山）」と記される（「石見銀山と大航海時代」脇田晴子『季刊　文化遺産』2001年10月号所収）のも、日本列島の銀産出量がヨーロッパ人を仰天させたためだろう。ともかく『東洋遍歴記』には、この個所以外にも「日本銀」という単語が散見される。しかも、たいてい海賊と関係する個所においてである。16世紀、東南アジアの海では、日本列島で産出される銀を狙って、海賊たちが横行していたことがうかがい知れる。

それにしても『東洋遍歴記』を読むと、中国人海賊の横行ぶりに驚かされる。たとえば、イニミラウという中国国籍の海賊。ピントは次のように記している。

「異教徒からイスラム教徒になって間もなく、推測によれば、新たに改宗したモハメット教の司祭《カシス》に唆《そそのか》されキリスト教徒を甚だ憎悪し、公然と言っていた。神が天上を治めておられるのは自分のお蔭である。なぜなら、自分はこの地上から忌まわしいポルトガル人を少しずつ取除くことによって神に大いなる奉仕をしてきたからである」

こういう思い込みの激しい海賊に跳梁されたら、たまったものではない。ともかく、東南アジアの海、ことに南シナ海は中国人海賊たちの独擅場だったようだ。

『三国志』に登場する海賊

ここからは中国の海賊について見ていこう。

張伯路《ちょうはくろ》、が中国の記録に記された最初の海賊である。現れたのは紀元前109年。後漢王朝（25年〜220年）の安帝（在位106年〜125年）の治世にあたる。東シナ海に臨む9つの郡（古代中国の行政単位）を3000人で襲った。全身赤づくめの衣装を着、将軍を自称。しまいには皇帝のような格好をし、配下の連中が皆、将軍を自称したという。このほかにも、曾於《そうお》・曾旌《そうせい》といった海賊たちが暴れたことが『後漢書』に見えている。

■中国近海の海賊関係地

日本人にはとくに馴染みの深い『三国志』にも、海賊は登場する。『三国志』とは、西晋の陳寿《ちんじゅ》によって記された歴史書であり、後漢時代の末→魏・呉・蜀漢（単に蜀とも）の三国鼎立時代と三国滅亡→西晋による天下統一までの約100年間の記録である。

たとえば206年8月、曹操が海賊の管承《かんしょう》を征伐している。管承は青州（現代の山東省）の沿岸部を荒らし回る海賊であり、青州の治安を考えるうえで最大の障害になっていた。曹操は楽進と李典の2将軍を投入し、管承を撃破している。また、薛州《せっしゅう》、郭祖《かくそ》、胡玉《こぎょく》といった海賊の名が『三国志』のなかに見えている。

三国時代以後も、大小さまざまな海賊が出没した。『中国の海賊』（松浦章　東方書店）から代表的な海賊をあげると、次の通りである。

孫恩《そんおん》・盧循《ろじゅん》

東晋（317年～420年）への抵抗者。五斗米道（後漢時代の終わり頃に興った民間宗教）を信奉していた孫泰《そんたい》は、東晋王朝の行く末に不安を感じ、民衆を率いて反乱に踏み切った。孫泰は討伐軍に殺されたが、甥の孫恩は海上に逃れた。孫恩は船を基地として反乱を起こす。孫恩の死後、協力者の盧循が反乱軍の指揮を受け継いだ。

馮若芳《ひょうじゃくほう》

唐の時代（618年～907年）に、万安州（海南島の南東部）を根城としていた大海賊。主に中国と交易にやってくるペルシアの船を襲い、莫大な富を蓄えていた。日本への渡海に失敗して漂着した律僧の鑑真（688年～763年）を、手厚く保護したことでも知られる。

五虎陳《ごこちん》

フビライ汗（在位1260年～1294年）が建国した元王朝（1271年～1368年）に服属した海賊。服属後は陳義と名前を変えた。

方国珍《ほうこくちん》

元末期の反乱指導者。代々、塩の海上輸送にたずさわっていたが、元王朝の崩壊と明王朝勃興の動乱にうながされるように旗揚げ。海上の大勢力として君臨した。

倭寇という名の脅威

中国の海賊を語るならば、13世紀末から16世紀にかけて東シナ海を横行した倭寇《わこう》を外すことはできない。続いて倭寇について見てみよう。

「倭寇」とは日本語ではなく、『高麗史』で用いられた言葉である。高麗とは朝鮮半島にあった王朝。918年、王建《おうけん》（ワン・ゴン）によって建国され、936年、新羅を滅ぼして朝鮮半島を統一。1392年、李氏朝鮮（～1910年）の建国によって滅亡している。「倭寇」という言葉は『高麗史』の高宗10年（1223年）5月の条にはじめて見える。文面は「倭寇金州」。これは「倭、金州を寇《あだ》す」と読む。「倭」とは日本人のこと。「寇す」は攻め入る、あるいは、害をなすの意だ。つまり、「日本人が金州を襲った」という意味であり、倭寇という熟語にはなっていない。ところが、『高麗史』の忠定王2年（1350年）2月の条には次のように記されている。

「倭が固城《こじょう》・竹林《ちくりん》・巨済《きょさい》・合浦《がっぽ》を寇した。千戸の崔禅《さいぜん》と都領《とりょう》の梁棺《りょうかん》などが戦ってこれを破り、三〇〇余を斬獲した。倭寇の侵はここに始まった」

“倭寇の侵はここに始まった”と明確に記しているあたり、倭寇の本格的横行のはじまりを告げているとみて良かろう。倭寇は、

前期倭寇（13世紀初頭～15世紀初頭）

後期倭寇（15世紀なか頃～16世紀末）

のふたつがあるが、年代からすると『高麗史』の記述は前期倭寇に関するものとなろう。

ところで、前期倭寇と後期倭寇では、構成者が異なっている。前期倭寇の主体は日本人だが、後期倭寇になると日本人の数はグッと少なくなり、朝鮮半島の人々と中国人が主体となった。しかも、西洋から進出してきたヨーロッパ人も加わるようになっている。そういうしだいで、前期倭寇については次章の「日本の海賊たち」で扱うこととして、今は後期倭寇についてみることをお断りしておきたい。

後期倭寇はなぜ起こったか？

後期倭寇の構成者について、東アジアの海洋史に詳しい松浦章氏は、『中国の海賊』（東方書店）中で、「大部分は江蘇、浙江、福建、広東沿海に居住する貧困に苦しむ民衆や明王朝に不平を抱く知識人あり、彼らを率いるのは新興商人であった」としている。貧民が生活の糧を得るために、また、反体制知識人がレジスタンス目的で海賊行為を行うのは、歴史上、頻繁に見られる。だが、新興商人とは何者であろうか。実は、後期倭寇の発生には、明王朝（1368年～1644年）が推し進めた海禁政策が関係しているのである。

明王朝は洪武帝《こうぶてい》（朱元璋《しゅげんしょう》　在位1368年～1398年）が建てた王朝である。明王朝は国外との貿易に関しては海禁政策をとった。海禁政策とは、中国人の海外進出の禁止と、国外との貿易を王朝政府が一括管理するものである。つまり、民間貿易を制限し、貿易で得る利益を国家が独占する政策である。

ところが、明代も中期になると、貨幣経済と商品流通が著しく発達したことにより、海禁政策に不満を持つ商人が現れはじめる。彼らが取ったのが密貿易という方法だ。明朝政府は密貿易には極刑をもって対した。結果、密貿易商人の多くは国外に逃亡せざるを得なくなった。後期倭寇は、この逃亡した密貿易商人により組織されるのである。

密貿易者の多くが根拠地としたのが、日本の九州西北部（現在の長崎県の平戸や五島列島が有名）である。日本は当時、群雄割拠の戦国時代に移行しつつあったから、彼らのような密貿易者が根を降ろすには都合が良かった。また、日本の戦国大名たちも、海外からの物資補給者として彼らのような存在を必要としていた。

ここに絡んできたのが、東洋に進出してきたヨーロッパ人たちだ。彼らのなかには明朝政府と貿易関係を結ぶ者もいれば、国外に逃亡した密貿易商人と接触するものもいた。貿易するには交易用の品物が必要になる。結果、中国人密貿易者たちは、日本人、ヨーロッパ人との密貿易を拡大するために、大船団を組んで中国大陸の南沿岸（現在の浙江省、福建省、広東省の沿岸）を繰り返し襲撃することになるのである。とくに嘉靖《かせい》年間（1522年～1566年）に行われた頻繁な襲撃は、「嘉靖の大倭寇」として名高い。

後期倭寇の大物海賊

「嘉靖の大倭寇」が出たところで、この時期に横行した大物倭寇をひとり紹介しておこう。名は王直《おうちょく》（ワン・チー）。徽州《きしゅう》（現在の安徽《あんき》省）出身の商人である。

王直は日本、ルソン（フィリピン共和国）、シャム（タイ王国）などとの貿易で莫大な利益を上げていたが、明の海禁政策の強化により国外に逃亡。九州西北部に拠点を構えて海賊活動に精を出すようになる。

王直について『日本一鑑』(註2)は、「1545年ころに日本に行き、博多の商人・助左衛門を誘って、リャンポー（双嶼、中国大陸沿岸の舟山《チョウシャン》群島にある島）で貿易をさせ、翌年、再び日本に戻った。これが嘉靖の大倭寇のはじまりである」と記しており、王直が「嘉靖の大倭寇」のきっかけを作った人物としている。

なお、王直が同伴したという助左衛門についての詳細は、判然としない。伝説的な商人、呂宋助左衛門かも知れないし、まったく別人かも知れない。ただ、この助左衛門が王直の倭寇活動と密接な関係があったことは確かだろう。

ところで、この王直。日本への鉄砲伝来に一役買ったことでも知られる。鉄砲の伝来について記した『鉄炮記』には、「天文癸卯（1543）8月25日、種子島に大船が着き、乗っていたポルトガル人が鉄砲を伝えたが、この船に『大明儒生五峯』が乗っていた」と記されている。この五峯が王直である。船は王直所有の船だったろう。倭寇の大親分の船に乗っているのだから、このポルトガル人もただものではあるまい。王直の密貿易ネットワークに乗ってきた密貿易商人の可能性が強いが、王直の紹介で九州の戦国大名に鉄砲を売り込もうとしていた武器商人だったかも知れない。おそらく、種子島に着いたのは、航行途中のアクシデントであったかと推察される。ちなみに前出の『東洋遍歴記』ではメンデス・ピントが王直と共に鉄砲伝来に一役買った旨を思わせる記述があるが、これには大いに疑問符がつく。こうした点が「巧みな文学作品」と評される所以であろう。ただ

『日本一鑑』（註2）

明の時代、鄭舜功なる人物によって記された日本研究書。著者は嘉靖34年（1555年）倭寇対策の責任者となった楊宜という人物の命令により、日本に入国。豊後（大分県）に2年ほど滞在して情報収集に勤めた。しかし、帰国ししたものの楊宜はすでに解任されおり、鄭舜功は無断渡航の罪で投獄される。『日本一鑑』は鄭舜功が釈放されて後、自らの仕事を世に残すために書いたとされる。

し、鉄砲を伝えたポルトガル人となんらかの接触があり、情報を仕入れたことは確かだろう。いずれにしても、『鉄炮記』と『日本一鑑』の記述をあわせると、王直が日本人とヨーロッパ人双方の仲介役的役割を果たしていたことがわかる。王直こそは、東シナ海・南シナ海に展開する密貿易ネットワークの中心的人物であったといえよう。

しかし、嘉靖38年（1559）12月、王直は処刑される。「貿易を許可するし、官位も与えるから」という明朝政府の偽りの申し出を信じ、帰国したところを捕まったのである。

『明史』は王直のほかにも、徐海《じょかい》・陳東《ちんとう》・麻葉《まよう》といった海賊たちの名前が記されている。しかし、16世紀末頃になると、さしもの倭寇も終息に向かった。ひとつは明王朝の海賊取り締まり強化であり、戚継光など有力な将軍が倭寇との戦いに投入されたためである。もうひとつは、海禁政策の不可能を悟った明王朝が、民間貿易の再開と、中国人の正式な海外渡航を認めたからである。

貿易ができるなら、わざわざ日本から船団を仕立てて海賊活動を行う必要もない訳である。また、日本を統一した豊臣秀吉が「海賊停止令」を出したことも、大きく作用した。

明王朝後期から末期の海賊たち

倭寇、つまり、日本の九州から船団を組んで、中国大陸南方を襲う海賊は減ったが、海賊の活動自体はそれからも続いた。ことに明王朝の国力が著しく衰えた16世紀終わりから17世紀はじめ頃には、東シナ海・南シナ海を海賊たちがわがもの顔で横行した。有名なのは以下の海賊たちだ。

鄭大漢《ていだいかん》

真実か否かは不明だが、身長が2メートル40センチもあったとされている。

林道乾《りんどうけん》

マレー半島のなかほどにあるパタニを隠れ家とし、中国沿岸部はもとより、シャム（タイ王国）の沿岸まで荒らしまわった。

林鳳《りんぼう》（リン・フォン）

追い剥ぎをしたことで盗賊として開眼。やがて数千の手下とともに海上を横行するようになった。スペイン人フワン・ゴンザレス・デ・メンドーサが記した

『シナ大王国誌』には、「チナ国の海賊リマホンが大船隊をひきい、悪事を働く目的でフィリピナス諸島に来襲した」(長南実訳　矢沢利彦訳註　大航海時代叢書6　岩波書店)と記されており、大勢力であったことがうかがえる。

鄭芝龍《ていしりゅう》(チェン・チ・リン)

鄭芝龍(1604年～1661年)は、海賊として活動した後、落日の明王朝に仕え、海賊退治に辣腕を振るった。そして、彼が日本人女性との間に設けた一子・鄭成功《ていせいこう》(チェン・チェン・コン　1624年～1662年)は、明王朝滅亡後、清王朝に対するレジスタンスに身を投じており、徳川幕府に援軍を要請したことでも知られている。

江戸時代の歌舞伎・人形浄瑠璃の劇作家、近松門左衛門が著わした『国姓爺合戦《こくせんやかっせん》』は、この鄭成功をモデルとした作品である。

清時代の海賊連合

明王朝の滅亡後、中国大陸は清王朝(1616年～1912年)の支配するところとなる。清王朝も当然のごとく、海賊の取り締まりに力を入れたが、海賊たちは王朝の圧力をものともせず、中国大陸沿岸を荒らし続けた。ばかりか、海賊たちによる強力な組織連合が作られる始末であった。

海賊たちの連合体ができたのは、1805年頃とされている。海賊たちはそれまでいがみあい、足を引っ張りあっていたが、鄭乙《ていいつ》(チェン・イー)という強力なリーダーのもとにまとまることになった。対立しあうより、まとまった方が利益は大きいし、王朝側の取り締まりにも組織的に抵抗できると考えたためである。

これにより誕生したのが、海賊連合艦隊だ。艦隊数は6。赤旗艦隊、黒旗艦隊というように色が冠せられ、他に白・黄・青・緑旗艦隊があった。船の数は一艦隊につき最小のものでも70隻。このうち赤旗艦隊が最大・最強であり、300隻以上の船と2～4万人の戦闘員から構成されていたとされたという(デイヴィット・コーディングリ前掲書)。

これだけの大所帯であるから、各自が勝手なことをしていては話にならない。そのため厳格で細々とした規範(P197参照)が数多く設けられ、連合を鉄の組織としていた。

鄭乙は1807年11月、ベトナムで急死する。死因については定かではない。交

清朝の兵と戦う鄭成功

戦中に戦死したとも、暴風雨で海上に吹き飛ばされたともいわれている。妻の鄭《てい》夫人《ふじん》（P236参照）があとを継いで艦隊を掌握した。

海賊連合の終焉

海賊連合の軍事力は強大であった。州の最高司令官を倒したばかりでなく、沿岸警備に当たっている艦隊の半数を沈めていた。強さの差は歴然としており、艦隊司令官たちがどんなに決戦を望もうとも、勝てないことは明らかだった。

海賊連合の襲撃は無差別に行われ、中国の船も襲えば、ヨーロッパの船も襲った。さらには、この頃東洋に進出していたアメリカ合衆国の船もマカオで砲撃を受けている。清王朝と貿易を行っていたイギリス王国やポルトガル王国は、何度か海賊鎮圧の協力を申し出ていたが、清王朝はヨーロッパ勢力が海賊に取って代わることを警戒し、なかなか首を縦に振ろうとはしなかった。

しかし、1809年8月、海賊連合がシャム（タイ王国）からの朝貢船の入港を封鎖するに及んで、清朝政府もようやく重い腰を上げた。前述の両王国から最新鋭の戦艦を借りると、同年11月、海賊連合艦隊に攻撃をしかけたのである。

この攻撃で清朝政府は、海賊連合艦隊をあと一歩まで追いつめたものの、壊滅させることはできなかった。しかし、この攻撃は海賊内部に分裂を起こさせることとなった。結果、多くの海賊たちが稼業から足を洗う道を選んだ。清朝政府側も、海賊たちが再び連合することを恐れて、ごく少数の者を除いて恩赦を与えた。連合艦隊でリーダーだったものは、清朝海軍の将校に採用されたという（デイヴィット・コーディングリ前掲書）。

海賊連合艦隊はこうして終焉した。以後も、中国大陸沿岸では海賊の跳梁は続いたが、もはや清朝政府の屋台骨をゆらすまでには到らなかった。海賊の脅威は去った。しかし、海賊よりもはるかに強大な、ヨーロッパ列強の侵食がすでにはじまっていた。

第7章

日本
の海賊たち

瀬戸内海の海賊衆と東シナ海の倭寇

藤原純友の反乱

日本の海賊の主な舞台となったのは、瀬戸内海である。海賊の発生起源はわからない。しかし、瀬戸内海は古代から物流の大動脈であったから、海上交易がはじまったのとほぼ同時に、海賊も発生したと思われる。

日本史上に瀬戸内海の海賊がクローズアップされるのは、平安時代。承平5年(935年）に承平《しょうへい》・天慶《てんぎょう》の乱が起こってからである。具体的な動きはもう少し後になるが、関東では平将門《たいらのまさかど》（？～940年）が「新皇」を称して暴れ、瀬戸内海では藤原純友《ふじわらのすみとも》（？～941年）が海賊衆を糾合して、大海賊団を作り上げた。純友は海賊を取り締まる下級役人として、四国に派遣された人物だ。それが任期終了後も都に帰らず、海賊団の首領となった。海賊としての生活の方が肌にあったのか、あるいは一生うだつの上がらない役人生活より、海賊として活動した方が儲かるとふんだのか、その辺りのことはわからない。

純友は、伊予宇和島（愛媛県宇和島市）の西に浮かぶ日振島を根城に暴れ回った。瀬戸内海各地での略奪、京の都への放火、九州大宰府の焼き討ち……。朝廷は官位の昇進を餌に純友を懐柔しようとしたが、純友は決然とこれを蹴ったという。

朝廷が純友との対決に腹を括ったのは、天慶4年（941年）5月のこと。参議の藤原忠文を征西大将軍に任命。小野好古《おののよしふる》・源経基《みなもとのつねもと》を純友追討に派遣した。5月20日、純友の海賊船団は、北九州の博多湾で朝廷軍と戦い敗れた。

純友の最期については、

○伊予の越智好方《おちのよしかた》の家来に命じ、純友の首を切らせた（『予章記』）

○伊予に逃げ帰って捕らえられたのち、獄中で死んだ（『純友追討記』）

○伊予に逃げ帰って捕らえられたのち、一子重太丸とともに斬刑（『本朝世紀』）

と記録により異なっている。

純友を追い立てる朝廷軍

瀬戸内海という特殊な海

藤原純友は死んだが、瀬戸内海での海賊の跳梁はその後も止むことはなかった。むしろ、ときの領主には完全に服属せず、半独立の姿勢を堅持しながら堂々と存在していた。

海賊が公然と存在できたのは、瀬戸内海の特殊な事情にもよる。瀬戸内海は大小さまざまな島が点在する多島海である。場所によっては“点在”よりも、“密集”といった方が良い場所もあり、この間を水路が縦横に走っている。航空写真も精密な地図もない昔、この海を航行することは、まさに迷路を行くが如きであっただろう。また、こういう海では、潮流が島々にぶつかって複雑な流れ方をする。さらに水路も狭いから、速度も速い。交錯する水路と複雑な潮の流れ。こういう海を航行するには、相応の知識と特殊な技量が必要になる。

それらを身につけていたのが海賊衆だった。換言すれば、彼らは瀬戸内海航行のスペシャリストだった。瀬戸内海が西日本の海運の大動脈である以上、スムーズな物流をはかるうえでも、彼らの技量が必要だった。だからこそ、海賊は大手を振るって存在していられたのである。

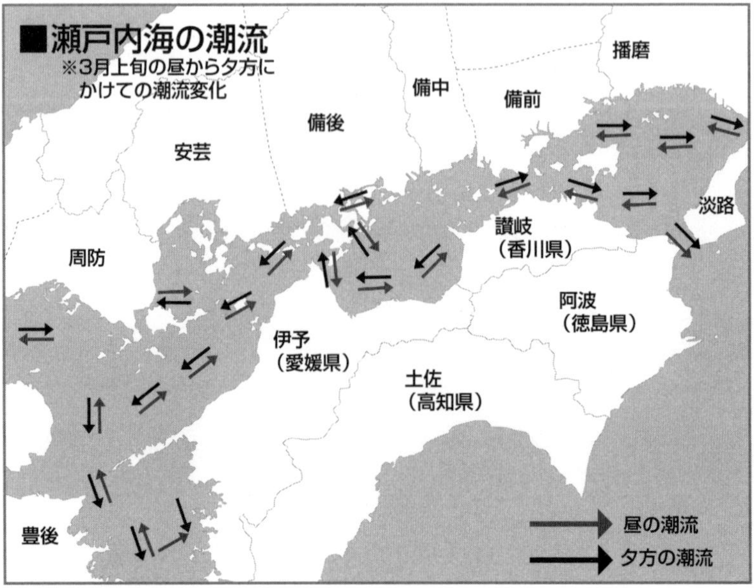

日本を囲む海の民ネットワーク

瀬戸内海の海賊が特殊技能者であったのは、彼らが、いわゆる犯罪者集団としての海賊ではなかったことにもよる。彼らは海を生活の場とする、ほとんどが「海の民」とも呼ぶべき人々であった。武装交易商人であり、海上輸送の専門家であり、製塩・漁業の従事者でもあった。彼らは、自分たちが活動する海域範囲を領海と考えた。陸地に関所があり通行税を払うように、彼らもまた、領海を通る船には通行税を要求した。おとなしく払えばそのまま通すが、払わないとなれば荷物を奪ったのである。奪う側は当然の権利と思ったろうが、奪われた方はそうはいかない。彼ら海の民は「海賊」として恐れられた。

海賊衆はなにも、瀬戸内海にのみいたのではない。日本列島は四方を海に囲まれていたから、海の民が活動する舞台は多かった。たとえば北九州の西、佐賀には松浦党という一団がいた。彼らは武士にして、武装交易商人であり、「海夫」「船党」と呼ばれる海の民を多数召し抱えていた。

他にも、伊勢志摩、霞ヶ浦、熊野、若狭とあげれば数限りない。これらをすべて線で結ぶと、日本列島の津々浦々にはりめぐらされた海の民のネットワークが見えてくる。彼ら海の民は、戦争時に駆り出されたときは「水軍」と呼ばれ、掠奪行為を働いたときは「海賊」と呼ばれた。そして、中国大陸沿岸や朝鮮半島に進出したものが、「倭寇」の名で恐れられた。

1350年を境にはじまった倭寇

前章で、日本人が主体となった前期倭寇について棚上げしておいた。ここで改めて前期倭寇について見てみよう。前項でも説明したように、「倭寇」という語は日本語ではなく、朝鮮半島の『高麗史』に記された語である。

「倭寇」という熟語がはじめて登場するのは、『高麗史』忠定王2年（1350年）2月の条。襲撃を受けた土地を列挙したあと、「倭寇の侵はここにはじまった」と記している。ならばそれ以前、日本人の襲撃はなかったのか？　というと、そうではない。同じく『高麗史』高宗10年（1223年）5月の条に「倭、金州を寇《あだ》す（日本人が金州を襲った）」とある。日本の水軍史に詳しい宇田川武久氏は、『日本の海賊』（誠文堂新光社）中で、『朝鮮王朝軍船研究』（金在瑾）所収の朝鮮半島への倭寇侵入頻度についての研究を紹介している。それによれば高宗10年（1223年）から忠定王2年（1350年）の127年間の襲来回数は13回。いちばん多い年で年に3回（高宗12年＝1225）。年2回の襲撃が2度あり、あとは年1回の襲撃である。

忠定王2年（1350年）以降はどうか？　「倭寇の侵はここにはじまった」と記すだけあって凄まじい。忠定王2年（1350年）から世宗25年（1443年）の93年間で、襲撃回数は556回を数える。この93年間の間に朝鮮半島では、高麗王朝の滅亡（1391年）→李成桂による王朝樹立（李氏朝鮮　1392年）と政権が変わっているので、93年間を高麗王朝と李氏朝鮮に分けて襲撃回数を見てみると、

高麗王朝＝忠定王2年（1350年）～恭譲王3年（1391年）＝394回

李氏朝鮮＝太祖元年（1392年）～世宗25年（1443年）＝159回

となり、高麗王朝への襲撃回数が上回る。これはたまらない。倭寇が高麗王朝の国力を衰退させ、崩壊に導いたとする多くの研究者の指摘もうなずけよう。なお、倭寇は朝鮮半島ばかりでなく、中国大陸の沿岸も襲った。具体的な回数はわからないが、おそらく朝鮮半島に対する襲撃回数と大差ないものと推察する。

足利幕府の内部分裂

倭寇の襲撃が1350年を境に、散発的な攻撃から集中攻撃へと変わったのには、日本、朝鮮半島、中国の政治状況が大きく作用しているようだ。まず、日本だが、1350年は日本史上にいう「観応《かんのう》の擾乱《じょうらん》」の年にあたっている。

「観応の擾乱」に到るまでの経緯をザックリ説明しよう。はじまりは後醍醐《ごだいご》天皇（1288年～1339年）が反鎌倉幕府の意志を明確にしたときにはじまる。討幕計画は、それから何度か挫折しながらも着実に武士を動かし、足利尊氏《あしかがたかうじ》（1305年～1358年）・新田義貞《にったよしさだ》（1301年～1338年）といった幕府の有力武士が天皇方についたことで成就する。1333年のことである。

後醍醐天皇は鎌倉幕府が崩壊すると、天皇が中心になって政治を行う「建武の新政」を立ちあげるが、公家の権威と待遇を重んじる政策であったため、不安を感じた武家層の猛反発をくらうことになる。武家は「武士が自分たちの権利を守るためには、やはり武家の棟梁のもとに結集するのが妥当」と判断し、鎌倉幕府内でも重きをなしていた足利尊氏を担ぎあげるようになる。尊氏も武士たちの要請に応じて、反朝廷の軍勢を挙兵。一連の戦で楠木正成《くすのきまさしげ》（1294年～1336年）、

北畠顕家《きたばたけあきいえ》（1318年〜1338年）、新田義貞といった朝廷方の有力武士を倒した尊氏は、1338年、征夷大将軍に就任。足利幕府（室町幕府）を開くことになる。

後醍醐天皇は逃亡先の吉野（奈良県）で朝廷を樹立し、尊氏も京都で光明天皇を立てたことからふたつの朝廷が並立。日本史上にいう南北朝の時代がはじまることになる。吉野の朝廷が南朝、京都の朝廷が北朝である。

問題の「観応の擾乱」は幕府の内部抗争であり、幕府設立から12年後に起こった、幕府のトップは足利尊氏だが、その下にNo.2というべき人物がふたりいた。ひとりは足利直義《ただよし》。尊氏の実弟である。もうひとりは高師直《こうのもろなお》。足利家に古くから仕えている執事（貴人の側にいて事務を担当する人）であり、尊氏付きのスタッフのような役目を果たしていた。この直義と師直が対立。尊氏が師直擁護の立場をとったことから、足利幕府がふたつに分裂したのである。対立自体は1352年、尊氏が直義を毒殺したことで一応カタはつくが、南朝と北朝が対立している最中に、幕府までふたつに分かれたのだからたまらない。「観応の擾乱」の時期、日本は無政府状態といっても良い様相を呈していた。

高麗王朝の疲弊と元朝の混乱

朝鮮半島と中国大陸の政治状況も見てみよう。高麗王朝と日本の関係について、日本中世史の岡野友彦氏は、『南北朝史100話』（小川信監修　立風書房）中で次のような指摘をしている。

「高麗の時代、日朝間には正式な外交関係は存在していなかった。しかし十一世紀以降、日本が私的に高麗に渡って貿易活動を行うことはしばしばあり、十三世紀中頃になると、それらの日本船は『進奉船《しんぽうせん》』と呼ばれるようになった。ところがその頃、蒙古の軍勢が猛烈な勢いで高麗の山野を蹂躙しつつあったのである。一二三一年の出兵に始まる蒙古軍の高麗侵略は、一二五九年の高麗降伏まで執拗に繰り返された。そして一二七四年と八一年の二度にわたる蒙古軍の日本遠征（文永・弘安の役）において、高麗は蒙古軍の一翼を担わされることになった。こうして蒙古の侵略と日本への遠征に力を使い果たし、国力の衰えた高麗が、日本からの『進奉船』との貿易を拒否した時、『進奉船』は一夜にして海盗──倭寇と化していった」

岡野氏の指摘する「国力の衰え」は、なにも高麗王朝に限ったことではない。

倭寇と戦う中国（明）の官兵

各地を侵略していた当の蒙古、つまり中国大陸を支配していた元王朝も衰えていた。元は1271年、チンギス汗《ハーン》の孫、フビライ汗《ハーン》（在位1260年～1294年）が建国した王朝である。フビライ汗生存中は日本を含む各地に遠征を行うなど勢力の伸長に努めたが、フビライ汗が没すると、国力は衰えを見せはじめた。遠征による国力の消耗が主な要因だが、モンゴル人の支配に対する漢人の不満の鬱積や、頻発する反乱が国力の衰えに拍車をかけた。1351年――日本で「観応の擾乱」が勃発した翌年だ――には「紅巾《こうきん》の乱」（註1）が勃発。1368年には朱元璋《しゅげんしょう》（洪武帝《こうぶてい》在位1368年～1398年）が明王朝を建国し、元王朝は北に逃れることになる。歴史上、「北元」と呼ばれる亡命王朝である。

倭寇の規模と掠奪品の数々

倭寇の規模は一定していないが、だいたい大集団と小集団のふたつに分けられる。大集団ともなると10艘、ときには500艘もの大船団を組んで押し寄せた。正確な人数は把握できていないが、大船団ともなると数千人は下らなかったと思われる。小集団になると、だいたい1艘から3艘。人数的には50人以下と推察される。倭寇が好んで奪ったのは食料。あとは、奴隷として売るための人、である。もちろん、金目のものがあれば遠慮なく頂いたに違いない。

しかし、掠奪品のすべてを、倭寇が自らの贅沢三昧のために消費したとは考えにくい。異常と思える襲撃回数を見ても、その背後に掠奪品を次々と消化するだけの巨大な胃袋があったと考える方が自然であろう。これはやはり、日本の戦乱と関係が深いと思われる。というのも、戦争では膨大な物資が消費されるからである。たとえば、前出の松浦党《まつうらとう》。もっとも大々的に大陸侵攻を繰り返した彼らが、南朝と関係を有していたことは研究者たちの指摘するところだ（『室町時代』　脇田晴子　中央公論社）。同じように、北朝と関係を有する倭寇もいたはずであり、どちらも、

「紅巾の乱」（註1）

別名を白蓮教徒の乱とも。白蓮教徒は弥勒（釈迦の入滅後五十六億七千万年後にこの世に下り、新しい仏として衆生を救うと信じられている菩薩）信仰によって強固に結びついた宗教教団であり、教祖韓山童（？～1351年）に率いられて反乱を起こした。韓山童が殺害された後も、その子の韓林児（？～1366年）によって闘争を続けた。これにあわせて「元王朝打倒」の旗印を掲げる各地の群雄たちも武装蜂起。最終的には群雄のひとりである朱元璋が明王朝を樹立した。

物資をそれぞれの勢力に提供する役割を果たしていたかと思われる。したがって、1392年の「南北朝の合一」(註2) 以降、倭寇による襲撃回数は少なくっていくのも、当然といえば当然であろう。室町幕府による倭寇取り締まり強化もさることながら、日本列島はもはや、戦争にともなう膨大な物量消費を必要としなくなったのである。

こうしてみると前期倭寇の正体が自ずからわかってこよう。要するに、前期倭寇とは「中国大陸が元から明へ、朝鮮半島が高麗から朝鮮へ、日本列島が南北朝の内乱から室町時代へと、それぞれが期せずして大きな変革期にさしかかっていたがために起きた、海民たちの暴力的交易活動」(岡野前掲書) であり、戦乱の日本が膨大な物資を必要としたことが背景にあったと考えられるのである。

海賊大将たちの交易

15世紀に入ると、日本は李氏朝鮮、明王朝と正式な国交を開き、貿易関係を結ぶようになる。明王朝は厳しい貿易統制政策 (海禁政策) をとっていたため、国同士の貿易となったが、李氏朝鮮は守護大名や中小領主にまで貿易の門戸を開放した。そのため、多くの領主が李氏朝鮮と交易関係を結んだ。

ところで、日本と李氏朝鮮の貿易のことを詳しく記した『海東諸国記《かいとうしょこくき》』という朝鮮側の史料がある。作成者は申叔舟《シン・スクジュ》 (1417年〜1475年)。1471年に完成している。この史料のなかに、正式な貿易を申し込んできた日本人の名前が記されているのだが、その人々の名前がすごい。列挙すると次の通りである。

豊前州蓑島海賊大将玉野井藤原朝臣邦吉

安芸州海賊大将藤原朝臣村上備中守国重

伊予州鎌田関海賊大将源貞義

周防州大畠太守海賊大将軍源朝臣芸秀

備後州海賊大将橈原左馬助源吉安

出雲州留関海賊大将藤原朝臣義忠

「南北朝の合一」(註2)

南朝の後亀山天皇が京都に帰り、北朝の後小松天皇に皇統の証である三種の神器 (鏡、勾玉、草薙剣) を渡した出来事。ここに南北に分かれていた朝廷が、再びひとつにまとまることになる。

彼らは守護大名の配下であったり、中小領主であったりした人々と推察される。「海賊」「海賊大将」を名乗るあたり、まるで交易関係を結ぶために恫喝しているかのような印象を受けるが、そうではないようだ。

日本中世史の脇田晴子氏は『室町時代』(中央公論社) 中で「単なる強がりのための呼称ではなく、当時『警固役』『海賊役』などと称された、海上治安を掌握して、役銭をとる制海権のなわばりを示すものと思われる。それ故に地域ごとの海賊大将軍を名乗るのであろう。日明貿易に関して、室町幕府でさえ、航海の安全、警固を命令した『諸国所々海賊中』というのは、かれらであったのだ」と指摘している。この「海賊大将」「海賊大将軍」という呼称に、海のスペシャリストとしての海賊衆の矜持を見て取ることもできよう。南北朝の動乱期に「倭寇」として暴れ回った海賊衆は、動乱収束後、半自立の立場を今まで以上に堅持しながら、堂々と生きていたことがうかがい知れる。

戦国時代のはじまりと海賊衆の躍動

1477年(文明9)、京都を舞台に9年間にわたって続いた応仁・文明の乱がようやく終結。京に参集していた守護大名たちは、領国に帰っていった。しかし、この乱によって足利幕府の権威が失墜したこともあり、地方では守護大名や守護代(大名から領地管理をまかされた代官)や、国人領主(土着の豪族)たちの間で、足利幕府の権威に服さない自立の動きが加速していた。下剋上(身分・地位の下の者が上の者を押しのけて勢力・権力をもつこと)の戦国時代のはじまりである。

戦国時代の到来は、各地の海賊衆の動きを活発化させた。海上輸送、掠奪、合戦。ことに合戦では、海賊たちは「水軍」として各戦国大名の有力な戦力となった。そのため戦国時代には、歴史に名を残す海賊大将たちが、多数出現している。

筆頭にあげられるのは村上《むらかみ》武吉《たけよし》(1533年～1604年)だ(第3部参照)。能島村上水軍の長であり、織田信長・豊臣秀吉と堂々と渡り合った海賊である。伊勢志摩海賊の九鬼《くき》嘉隆《よしたか》(1542年～1600年)は、織田信長のもとで織田水軍を率いた海賊大将である。このふたり以外では、

来島通康《くしまみちやす》・通総《みちふさ》…来島村上水軍の首領

村上吉充《よしみつ》・亮康《すけやす》…因島村上水軍の首領。毛利水軍の一大戦力となった

浦宗勝《うらむねかつ》…小早川水軍の指揮官。毛利氏の躍進を海から支えた

小浜景隆《おばまかげたか》…伊勢志摩（三重県）の海賊。武田信玄と・徳川家康のもとで活躍
菅道長《すがみちなが》…淡路島の海賊。豊臣秀吉のもとで豊臣水軍を指揮した
若林鎮興《わかばやししげおき》…九州北部を支配した大友氏に仕え、水軍を指揮した
白井賢胤《しらいかたたね》…周防・長門（山口県）を支配した大内氏に仕え、水軍を指揮した

といった人々が有名である。

戦国武将たちの天下統一レースに海賊衆たちの果たした役割は大きかった。しかし、彼らが力を貸したはずの天下統一が、皮肉なことに海賊衆たちの命脈を断つ結果となった。

海賊衆の終焉

天下統一とは秩序作りである。最高権力者が、天下の人すべてを支配してこそ成り立つ。海の航行という特殊技能を持つがゆえに、独自性をたもっている海賊衆は、天下統一者にとっては危険なアナーキストであった。

1583年（天正11年）賤ヶ岳の合戦でライバルの柴田勝家を破った豊臣秀吉（1536年～1598年）は、四国の長宗我部元親《ちょうそかべもとちか》（1539年～1599年）、東海の徳川家康（1542年～1616年）、九州の島津義久（1533年～1611年）などを次々と降伏させ、天下統一の完成を着実に進めていた。その過程で秀吉は、海賊衆の力を削ぐことにも力を注ぎ、海賊行為のすべてを禁止した。半自立の立場を堅持してきた海賊衆を、新しい秩序体系に強引に押し込んだのである。この政策方針は、秀吉の死後に天下を掌握した徳川家康によってさらに徹底されていく。

時代はもはや、海賊が海賊として生きることを許さなくなった。古代以来、日本の海を横行していた海賊の歴史は、戦国時代の終了とともに終わったのである。

第2部

海賊たちの世界

—海の荒くれ男たちの生き方と日常—

第2部では、海賊の世界について、より理解を深めていきたいと思う。取り上げているのは、1.海賊船、2.戦術と戦法、3.掟・罰則、4.生活の4項目である。

4.に関しては、古今東西、すべての海賊を網羅することは無理なので、カリブ海・大西洋の海賊に限定させていただいた。なお、文章中で登場してくる道具類に関しては、可能な限り図版で紹介している。

1. Ships
海賊船

地中海の海賊船

地中海の海賊船

海賊といえば「海賊船」がつきものだが、「海賊船」という特別な船があった訳ではない。海賊が乗るから海賊船である。海賊たちは当時あった船で、速度・耐久性・積載量などの優れた船を乗っ取って海賊船とした。各時代、各海の海賊船を見てみよう。まずは地中海。地中海で海賊船として主に使われたのは、

三重櫂ガレー船（古代ギリシア・ローマの海賊）

小型ガレー船（バルバリア海賊とコルセイア）

である。ガレー船とは、帆走能力と人力による櫂走能力を備えた船であり、凪や弱風のときにも航行可能なのが利点だが、エンジンたる船漕ぎ奴隷の負担は大変なものだった。

三重櫂船といっても規模はさまざまあったようだが、だいたい長さ38メートル、幅は5メートル強。漕ぎ手は半舷で90人（上段31、中段30、下段29）、両舷

【三重櫂船】

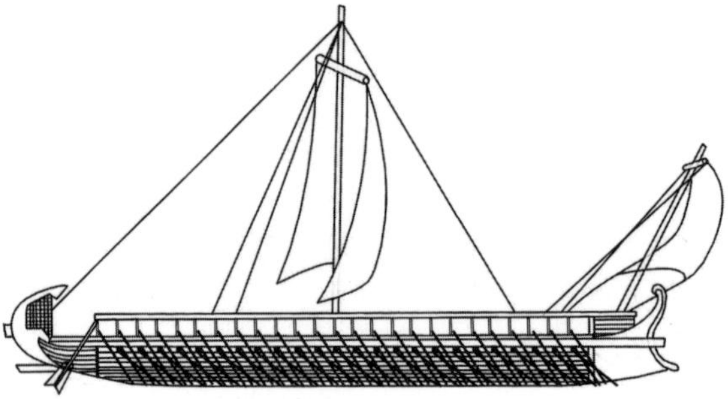

で180人と推定されている。最大の武器は、船の先端につけられた青銅製の衝角《しょうかく》。これで相手の船に体当たりし、船体に大穴を開けた。

【三重櫂船の漕ぎ手の配置】

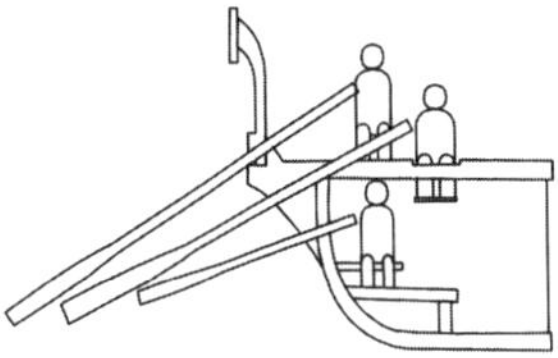

三重櫂（オール）の「トライリーム」は、フェニキア人の二重櫂船「バイリーム」をアテネ人改良したもの。

バルバリア海賊たちのガレー船には、1～3枚の大三角帆（ラティーン・セール）がついていた。帆走能力は古代のガレー船よりも、格段に優れていたが、戦闘、凪・弱風の際には船漕ぎ奴隷により櫂走が併用された。一本の櫂には4人の船漕ぎ奴隷がついた。

主な武器は衝角と大砲。また、船の両脇には旋回砲がズラリと並んでいた。旋回砲とは対人殺傷用の砲であり、小船や甲板の敵を倒すのに使われた。その名の通り、砲を上下左右に向けられるので、船体の位置の関係なく砲撃ができるという利点があった。

コルセイアたちが使用したガレー船も、バルバリア海賊の船とほぼ同様である。

【小型ガレー船】

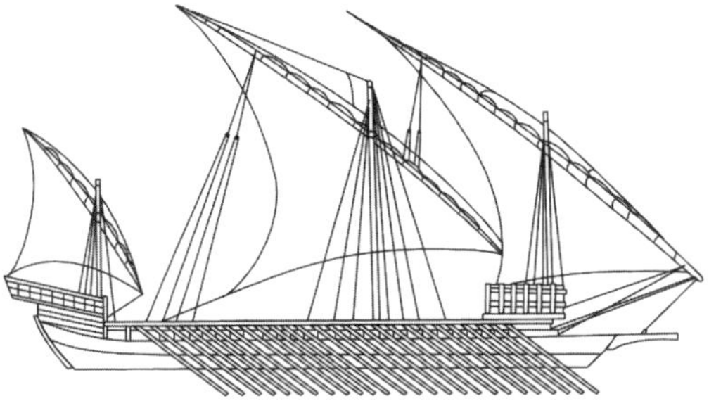

小型だが快速のガレー船。漕ぎ手の数も少なくなって、両舷あわせて60名～80名程度の船が多かった。

北海・バルト海の海賊船

ヴァイキング船の特徴

ヴァイキング船については、ノルウェーの首都オスロの「ヴァイキング船博物館」に19世紀後半と20世紀初頭に発掘・復元された3隻の船が展示されており、かなり正確な輪郭をつかむことが出来る。展示されている船で最大のものは、全長23メートル。船の幅は5.2メートル。舷側の高さはいちばん高い場所で約2メートル。他の2隻も全長は20メートルに達する。すべての船が20メートル前後であったとは断言できないが、少なくとも遠隔地に遠征する際には、このクラスの船が用いられたと推察される。

ヴァイキング船の大きな特徴は、

クリンカー造り

浅い喫水線

のふたつである。

【ヴァイキングの船】

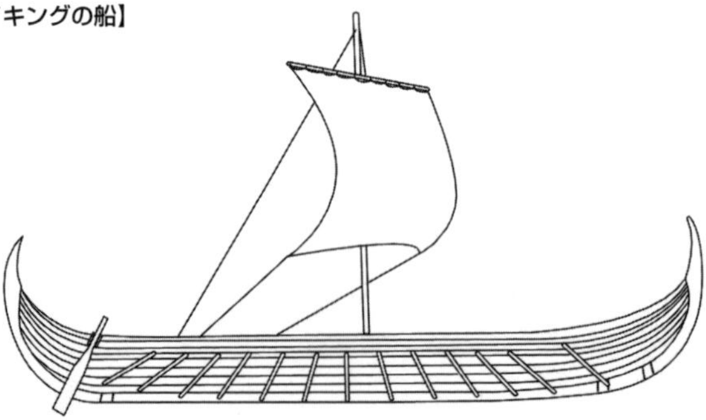

【クリンカー造り】

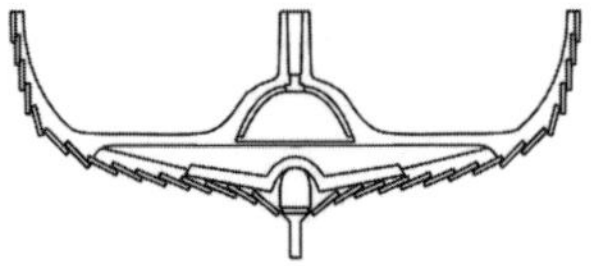

クリンカー造りとは、舷側に板を張るとき、外板の一部と一部を重ねあわせて張る工法のこと。表面上は凸凹していて不格好だが、頑丈な造りであり、防水性に優れている。

喫水線が浅いことにより、遠浅の海の航行と河川の航行が可能であり、また、帆走と櫂走の両方の機能を備えていたため、風に関係なく航行ができた。しかし、機動力に富んだヴァイキング船にも、船体上部に遮蔽設備がないという弱点があった。イングランドのアルフレッド大王（P061参照）はこの弱点を見抜き、ヴァイキング迎撃に成功している。

バルト海のハンザ・コッグ

コッグとは北ヨーロッパで発達した帆船のことを指す。全長が30メートル。幅は8メートル。重さは現代の質量測定単位でいえば、100トン～200トン（註1）。マストは中央部に1本。コッグがとくに「ハンザ・コッグ」と呼ばれるのは、ハンザ同盟（P071参照）に加盟していた諸都市の間を航行していたからであり、バルト海を横行した海賊たちの海賊船ともなった。

コッグの特徴は次の3点である。

鋭角な船首

船尾中央舵

横帆

コッグのスタイルを比喩的にいえば、アイロンの加熱部分を下から見ているイメージ、となろうか。ズングリとした船尾に対し、シャープな船首である。これは北海・バルト海の荒波を切って進むのに適した形である。

次の船尾中央舵だが、これについて説明する前に、舵全体の話を少しばかりしておこう。舵とは船首の向きを変えるための装置である。舵の操作によってなぜ船首の向きが変わるかというと、船尾にかかる水の圧力の変化による。航行の最中に梶を右にきったとしよう。すると船尾の右側により強い水圧がかかる。結果として、船首は圧力のかかった側に向くのである。

ところで船の歴史を見ると、舵のスタイルは大別してふたつあったことがわかる。舷側舵と船尾中央舵（単に中央舵とも）である。まず、舷側舵について説明

質量測定（註1）

トンの語源は古い英語tunneと古いフランス語のtonneに由来するといわれる。トンという質量単位が設けられたのは、1879年の国際度量衡委員会においてである。それまでキログラム以上を表す単位がなかったため、1000キログラム＝1トンとすることが決められた。

しよう。この舵は船尾の付近にあるオールのような舵であり、片舷側につけたタイプと、両舷側につけたタイプがある。古代地中海のガレー船や、ヴァイキング船などは舷側舵のスタイルである

船尾中央舵とは、船尾の真中に舵が付いているスタイルのこと。今日の船は、ほとんどが船尾中央舵である。では、どちらの方が舵としての機能が上か？　というと、喫水線の浅い船なら舷側舵がベスト。喫水線が深い船なら船尾中央舵がベストとなるだろう。コッグは単なる移動ではなく、交易品の運搬用に造られた船である。したがって積載能力を重視したため、自然船体は大きい造りになり、喫水線も深くなった。そのため船尾中央舵というスタイルが採られたものと思われる。

3つの目の横帆だが、これは船首と船尾を結ぶ線に対して、直角にクロスするようにかけられた帆のことであり、追い風をはらんで航行するのに適した帆である。

まとめるならばコッグは、北の海の強い追い風を受け、荒い波を切って進み、荒波のなかでも方向を変えやすいように設計された船、といって良かろう。コックは15世紀頃まで北海・バルト海の主力帆船として活躍した。

【コッグ】

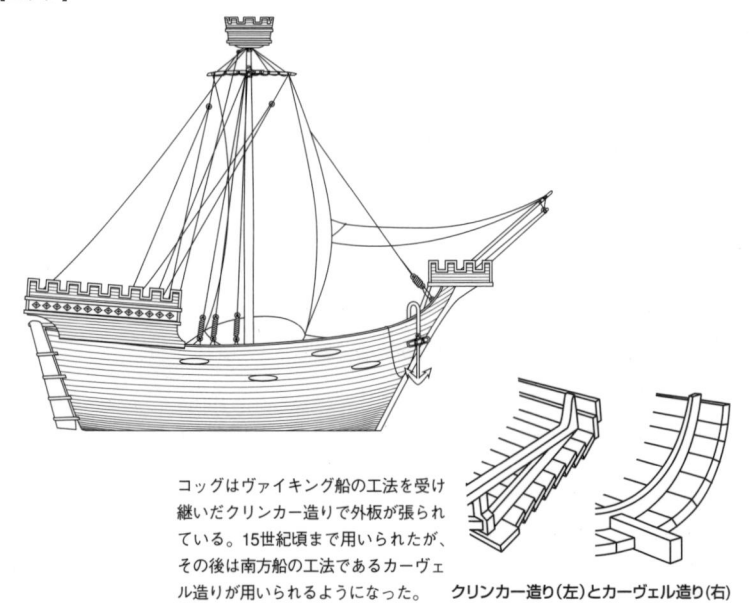

コッグはヴァイキング船の工法を受け継いだクリンカー造りで外板が張られている。15世紀頃まで用いられたが、その後は南方船の工法であるカーヴェル造りが用いられるようになった。

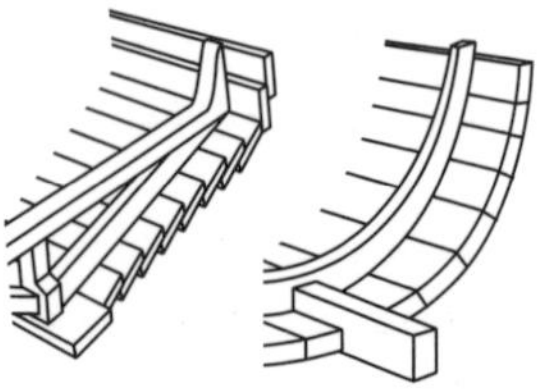

クリンカー造り（左）とカーヴェル造り（右）

カリブ海と大西洋・インド洋・太平洋の海賊船

大西洋・太平洋・インド洋を航行した海賊船は、カラベル船、カラック船、ガレオン船、スループ船、フリゲート船、大型戦列艦（戦艦）の5種類である。

カラベル船

まず、カラベル船から。基本的にこの船は、沿岸漁業用に設計された船だが、コロンブスの新大陸発見後（P078参照）しばらく、大西洋航行にも使われた。特徴は、

小型で軽快

喫水線が浅く、浅瀬の航行が可能

ラティーン・セール（大三角帆）により、逆風での航行も可能

船体が長いため先端が鋭く、海流を切りながらの航行に適している

の4点である。

コッグの項で横帆について触れたので、ここではラティーン・セール（大三角帆）について説明しよう。ラティーン・セールとは「縦帆」の一種である。横帆が船首と船尾を結ぶ線に対して直角にクロスする形でかけられているのに対し、ラティーン・セールは船首と船尾を結ぶ線に対して、ほぼ並行にかけられている。

【カラベル船】

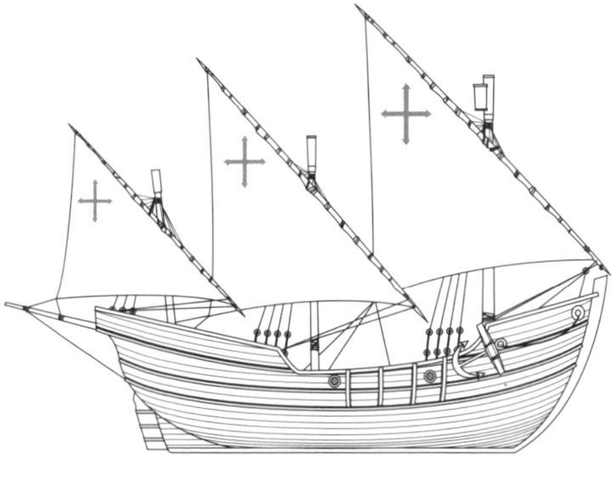

なぜこんな形か？　というと、多様な風に対処するためである。横帆が追い風を受けての航行に適していることは、コッグの項で説明した通りである。しかし、風は常に追い風ばかりとは限らない。横から吹いてくることもあれば、向かい風になることもある。横帆でも帆の向きを変えることで、ある程度は風の変化に対応できる。しかし、向かい風になるともうアウトだ。だが、ラティーン・セールなら向かい風でも進むことが可能なのである。

ラティーン・セールを装備している船が、前から風を受けたとしよう。船には横に押される力が加わることになる。このとき舵をうまく操作すると、斜め前方に進むことができる。あとはこの繰り返し。帆の左に受ける風を利用してしばらく右前方に進んだら、今度は帆の右側に風を受けられるように船の向きを変え、右側に受ける風の力を利用して左前方に進んでいくのである。結果、ジグザグながらも前に進むことになる。

ただ、ラティーン・セールが威力を発揮するのは、風の向きが頻繁に変わりやすい沿岸部でおいてだ。風の向きがほぼ一定の大洋では、追い風の力を十分に利用できないという難点があった。だから、ヨーロッパ勢力の新大陸進出が本格的になると、カラベル船はしだいに使われなくなっていった。

カラック船

ヨーロッパ勢力の新大陸進出に活躍したのがカラック船だ。この船の特徴は、

長方形の横帆とラティーン・セール（大三角帆）の組み合わせ

中央部を広げ、ふくらみを持たせた船体

のふたつである。

長方形の横帆は中央マスト、前方マスト、バウスプリット（船首から斜め前に突き出されたマストのような棒）につけられ、ラティーン・セール（大三角帆）は、最後尾のマストにつけられた。つまりは大洋での追い風航行と、沿岸部での複雑な風の動きに対処できるように工夫された船である。

大きさは、現在の質量測定単位でいえば100トン程度のものから1000トンクラスまでとさまざま。船体の断面はブランデーグラスのような形が考案された。これは人員・荷物の積載量を増やすための工夫であり、これにより長期航海と大量輸送が可能になった。

だが、輸送には力を発揮したカラック船にも難点はあった。上甲板に設けられた船楼（船の上甲板に建てられた家のような建物）がそれだ。船楼が大きかったので、喫水線から上が高くなってしまったのである。このことは戦闘に際して大きな問題となった。大砲を一斉発射すると、船が横転する危険性が強かった。

【カラック船】

【一般的な船の内部】

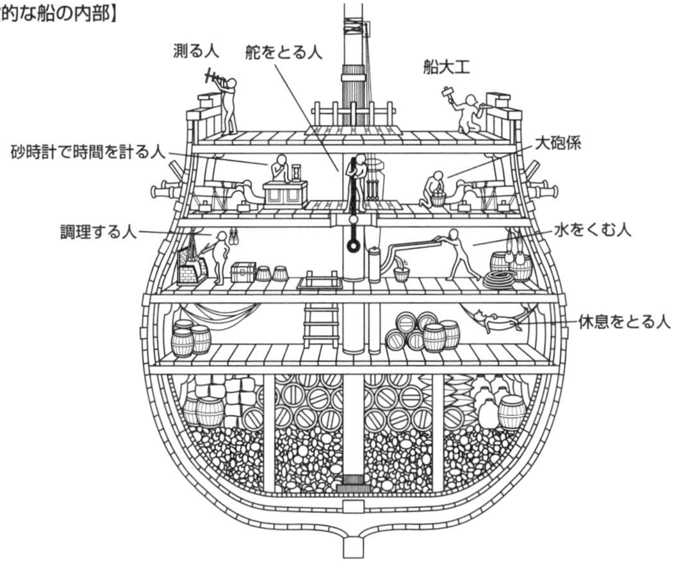

ガレオン船

カラック船の問題点を解決するために考案されたのが、ガレオン船である。これは船の安定性を増すため、船体を長くし、船楼を低くした船であり、「ガレー船の戦闘力を帆走のカラック船に持たせた」という意味で“ガレオン”と呼ばれた。

大きさは、100トン程度のものから1000トンクラスとさまざま。大砲は2門～30門が一般的だが、80門搭載した船もあった。ただ、海賊たちが大型のガレオン船を使ったとは考えにくい。というのも、海賊行為には機動性が要求されるからだ。恐らく、100トンから200トン程度のガレオン船を乗っ取り、海賊船にしたと思われる。なお、ガレオンと良く似た船に「ガリオン船」がある。これはイングランド王国がガレオン船を参考にして製作した船であり、「小型のガレオン船」というべきものだ。イングランド王国の公認海賊フランシス・ドレイク（P216参照）が乗り、世界周航を達成したゴールデン・ハインド号が有名である。

【ガレオン船】

スループ船

スループ船とは、ヨーロッパ人が新大陸に進出したあと、ジャマイカやバミューダで建造されるようになった船のこと。これは

長さは10メートル～20メートル

船倉と甲板のみの作り
艦載砲は6門～12門
乗組員数…大きい船なら150名が可能
喫水線は浅く、浅瀬の航行も可能

という船であり、快速航行に優れていたため、カリブ海で頻繁に使用された。浅瀬が航行できるため、喫水線の深いガレオン船や戦艦の追跡をかわしやすかった。

【スループ船】

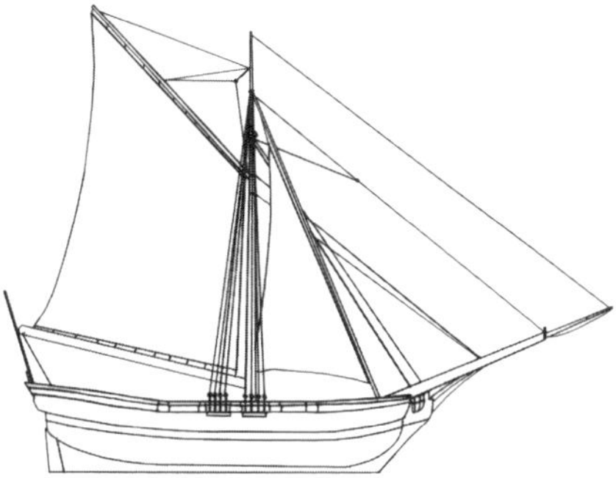

フリゲート船

フリゲート船とは小型の軍艦であり、

【フリゲート船】

流線型の船体

マストと帆の数を増やしたことによる帆走能力の向上

オールによる航行能力を備え、凪・弱風でも航行が可能

という3つの特徴がある。

フリゲート船のもとになったのは、地中海を航行していた小型のガレー船「フレガータ」である。このフレガータをもとにイングランド王国で開発されたのがフリゲート船だ。海賊が使用したフリゲート船としては、ウィリアム・キッド（P222参照）が乗ったアドベンチャー＝ギャレー号が有名である。

大型戦列艦

大型戦列艦（戦艦）は、ガレオン船の後継船として、17世紀後半から登場する。

より低くなった船楼

強化された砲甲板

簡素化された船体装飾

という改良点が加えられ戦闘力が増した。

このほかにも、コルベット艦（速度と機動性を重視した軍艦）や、ブリガンティン（ブリック型船とも。速度を重視した船）などが海賊船として使われた。

【大型戦列艦】

アジアの海の海賊船

中国のジャンク船

アジアの海を海賊船として横行したのは、中国の「大民船」「帆船」。英語で“ジャンク”と呼ばれる船である。外洋航海用の大型船から、河川を航行する小型船までさまざまな種類があった。

たとえば、鄭乙・鄭夫人（P152参照）は、沿岸航行用のジャンクを主力海賊船として使っていた。長さ12メートル、幅4.2メートル。艦載砲は12～25門。人員は200人前後である。また、小型ジャンクも使われた。18人～30人が乗り込むことができるこの船は、偵察、船同士の連絡、河川航行などに使われた。

【ジャンク船】

日本の海賊船

ここで戦国時代の水軍の船に焦点をしぼってみよう。水軍の戦力となったのは、

安宅船《あたけぶね》

関船《せきぶね》

小早《こはや》

の3種類である。

安宅船《あたけぶね》は大型船であり、水戦では大将や一門衆の乗船として使われた。乗り込み人員は兵士60人、水夫80人。3門の大砲が搭載可能だった。船上を厚さ6～10センチの板で覆って装甲とした造りであり、兵士たちはこの装甲のなかにたてこもって鉄砲や大砲を撃った。

【安宅船】

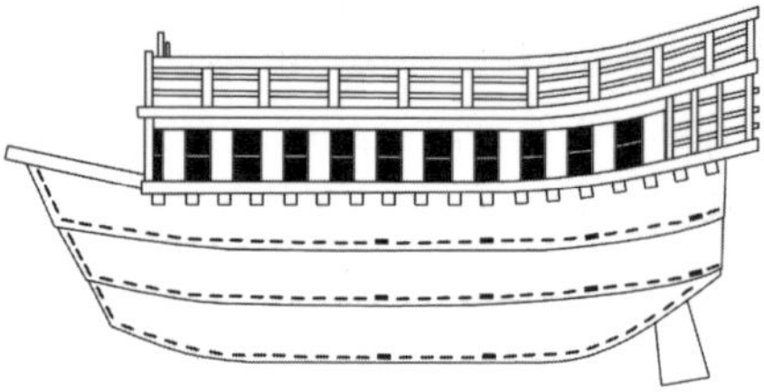

関船《せきぶね》は中型船である。船体は安宅船よりも細長く、船首も波が切りやすいように鋭くなっている。また、装甲に竹束を使用するなど軽量化につとめた。快速航行が持ち味であり、水戦の中心戦力となった。乗り組み人数は、兵士30人、水夫40人。大砲1門を搭載可能。

【関船】

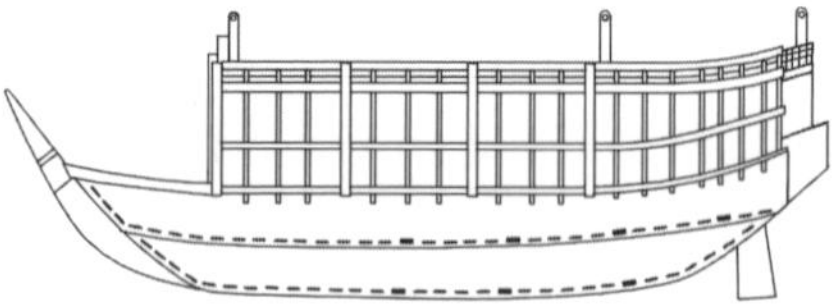

小早《こはや》は偵察・伝令用の船。装甲、大砲はない。乗組員は兵士10人、水夫20人。

【小早】

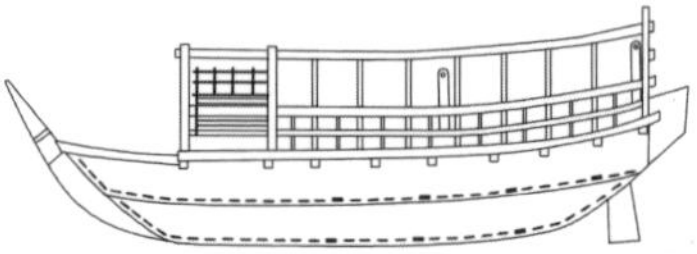

この3つの船以外に特殊船もいくつか伝えられている。たとえば、車輪船。船体の外に外輪式の水車を装備した船である。人力で外輪を回して進む方式だが、実際に使用されたかどうかは疑わしい。他に、

井楼船《せいろうせん》…船上に櫓を組んだ船

盲船《めくらぶね》…小早を鉄板や分厚い板で覆った船。

などが伝えられてる。

2. Tactics
戦術と戦法

海賊の「電撃戦」的襲撃

襲撃の基本

海賊が船を襲うときの基本パターンは、

奇襲

機動

恐慌

である。端的にいえば「相手を不意に襲い、猛攻を加えてひっかき回し、恐れ慌てさせる」となろうか。個人・集団に限らず、人は、不意打ちを喰うとパニックに陥り、有効な反撃ができなくなる。結果、実力・余力がありながら「敗れた」思い込み、戦闘の継続を断念してしまうのである。戦争では第二次世界大戦時、ナチスドイツが周辺諸国に仕掛けた「電撃戦（ブリッツクリーク）」が顕著な例だ。海賊の襲撃方法も、実は電撃戦と軸を一にしている。

一例として、フィリップ・ジャガンの『海賊の歴史』（増田義郎監修　後藤淳一、及川美枝訳　創元社）から、1920年に黒海で起こったフランス客船スイラ号襲撃事件を見てみよう。記録を残しているのは、同船に乗り込んでいたジャンティゾンという新聞記者である。

「スイラ号に対する攻撃は、戦争時の巧妙な奇襲作戦のように、入念に計画されたものだった。9時ちょうどに船に乗り移った海賊たちは2、3人のグループに別れ、船のあちこちに散らばった。船長をはじめ、副船長、電信技士、乗員たちは、あっという間に制圧された。海賊たちは手始めに、乗客たちの動揺をさそって浮き足立たせるため、ピストルを乱射した」

絵に書いたような、奇襲（船内への乗り込み）→機動（船内各所への散らばりと制圧）→恐慌（銃の乱射による乗客の動揺）という流れである。バッカニアの項で紹介したピエール・ル・グランによるスペイン財宝船襲撃（P076参照）を思い出した方もいらっしゃるだろう。ただ、「電撃戦」という語は前述したように、ドイツ軍の戦い方を指すから、そのまま海賊の襲撃方法に転用するのは難があろう。だから、「電撃戦」的襲撃と呼びたい。海賊の襲撃例を見ると、古今東西、ほとんどが「電撃戦」的襲撃である。

恐怖の演出

「電撃戦」的襲撃を成功させるポイントは、相手に恐怖心を抱かせることだ。恐怖心は身体を萎縮させ、人をデクの棒にしてしまう。「蛇ににらまれた蛙」状態といっても良い。こうしてしまえばあとは、煮て喰おうと焼いて喰おうと好き勝手にできる。さきにあげた黒海の襲撃例では、銃を乱射して乗客の恐怖心を煽っている。

さて、ここからしばらく、海賊たちが如何にして相手の恐怖心をあおりたてたか？　について見ていこう。

恐怖の演出　―追跡

追跡は演出ではないが、人々の恐怖をあおり立てるには抜群の効果があった。追跡された側の恐怖については、戦国時代に日本を訪れたイエズス会宣教師ルイス・フロイスが記した『日本史』中に生々しい記述がある。追跡を受けたのは、巡察使ヴァリニャーニの一行である。一行は天正9年（1581年）織田信長（1534年〜1582年）に謁見するため、大量の贈り物を携えて九州の豊後（大分県）から、瀬戸内海を畿内に向かった。この報せはアッという間に広まり、海賊衆たちは手ぐすねをひいて待ち構えた。中央公論社の『フロイス　日本史』(松田毅一・川崎桃太訳) から、一行が海賊船の追跡を受けたくだりを引用しよう。場面は、航行を渋る船頭をヴァリニャーニが説得し、堺に向けて走りだした直後である。

「海賊どもは、伴天連（宣教師のこと）たちの船が直航することが判ると、主として、我らの船よりもはるかに大きい彼らの（船隊の）うちの二隻が、猛烈な勢いで（我らを）追跡し始めた。この状況であった時に、風が凪ぎ、皆は櫓（漕ぎ）

に変えた。我らの船（上）の人々は、盗賊たちが追って来ているのを見て、一同少なからぬ恐怖に駆られた。そして兵士たちは、戦おうと談合し、その間、水夫らは一段と漕ぐ手を速めたので、船はあたかも飛んでいるように見えた。だが我らを追跡してくる者どもも、それに劣ることなく、漕ぎ手にひけをとらぬばかりか異常な速度で我らに迫って来た」

船は堺の港に入ったところで海賊船に追いつかれてしまう。一行は海賊と話合いの末、贈り物のうちから何品かの品を渡して納得してもらい、ようやく上陸している。

恐怖の演出　―威嚇行為

音の駆使による威嚇である。銃声、メチャクチャに鳴らす楽器の不協和音（大物海賊になると楽士を乗り込ませていた）、蛮声…。イングランド王国（イギリス）のプライベーティアはメガホンを使い「停船」を呼かけている。接舷すると「衝撃」が加わった。武器で相手の船の舷側をガンガンと叩くのである。

恐怖の演出　―残虐行為

残虐な海賊も、残虐でない海賊も「残虐」という風評を重んじた。というのも、残虐という評判が広まっていれば、戦う前から、相手をデクの棒にすることができるからだ。残虐で知られたバッカニアのフランシス・ロロノア（P087参照）について、スペイン人は、「ロロノアに会うくらいなら死んだ方が増し」と言い合っていたという。ここまでくると、戦う前から「勝負あり」になる。

恐怖の演出　―ど派手な格好

普通の乗組員はさほどでもなかったが、船長は戦闘に臨んで、威圧効果を増すため好んで派手な服装をした。たとえば、フランス人海賊のルイ・ル・ゴリフ。この男は戦闘中に尻の肉半分を吹き飛ばされていたため、仲間うちでは「ボルニューフェス（半分の尻）」と呼ばれていた。このゴリフが回想録中で次のように記している。

「(ベネズエラのカラカスを襲撃した際のこと）むろんのこと、私は先頭にたって進んだ。ベルトをしめ、豪華な高いブーツをはき、羽根をさした帽子をかぶり、ピストルを腰に、剣をわきにさしてして……」(『図説海賊大全』ディヴィッド・コーディング

リ編　増田義郎監修　増田義郎・竹内和世訳　東洋書林）

こういう男が先頭に立ってまっしぐらに進んできたら、だれもが仰天して怖くなる。

ど派手な格好といえば、エドワード・ティーチ（P226参照）を忘れてはならない。実名よりも「黒鬚」というあだ名の方がよく知られているこの海賊は、「悪魔の申し子」とか「恐怖という名の海賊」といわれ、カリブ海や北アメリカ大陸沿岸の人々を恐れさせた。

ティーチがそこまで恐れられた理由は、彼が本物の狂人であったことに加え、戦闘に臨んだときの格好がすさまじかったからである。黒鬚というあだ名通り、ティーチは伸び放題の鬚がトレードマークになっていた。鬚はアゴだけではなく、頬全体からたれ下がっていたといわれる。鼻の下にも鬚を蓄えていたから、顔全体が真っ黒な鬚で覆われていたことになる。ティーチはこの長い鬚をいくつもの房に編み、リボンを結んでいた。

これだけでも狂人丸出しの恐ろしさなのに、戦闘ともなると、よく煙が出るように工夫した火縄を帽子や編んだ鬚の下に結びつけた。よく鬚が燃えなかったものだと感心するが、黒鬚に覆われた顔全体がさらに黒煙に覆われ、その奥で血走った眼がギラついている様を想像していただこう。ティーチは恐怖を演出する手腕にかけては、古今東西の海賊中No.1といっても良いだろう。

【黒鬚ティーチの恐ろしい姿】

恐怖の演出　―待ち伏せと夜襲

海賊は襲撃の前にさまざまなトリックを用いて、相手の船をだますことがあった。目的は、相手を茫然自失の状態にするためだ。こうなってはもうアウト。あとは海賊どもにされるがままになってしまう。ここからは海賊が襲撃の際に用いたトリックを見てみよう。

航行中、いきなり海賊船が現われたら、だれでも茫然自失するだろう。待ち伏せは、海賊たちが多用したトリックである。大海原では無理だが、多島海や入り江の多い海では、優れた襲撃方法であった。夜襲も多用された。古代ギリシアの海賊は、夜襲をかけるときオールを布でまき、水音がしないように近づいたという。

恐怖の演出　―偽の航路標識

カリブ海では航行中の船の襲撃するほかに、偽の航路標識を置いて不注意な船を海岸まで誘い込み、積荷を掠奪する海賊がいた。こういう方法で海賊行為を働くものたちは「ラッカー（難破させる者）」と呼ばれた。「雄弁家」とあだ名されたサミュエル・ベラミーは海賊稼業に入った当初、よくこのトリックを使ったという（ディヴィッド・コーディングリ前掲書）。

恐怖の演出　―船の速力を落す

海賊のトリックのひとつに、自分たちの船の船尾にロープでしばった空の樽を吊るして曳航し、わざと速力を落す方法がある。猛スピードで追ってくる船には起きる警戒心も、ノロノロ航行している船に対しては起きにくい。なかには「なにか困ったことが起こったか？」と、自分から近寄っていく御人好しの船長もいる。こうなると思う壷だ。海賊は獲物が近くなると樽を曳航していたロープを切断。一気に襲いかかるのである。

恐怖の演出　―偽装

偽装も、海賊たちがよく用いたトリックのひとつである。偽装の仕方はさまざま。たとえば、救助の要請。乗組員や武器などをうまく隠し、数人の海賊が如何にも難儀している水夫を装って、獲物と見定めた船に対して救助を求めるのである。獲物が間近にきたら、正体を現わして船を制圧するという具合だ。

服装による偽装も行われた。たとえば、獲物と見定めた船がスペイン人の船だったとしよう。すると海賊たちはスペイン人の格好をして、これ見よがしに甲板に立つ。相手の船が安心して近づいてきたらしめたもの。一気に襲撃に移るのである。バルバリア海賊のウルージが、ローマ教皇の財宝船を襲撃した際、このトリックを用いて成功したことはすでに紹介した通りである（P039参照）。なお、オーギュスト・フランソワというフランスの画家の作品に、海賊が女性や普通の市民の服装をして、獲物を誘き寄せている絵がある。この絵にあるように、女性や普通の市民に化けることもあったろう。

恐怖の演出　―国旗の掲揚

港に船が入ってきたとしよう。マストに掲げているのは自国の旗。ところが、船から降りてきたのが海賊どもとなったら、たいていの人は茫然自失としてしまうだろう。獲物と見定めた船や植民地なりに、その国の旗を掲げて近づく方法は海賊が多用した襲撃方法である。その最たる成功例は1683年、バッカニアによって行われたベラクルス（メキシコ湾にのぞむスペインの植民都市）遠征だ。このときロレンス・ド・グラーフ、シュヴァリエ・ド・グラモン、ファンホルンといった連中は、スペインの国旗を掲げて堂々と入港。大掠奪を行っている。

恐怖の演出　―海賊旗

航行中、近づいてきた船がいきなり海賊旗を掲げたら、だれもが激しい恐怖に襲われるだろう。シュール・デュ・シャストレ・デ・ボアという17世紀の旅行者は、地中海でバルバリア海賊に襲われた際の恐怖を記している。

「オランダの旗が消え、マストと船尾楼はいっせいにあらゆる色のタフタ（織物の名前）旗でおおわれた。そこには星、半月、太陽、交差した剣、その他の模様が刺繍してあった」（ディヴィッド・コーディングリ前掲書）

海賊旗といえばヨーロッパ人の海賊が使った「ジョリー・ロジャー」が有名だが、海賊旗はヨーロッパ人海賊の専売特許ではない。今、紹介したようにバルバリア海賊も使っているし、中国の海賊、日本の倭寇にも海賊旗はあった。前期倭寇の船が中国大陸沿岸・朝鮮半島沿岸で「バハン船」と呼ばれて恐れられたのは、「八幡大菩薩」という旗印を掲げていたことによる。八幡を「はちまん」と読まず、「バハン」と読んだのである。

ところで、有名なジョリー・ロジャーの語源についてだが、

フランス語のジョリー・ルージュ（いやらしい赤の意。血の色を指す）が語源

悪魔を意味するオーロド・ロジャーが語源

というふたつの説がある。ただ、海賊旗を最初に使った海賊は、ウインヌというフランス人海賊だった（『海の昔ばなし』杉浦昭典　日本海事公報協会）から、恐らく、フランス語が語源になっているかと思われる。

デザインは海賊によってさまざまだが、「骸骨」「砂時計」「武器」のいずれかが必ず描かれている。もちろん、3つすべてを画いたジョリー・ロジャーもある。骸骨は死、砂時計は刻々と死に近づいていく時間、武器（剣か槍）は力を意味している。

ジョリー・ロジャーに限らず、海賊旗は海賊にとっては自らの象徴であり、襲われる側にとっては海賊たちの最後通告を意味した。海賊旗が海賊船に翻ったが最後、獲物として狙いをつけられた船は、全面降伏か徹底抗戦かを選ばなければならなかった。

【さまざまなジョリー・ロジャー（海賊旗）】

ジャック・ラカムの海賊旗

エドワード・イングランドの海賊旗

クリストファー・ムーディの海賊旗

海賊たちの武器

続いて、戦闘行動と武器についてザックリと見てみよう。海賊の戦いは「上陸強襲」か「船vs船」のいずれかにしぼられる。

ヴァイキングの上陸強襲

上陸強襲はすべての海賊に共通している戦闘スタイルだが、ここでは上陸強襲のエキスパートであるヴァイキングの襲撃パターンを見てみよう。

迅速な敵地乗り込み

相手があわてふためいているうちに掠奪

迎撃部隊が到着する前の退去

以上3点が彼らの襲撃の基本であり、浅瀬・河川の航行に適したヴァイキング船が、この襲撃法を可能にした。ただ、まれに引き上げが間にあわず、迎撃部隊と交戦するはめになることもあった。そんなとき彼らは、「楯襖」を作って応戦した。これは楯をつけたり重ねあわせたりして防御壁を作り、敵を迎え撃つ方法である。小高い丘など、守りに適した場所で行う場合、抜群の威力を発揮した。

銃撃

火器の発明以降、銃撃・砲撃は洋の東西を問わず、海賊たちの戦闘行動に大いに用いられた。数いる海賊のうち、とりわけ銃撃の名手だったのは初期のバッカニアたちである。彼らは狩猟と肉の加工業（P084参照）から海賊に転職？した人々だから、銃の腕前は確かだった。

戦術としては、商船に接近して操舵手と帆を張っている水夫を射殺してしまったといわれる。揺れの激しい船の上から、しかも、重くて長いマスケット銃で命中させるのだから神業といって良かろう。狙撃の腕の披露は、相手の船の乗組員たちから戦意を喪失させるのに役立った。

【マスケット銃の撃ち方】

1.　銃口から火薬を注ぎ、弾を入れたら、銃身に付属している棒で押し込む。

2.　着火薬をパン（火皿）に注ぎ、ふたにもなっている打ち金を閉じる。

3.　引き金を引くと、打ち金と撃鉄部分の石がぶつかって火花が飛び、着火薬に引火、銃身内の火薬にも引火して弾丸が発射される。

砲撃

財宝船を襲撃する際には、大砲は威嚇目的で使われた。というのも、積荷ごと沈没させては話にならないからだ。一方、追跡船との戦闘では遠慮なく撃った。ただ、砲弾も火薬も高価であったから、稼ぎの少ない海賊たちはもっぱら銃に頼った。

【大砲の撃ち方】

図では省略しているが、火薬の装填や掃除、砲の移動など、1台あたりの大砲員は少なくと4、5名は必要だった。熟練すると2〜5分で次の発砲ができた。

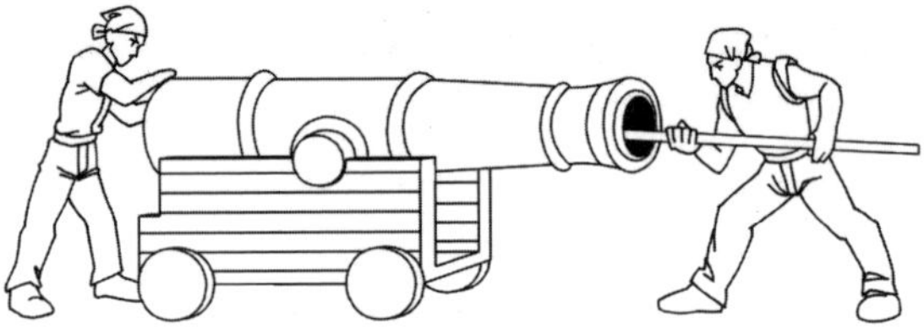

1. 発砲後は、砲内の火の粉を取り除く。掃除が済むと、砲口から砲弾と火薬が装填され、砲尾では導火線を作る作業が行われる。

2. 1が終わると、発射位置までロープやてこを使って大砲を動かす。位置に移動したら、同じロープやてこを使って狙いを微調整する。

3. 導火線への着火は、フリントロック式のものと、火縄式のものがあった。図は、引き金綱を引っ張って着火するフリントロック式。

【主な砲弾】

球形砲弾
球形の重い玉。鉄製になる以前は、石や鉛の砲弾もあった。

鎖弾
鎖でつないだ玉。マストや帆を破壊する目的で使われた。

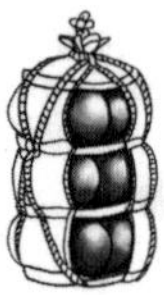

ぶどう弾
対人殺傷用の散弾。拳大の鉄球を数個、布の袋でくくったもの。カリブ海の大物海賊バーソロミュー・ロバーツ（P228参照）は、このぶどう弾で倒されている。

勝敗を決める白兵戦

船に乗り移っての白兵戦もまた、洋の東西を問わず、共通の襲撃行動である。海賊たちの目的は船の沈没ではなく掠奪にあったから、白兵戦は襲撃行動の仕上げであった。

白兵戦で多用されたのは、剣である。剣は海賊によってさまざまだ。カリブ海・大西洋の海賊たちが使ったカトラス、日本の海賊たちは日本刀を使ったし、バルバリア海賊たちは大きく湾曲した刀を、中国の海賊たちは青竜刀を愛用した。

多くの海賊たちが活躍した時代の小銃・ピストルは、一発しか撃てないものがほとんどだった。そのためピストルは、2挺から4挺は携帯した。小銃は撃ったあとは棍棒のかわりとした。重量があるから、殴りつけたときの破壊力は抜群だった。また、斧・短剣も白兵戦で活躍した。

ヴァイキングの武器

【ヴァイキングの剣】

ヴァイキングは、身幅が広く肉厚の刃を力強くふるって戦った。

【ヴァイキングの斧】

船上で扱いやすい小ぶりの斧が好まれた。刃が下側に長いものを髭斧という。

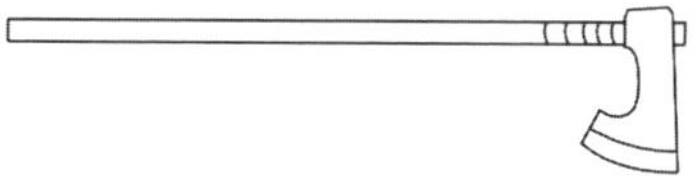

【ヴァイキングの槍】

槍の柄はかなり長いものだった。刃以外の部分には細かな幾何学模様が彫られたものもある。

【ヴァイキングの兜】

ヴァイキングの兜というと、2本の角のものを想像されるかも知れないが、実際にかぶっていたのは単純なつくりのものだった。

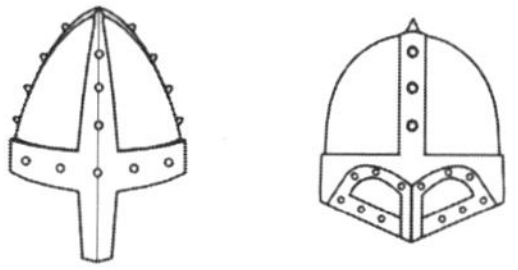

【ヴァイキングの盾】

直径約60センチの盾は、何枚かの板を並べたもの。中央にはカップ状の金属で握る部分がつくられている。

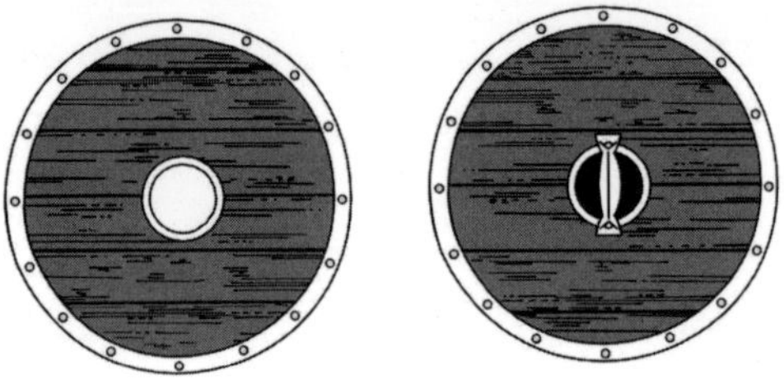

大西洋・カリブ海の海賊たちの武器

【ハンガー（上）とカトラス（下）】

狭い甲板の上で激しい打ち合いのために、短く幅広の剣が好まれた。カトラスは、バッカニアが考えた出したものともいわれるが、15世紀頃に原型が見られる。カトラスの語源はラテン語のクルテル（ナイフの意）、ハンガーの語源は同じくアラビア語でナイフを意味するハンジャルである。

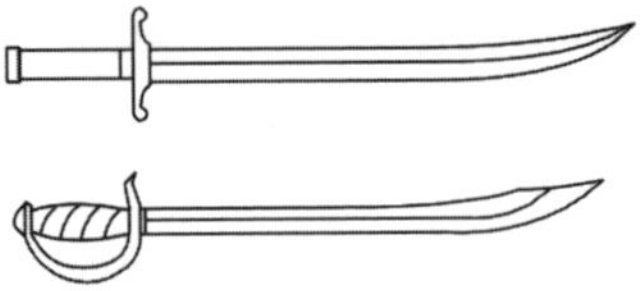

【斧】

刃の部分で相手を切るだけでなく、大型船に乗り移る際、鋭くとがった部分を舷側にひっかけてよじ登った。またマスケット銃の銃床を柄に再利用したものもあった。

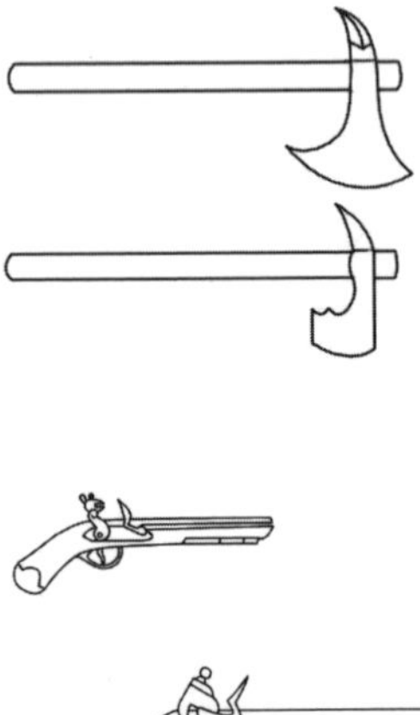

【マスケット銃】

マスケット銃とは、先込式の銃のこと。火縄銃もマスケット銃の一種だが、水に弱い上に重かったため、海賊が用いたかどうかは疑問だ。実際に海賊が用いたのは、17世紀後半にフリントロック式（火打ち石）という着火方式が開発されてからだろう。銃身の短いピストル（上）と銃身の長い小銃（下）がある。

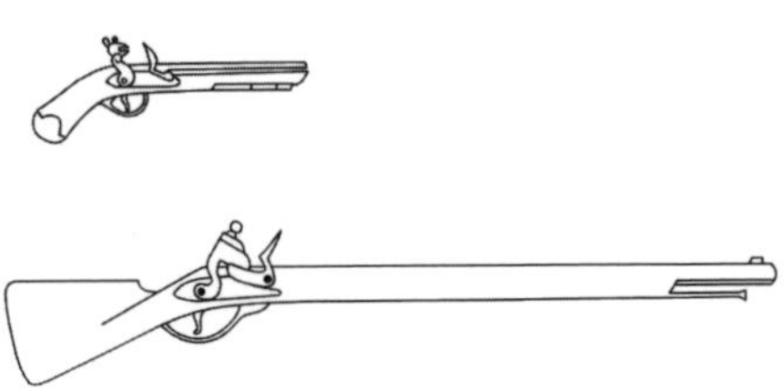

【スラングショット（上）とビレーピン（下)】

海賊は身近にあるものを何でも利用した。スラングショットは、網状の部分に小石などの重りを入れて投擲用武器としたもの。ビレーピンは帆を張る際に使う道具だが、戦闘時には棍棒の代わりとなった。このほか、船底についたフジツボや海藻をこそぎ落とす道具なども、戦闘に用いたようだ。

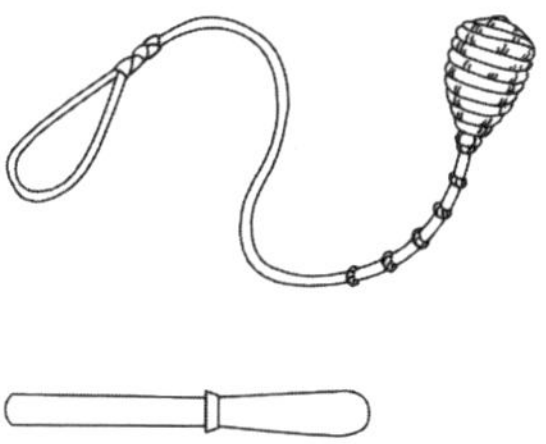

日本海賊の武器

【藻外し（上）と船槍（下)】

藻外しは、農耕用の鎌を長い柄につけた薙鎌（ないがま）という武器が原型。基本的には、舵などに絡んだ藻を取るために使われるが、もちろん戦時には武器となった。鎌槍の一種である船槍は、相手を突くだけでなく、引っかけて海に落としたりできるよう、鎌状の刃が下向きについている。

【日本刀】

日本刀は、明朝末期から清朝時代の中国でも使われた。明の軍隊は、槍の穂先を切り落とす日本刀の性能に手を焼いた。

【弓】

日本の倭寇が用いたであろう合成弓。1本の木から削り出す丸木弓であはなく、竹と木を組み合わせて強化したもので、有効射程距離が200メートル前後と2倍近く伸びている。

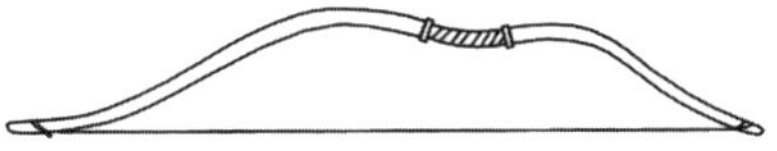

【焙烙（ほうろく)】

焙烙玉とも呼ばれる。銅製の球形容器に火薬をつめたもので、爆風による殺傷能力以外に船を燃やす効果もあった。手榴弾のように投げて使ったり、木製の大砲で打ち出して用いた（焙烙火矢)。

3. Rules and Penal regulations
掟と罰則

海賊たちの掟

海賊にだって規律はある

チャールズ・ジョンソン（P096参照）の『海賊史』から、カリブ海・大西洋で鳴らしたバーソロミュー・ロバーツ（P228参照）の言葉を紹介しよう。

「まっとうな船に乗り組んだら食い物は僅かで給料も安いうえに仕事はきつい。それにくらべてこの商売は腹いっぱい食えるし楽しみや安楽、自由と力がある。いちかばちかの仕事をしくじったところで、すこしばかり苦汁を飲む思いをすればすむことさ。どっちの稼業が得か勘定するまでもなかろう。楽しく短く生きるのが俺の主義さ」（邦訳『イギリス海賊史』朝比奈一郎訳　リブロポート）

ロバーツのいうように、海賊は自由である。しかし、海賊とて人間集団である以上、一定の規律を守ることが要求された。このロバーツも掟を契約書の形で乗組員に示している。新入り乗組員たちは、聖書の前で誓いを立て、ロバーツの眼前で契約書にサインした上で船に乗り込んだ。前掲書から掟の一部を見てみよう。

○重大事項の決定は投票による。乗組員は一人一票を持っている

○戦利品として得た食料・酒に関しては、全員が平等な権利を持ち、いつでも自由に楽しむことができる。ただし、食料不足で節約が必要とされる場合は、この限りではない

○捕獲した船には乗組員全員が、乗員名簿にしたがって秩序正しく乗り込むものとする。正規の分け前以外に、衣服を取り替えることは認める。ただし、食器・宝石・現金を着服した者は、無人島への置き去り刑にする

○仲間から盗みを働いた者は、被害者が犯人の耳と鼻を傷つけたあと、無人島ではないが、難儀する島に置き去りにするものとする
○賭けごとは絶対禁止とする
○8時過ぎたら寝ること。それ以降に酒を呑みたいときは、甲板に出て呑むこと
○武器の手入れを怠らないこと
○女や子どもを船体につれ込んではならぬ。女をたぶらかし、男装させて船内につれ込んだものは死刑にする
○戦闘中に逃げ出したり、持ち場を離れた者は死刑か置き去り刑とする
○船上での争いは厳禁。決着は上陸のうえ、決闘によってつける
○だれ一人として、分け前が1000ポンドに達するまでは船をおりてはならない
○勤務中に障害を負った者に対しては、共同募金から補償金を支払う
○船長と操舵手の分け前は、一般乗組員の2倍。甲板長と砲術長は1・5倍。その他の上級船員は1・25倍とする
○楽士は安息日には休息して良い。それ以外の6日間は、特別な計いがあるとき以外は無休とする

負傷者に対する補償

内容に関して2～3補足しておこう。先ず、武器の手入れ云々だが、これに関しては海賊たちは契約を良く守った。みな磨きあげたピストルや剣を自慢しあい、とりわけみごとな武器は競売にかけられたという。

次に、女性のつれ込み云々に付随して。捕獲した船によっては、女性が捕虜となることもあった。女性捕虜の扱いについては海賊によってさまざまだった。安全に上陸地まで連れていかれることもあれば、悲惨な目にあうこともあった。また、海賊によっては女性も容赦なく殺害した。

海賊同士の決闘についても述べておこう。どうしても和解しない場合は、上陸させた上、操舵手立ち会いのもと決闘に及んだ。双方ともピストルを手に一定の距離をおいて背中合わせで立ち、操舵手の合図で触り向きざまに撃ちあうのである。これで決着がつかないときはカトラス（剣）での勝負に移り、先に相手を傷つけた方を勝ちとした。

注目してほしいのは、負傷者に対する補償がキッチリと定められている点だ。これはカリブ海ではバッカニア以来からの伝統であった。アレクサンドル・オリヴェール・エクスクェイメリンの『アメリカのバッカニア』（邦訳『カリブの海賊』石島晴夫編訳　誠文堂新光社）から、負傷者への補償を見てみよう

右腕を失った場合…600ペソまたは6人の奴隷

左腕を失った場合…500ペソまたは5人の奴隷

右足を失った場合…500ペソまたは5人の奴隷

左足を失った場合…400ペソまたは4人の奴隷

片目を失った場合…100ペソまたは1人の奴隷

指一本失った場合…100ペソまたは1人の奴隷。

すべて海賊がロバーツのように契約書を交わした訳ではないが、大海賊ほど契約と内容の遵守を徹底していたようだ。契約内容は海賊によって異なるが、だいたい似たようなものではなかったと推察される。たとえばジョージ・ラウザの契約内容を見ても、

仲間を傷つけた者

臆病者

戦利品隠蔽者

賭けごとや詐欺をした者

に対しては、「船長および乗組員多数の判断に基づく処罰」が課せられることを明記している。負傷者（四肢のいずれかを失った者）に対する補償額は150ポンド。分け前の比率はロバーツと同じである。

興味深いのは、

○助命を乞われた場合はそれを許可するものとする

という条項だが、ラウザは名うての残虐海賊だったから、多分、お飾り程度の約束事だったろう。また、

○最初に獲物を発見した者には、当該船中で発見した最良のピストル若しくは小火器を与える

という特典を設けているところに「獲物がなければ報酬なし」という海賊稼業の大変さがにじみ出ている。面白いのは、ジョン・フィリップという海賊が設けた、「船上でピストルを撃ったり、パイプのキャップをせずにタバコを吸ったり、火のついたロウソクをカンテラに入れないで持ち歩いた者は39回の鞭打ち刑にする」との掟。船体が木造である上に、火薬も大量に積んでいるから、火の始末は要注意であったのだろう。

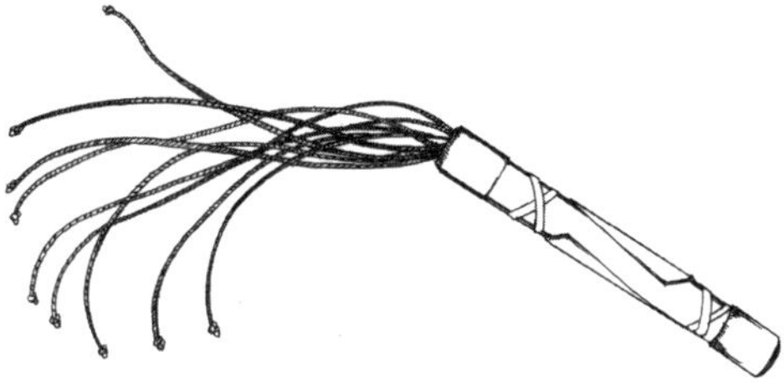

【九つの尾の猫】

イングランド王室海軍で使われた鞭。ロープをほどいて細くした縄の先端に結び目をつくって威力を増している。

中国海賊と村上水軍の掟

東洋の海賊も見てみよう。先ず、19世紀に中国大陸の南方沿岸域で猛威を振るった海賊連合艦隊の場合（P152参照）。鄭乙の死後に総司令官となった鄭夫人は、苛烈な規則を海賊たちに強いたことで知られている。要点を並べると、

○上役の命令に従わない者は斬首

○自分勝手に命令を出した者は斬首

○組織の金をくすねた者は極刑

○食料をいつも提供してくれる村で盗みを働いた者は極刑

○女性の捕虜を強姦した者は極刑

○合意の上で女性捕虜と姦通した者は斬首。女性捕虜は海に沈める

となろうか。このほかにも鞭打ち刑、手枷足枷刑、四裂き刑などさまざまあったようだ。

日本の村上水軍は、合戦に出る前、水軍守護神をまつる神社の前で、「出船前申渡誓詞条々」を唱えてから出撃した。現代語に要約して述べると、

「忠義第一に覚悟を決め、臆病なく、軍令を守り、勝手な働きをしないこと。敵への内通があれば親兄弟といえども告げること」

「戦働きの評価は公平に吟味した上で、賞罰をとらせる。また、家長が討ち死にした場合には、例外なく子息に家名をつがせる」

「敵が戦術として船を引くときがあるが、このときは船を近づけてはならない。また、抜け駆けをしてもならない。敵に接近しても味方に鎖鎌・熊手などの武器がないときは、敵船に乗り移ることを禁じる。戦闘中は敵の首を取らず、切り捨てるように。ともかく、敵船を乗っ取ろうと躍起になって、自分の船を乗っ取られないようにせよ」

「合戦が長引くようなときは、鑿入れ（相手の船に穴を開けること）をしろ。引き太鼓の合図があったら、敵を討ち取る寸前であっても戦闘をやめて後退するように。相手の船の防御が堅くて乗り移れないようなときには、焼き討ちか鑿入れのチャンスを狙うべし」

「後退するときの船の扱いはなにより難しい。一身をなげうつ覚悟であたるべし」

となろうか。最後は、

「右の五ヶ条に背くものは神罰を被り、厳罰に処せられても怨まないこと」

と締めくくられていた。

以上、西洋と東洋の海賊の掟をザッと並べてみた。ときに「自由」というイメージが強い海賊だが、自由なのはあくまで、陸の法律・権力・規律に対してであって、内部の規律にはがんじがらめに縛られていた。

海賊たちの処罰法

もっとも恐れられた処罰は？

次は処罰法だが、これは掟書きのなかでもすでに示されている。すべての罰についてダラダラ述べても意味はないので、ヨーロッパ人海賊たちがもっとも恐れた置き去り刑について詳しく解説してみたい。

インド洋の海賊の項でも触れているように、海賊を「マルーナー」と呼ぶことがあるが、これは海賊たちが「置き去り刑（マルーン）」を多用したことにもよる。置き去り刑は、

無人島への置き去り

獰猛な原住民がいる島への置き去り

という2ケースがあったようだ。無人島に置き去りにされた場合には、孤独感と飢餓に苦しんだ果てに死に、獰猛な原住民がいる島では原住民に殺されて死んだ。先にロバーツの掟で「無人島ではないが、難儀する島」とあったが、それはこうした島への置き去りのことかと思われる。ただ、置き去りにされたのは、乗組員ばかりではない。「不適格」とされた船長が置き去り刑にされることもあった。

船長の置き去り刑というと不思議に感じるかも知れないが、これは海賊船の船長が仲間内から選ばれた存在であることによる。軍艦・私掠船・商船では艦長・船長の立場は絶対であったが、海賊船の場合には「いつでも解任と追放可能」を条件に、ひとりに海賊に指揮を委ねているに過ぎなかった。船長が命令権を発揮するのは、

戦闘に際して

獲物の追跡に際して

敵から追跡を受けた際

捕虜の扱い方の決定

の4点のみであった。確かに広い部屋を持ち、良い食器で食事をしていたが、それも船員が船長にそれらのことを許した結果であり、乗組員が船長の食器を使うこともあったし、船長室には誰でも入っていくことができた。船長に毒づくものもいれば、食事中に乱入し、つまみ食いしていく食いしん坊もいた。

かような状況だから、求心力を失った船長はたちまち解任された。解任の理由はさまざまだ。たとえば、エドワード・イングランドという海賊は、アフリカ沖を航行中、「捕虜に優しすぎる」との理由で船長を解任され、モーリシャス島に置き去りにされている。

なお、海賊船では操舵手（船の舵取り）が、乗組員の代表とされていた。操舵手は乗組員の管財係ともいうべき役目である。食料・戦利品の分配、苦情処理と広範囲にわたる仕事をしており、立場的には船長とほぼ等しかった。そのため分け前の規定でも、取り分は船長と同じであった。

◆海賊船での階級・役職◆

船には船長をはじめとして、さまざまな役職や仕事内容がある。海賊船も船である以上、一般の船と同様の役職と仕事内容があった。役職は海賊団の大きさによっても異なるが、最小限度の役職区分は、

船長
操舵手
甲板長
一般船員

となろうか。

船長はご存じのように船の統率者。操舵手はすでに説明したように、船の舵取りをする一方、乗組員たちの管財係ともいうべき任務を果たしている。わかりやすくいえは、総務と経理の責任者なろうか。しかし、それだけに乗組員たちの信頼も厚く、権限はほぼ船長と同等であった。

甲板長とは、乗組員をとりまとめ役のこと。おそらく、古参の乗組員などが当たったものと思われる。

もっとも、さきに述べたように、これはあくまで最小限度の役職区分である。大所帯になればなるほど、さまざまな役割分担があったはずである。たとえば、医師。『アメリカのバッカニア』の著者であるアレクサンドル・オリヴェール・エクスクェイメリンが、医師兼理髪師として海賊船に乗り込んだことは、バッカニアの項で説明した通りである。また、ウィリアム・ダンピア（P230参照）の記録からは、ライオネル・ウェイファーなる人物が医師として海賊船に乗り込んでいたことが記されている。これらの人は特殊技能者であるから、掠奪品の分け前に関しても、一般船員よりは高かった。

医師以外では、コック、船長お抱えの音楽士を載せている船もあったし、大砲を搭載している海賊船では砲術長がいた。また、船体修理のための船大工を抱えている海賊団もあったと推察される。

ロビンソン・クルーソーのモデル

ところで、置き去り刑といっても、素っ裸にした上で放り出した訳はない。最低限の身の回りの品だけては提供された。ジョン・フィリップスという船長は、

水1瓶

銃1挺

火薬1瓶と弾丸

を与えたというが、他の船長もだいたい同じであったようだ。銃は獲物を捕るよりも、「苦しくなったらこれで死ね」というメッセージ込めて渡されたのかも知れない。置き去り刑にされたら最後、生き残ることはかなり難しかった。

だが、置き去りにされても、なんとか生き延びて救出された海賊もいた。スコットランド出身のアレクサンダー・セルカーク。イギリス王国の作家ダニエル・デフォーが1719年に発表した『ロビンソン・クルーソーの生涯と冒険』のモデルとなった人物である。

セルカークが無人島に置き去りにされたきっかけとなったのは、ウィリアム・

ダンピア（P230参照）との航海である。1703年5月、セルカークはチャールズ・ピカリング指揮の私掠船サンク・ポート号に乗り、アイルランドのキンセイル港を出た。サンク・ポート号はダンピア指揮の聖ジョージ号と合流。スペイン船襲撃のため、太平洋に向かった。船がブラジルに差しかかったとき、ピカリングは死亡。副長のトマス・ストラドリングが新しい船長となった。

この人事は乗組員全員にとって不幸だった。ダンピアは一個の航海者・探検家としては優れていたが、統率力を決定的に欠いており、およそ船長には不向きな人物であった。ところが、ストラドリングは、ダンピアに輪をかけて船長に向かない男だったからだ。

置き去りにされたセルカーク

2隻の船は南米大陸最南端のホーン岬を回って太平洋に入り、1704年2月、チリ沖のファン・ヘルナンデス諸島にたどりついた。ファン・ヘルナンデス諸島は、1563年（1574年との説も）スペイン人航海者ファン・ヘルナンデスによって発見された、3つの小島からなる諸島である。この島には、スペインのガレオン船が船体の修理や、食料・水の確保のためときどき寄港している。ダンピアとストラドリングは、この島でスペイン船を待ち伏せする腹積もりだった。しかし、両船の乗組員とも、両船長の無能さにうんざりしていた。セルカークはストラドリングに意見した。「ダンピアと別行動をとるべきだ」と。だが、この提言によりセルカークはストラドリングの恨みを買い、島に置き去りにされてしまうのである。手元に残された品は、衣類と寝具、小銃、少しの火薬、弾丸、たばこ、ナイフ、手斧、薬缶、日用品少々と、聖書を含む何冊かの書物だけだった。

だが、セルカークは運が良かった。飲料水には事欠かない上に、ウミガメ、ロブスターほどもあるザリガニ、かつてスペイン植民者たちが持ちこみ繁殖したヤギ、食用カブラと食べ物も豊富であった。

発見されたセルカーク

『ロビンソン・クルーソー』では、主人公のクルーソーは獰猛な人喰い人種に対する警戒を常に怠らない設定になっているが、モデルとなったセルカークがもっとも警戒したのは、ときどき島に立ち寄るスペイン船だった。ファン・ヘルナンデス諸島はスペインの領土である。見つかったら不法侵入者として処罰されてしまう。彼は、島の奥に家をつくり、スペイン人を警戒しながら4年4ヶ月、島で暮らした。

セルカークが救出されたのは1709年2月。ウッズ・ロジャーズ（P134参照）が率いるイギリス王国の私掠船隊が島に寄港した際のことである。ヤギの毛皮で作った衣服、伸び放題の髪とヒゲ。異様な人間の出現に、さすがの荒くれの男たちも仰天したようである。ロジャーズはセルカークが船に乗り込んできたときの様子を、『世界巡航記』（平野敬一・小林真紀子訳　17・18世紀大旅行記叢書　岩波書店）のなかで次のように記している。

「長い間、英語を口にしていなかったので、彼の英語自体がすっかり錆びついてしまい、彼が何かしゃべっても片言のように聞こえ、われわれには意味が通じないほどだった。また、彼にお酒を少量すすめてみたが、それを口をつけようとしなかった。島では水しか飲んでいなかったからである。飲み物はとにかく、食べ物にしても、われわれが口にするものを彼が賞味できるようになるまでには、かなり時間がかかった」

4年4ヶ月の無人島生活により、すっかり野生化？　してしまったセルカークの様子がよくわかる。ロジャーズの船にはダンピアが乗っていた。彼はロジャーズの船隊に、水先案内人兼航海士として乗り組んでおり、ロジャーズとともに3度目の世界周航に挑戦している最中だった。過去の経緯はどうあれ、ダンピアとの再会はセルカークにとって幸運だった。ダンピアはセルカークの身分を証明する証人となったばかりでなく、ロジャーズに「サンク・ポート号では、とびきり優秀な船員であった」と推薦してくれたのである。これによってセルカークは、航海士としてロジャーズの私掠船隊に加わることになり、無事、イギリスに帰国することができた。

なお、ファン・ヘルナンデス諸島の3島のうちふたつは、この出来事に由来した名前で呼ばれることがある。諸島の主島となっているマス・ア・ティエラ島は、ロビンソン・クルーソー島。2番目に大きなマス・アフェラ島は、アレハンドロ・セルカーク島である。

4. Life
生活

海の上の海賊たち

海賊たちの年齢層

ここからは海賊の暮らしぶりについて紹介していきたいと思う。ただ、章の冒頭でもお断りしたように、世界の海賊の生活をダラダラと書き連ねても意味はないので、海賊の代名詞でもあるカリブ海・大西洋の海賊に焦点を当ててみたい。

まず、最初に知っておきたいのは海賊の年齢層だ。小説や映画では白鬚を蓄えた老海賊が登場してくることがあるが、歳をとった海賊は滅多にいなかった。18世紀初頭の調査では50歳の海賊の報告例があるが、これは稀なケースである。

海賊は24時間勤務である。マストの上に乗って重い帆を操作し、水で濡れてゴワゴワになったロープをたぐり、獲物がいないか見張り、浸水があれば何時間でも必死で排水ポンプを回し……。加えて、船内は非衛生的である。ネズミはあちこちを走り回るし、船底には汚水がたまっていた。同居？しているのはブタ、ヤギ、ニワトリといった食料用の家畜。動物の体臭と排泄物の臭いに、汗臭い男たちの体臭も加わり、船内には鼻が曲がりそうな臭気が立ちこめていた。

かような生活環境で重労働に従事するのだから、海賊稼業も大変だ。高齢者の海賊がいないのは、こうしたハードな航海生活に耐えられなかったからである。また、戦闘による死、事故死、病死（とくに後述する壊血病）、遭難死が日常の世界であったから、高齢になるまで生き残れる海賊はいなかった。

かような訳で海賊の平均年齢は25歳。30歳を越えればもう立派な中年だった。植民地総督が発した指名手配書からは、10歳くらいの少年がいたことがわかる。おそらく、浮浪児が食べ物ほしさに海賊の一味に加わったのだろう。

航行中の食生活

航海中の海賊たちは、ほとんど肉ばかり食べていた。掠奪品と引替えに肉を手に入れることもあったし、沿岸の村を襲って豚・山羊などを手に入れることもあった。また、無人島に立ち寄って狩猟をし、新鮮な肉を補給することも多かった。ウミガメの肉は海賊たちの大好物だった。捕まえたウミガメは、生きたままいちばん下の船倉に、ひっくり返して入れておいた。カメは逆さにされると自力でもとに戻れない。だがら、逃げる心配がないという訳だ。

肉を喰いつくし、カメもとれないという段になってはじめて、ビスケットをかじった。しかし、このビスケットいう代物がまた大変な食べ物だった。陶器でできているかと思うほど硬いうえに、すぐに蛆がわいた。死んだ大きな魚をビスケットを入れた袋の上に乗せ、蛆を魚の方に誘き寄せてとりのぞく方法もあったが、時間がかかるため、猛烈に腹が減っているときには、蛆も一緒に食べるしかなかった。蛆のなかでも頭が黒くて大きな蛆は、ひんやりとしていた。味は甘くも苦くもなかったという。

【蛆虫のわいたビスケット】

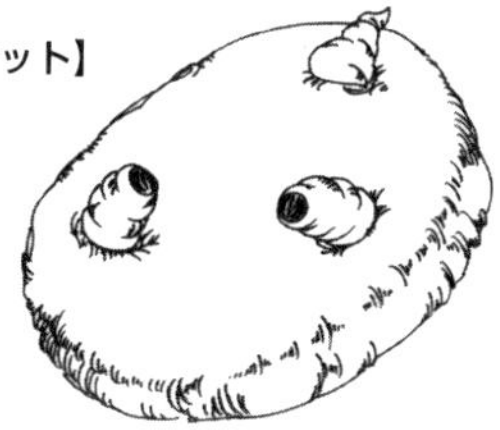

蛆虫の除去方法
1. ビスケット袋の上に魚をのせる。蛆虫が魚を食べようとはい出してくる。
2. 魚が蛆虫でいっぱいになったら、新しい魚にかえる。
3. 蛆虫がいなくなるまで1と2を繰り返す。

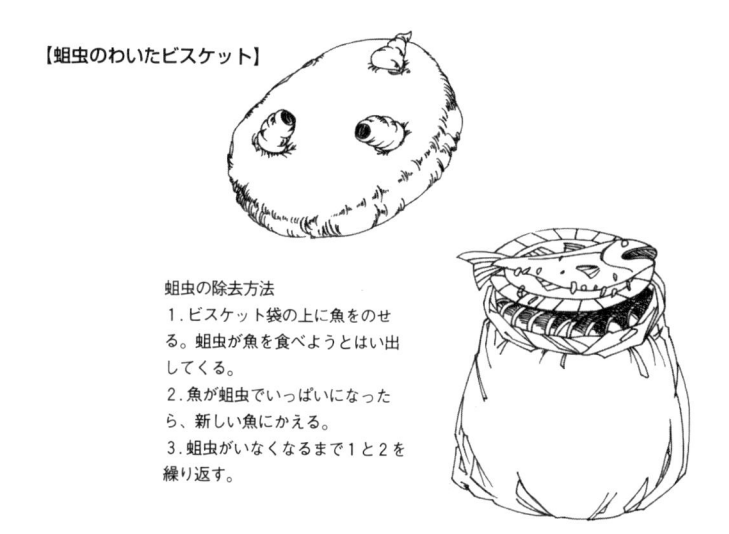

食料が不足すると……

重労働の連続であるから、海賊たちは食欲も旺盛だ。そのため食料の補給がうまくいかないと、海賊船はたちまち食料不足に陥った。こうなるともう、食べられるものはなんでも食べた。ネズミは船の食料をたらふく喰って太っていたから、格別のごちそうだった。ネズミを喰い尽くすと、ネズミの糞まで食べたという。

アレクサンドル・オリヴェール・エクスクェイメリンは、『アメリカのバッカニア』(邦訳『カリブの海賊』石島晴夫編訳　誠文堂新光社) のなかでヘンリー・モーガン (P220参照) が空腹に耐えきれず革袋を食べたことを記している。モーガンは1670年、太平洋岸にあるスペイン人の植民都市パナマ市を占領しているが、パナマ地狭横断中に食料不足に陥り、スペイン人が捨てていった食料運搬用の革袋を食べた。食べ方についてエクスクェイメリンは次のように記している。

「まず革を薄く細切れにすると、石で叩いたりこすったりして柔らかくする。それから水に漬けていっそう柔らかくした後でしばらく煮込むのである。こうして料理された革をさらに細く刻んで水と一緒に飲み込めば、とりあえず空腹を満たすことができるというわけである」

いよいよ食べ物がつきると、人肉を食べたようである。死んだ仲間の死体があればそれを食べたが、死者がいない場合は船長が第一の餌食になった。船員たちを飢えに陥れた責任という訳である。ウィリアム・ダンピア (P230参照) によれば、太平洋航行中飢餓に陥ったバッカニアたちは、船長のスウォンを食べようと計画を練ったという (『図説海賊大全』デイヴィッド・コーディングリ編　増田義郎監修　増田義郎・竹内和世訳　東洋書林)。

恐ろしい壊血病

かような食生活をしていれば、病気になるのは当たり前である。現に戦闘、処刑、事故などで命を落す海賊以上に、壊血病で命を落とす海賊が多かった。

壊血病はビタミンCの欠乏によって起こる病気である。壊血病にかかると、まず顔が青白くなり、目が落ちくぼみ、歯ぐきか軟らかくなって歯が抜ける。そのあとは体力低下と疲労感、極度の筋肉痛、眼球の飛び出し、下痢などが起こり、しだいに手足がむくんでくる。むくみが全身に広がるようになるともうアウト。

あとは死ぬだけである。

船乗りたちは経験的に、新鮮な野菜や果物を食べていると壊血病にかからないことを知っていたようである。しかし、いかんせん日持ちのする食べ物ではない。だから、補給がきかなくなると、壊血病がたちまち蔓延した。

壊血病が克服されたのは18世紀。イギリスのジェームス・クックが南方大陸(註1)探検の航海を試みたときである。探検家であるのと同時に優れた科学者であったクックは、ビタミンCの補給源として、保存のきくザウアークラウト（キャベツの酢漬け）を大量に積み込んだ。船乗りたちは最初、嫌がって食べようとしなかったが、クックと士官たちが率先して食べたこともあって、徐々に食べるものが出はじめた。すると大変な人気となり、しまいには配給制に切り替えたという。結果、船乗りたちは壊血病にかかることなく、健康体で航海を続けることができた。

【壊血病にかかった海賊の顔】

南方大陸（註1）

古代ギリシア時代から18世紀に到るまで、南半球にあると信じられていた伝説の大陸。未知の南方大陸（テラ・オーストラリアス・インコグニタ）と呼ばれていた。地理学者たちが南方大陸の存在を考えたのは、「北半球に巨大な陸地がある以上、南半球にも匹敵するだけの陸地があるはず。だからこそ、地球はバランスを保っている」という理論ゆえだ。大航海時代以降、多くの探検家が南方大陸の幻影を求めて航海を続け、最終的にはクックの3度にわたる探検航海の末、南方大陸伝説に終止符が打たれた。

大酒呑みばかりが揃っていた

海賊と酒は切っても切れない関係であった。航海中は水替わりにビールとワインを飲んだ。これはある意味仕方のないことだった。というのも、木の樽に貯めた水はすぐに腐り、緑色の得体の知れない液体になってしまったからである。海賊たちがとりわけ好んだのは、ラム酒である。ことに「悪魔殺し」と呼ばれる強いラム酒を好んだようだ。陸上にいるときは、この強いラム酒を浴びるように毎日飲んでいた。

かような酒の飲み方をして、平気でいられる訳がない。実際、数多くの海賊が酒が原因で病気になった。アルコール中毒、肝臓病etc。そして数えきれないほどの海賊が、酒で命を落した。

酒を飲まないと怪しまれた

海賊のなかには「いつでも酒が飲めるから」という理由で海賊になった者もいた。とにかく海賊船では、酒は乗組員たちのいちばんの潤滑剤だった。だから、酒が底をつくと大変なことになった。イライラ、いがみあい、怒鳴りあいが起こり、反乱にまで発展することもあった。読みの深い船長のなかには、そうした事態に備えて、予備のラム酒を用心深く隠しておいた者もいたという（『海賊の歴史』フィリップ・ジャガン著　増田義郎監修　後藤淳一・及川美枝訳　創元社）。

しかし、あまり酒を飲みすぎるのも考えものだった。というのも、船の操縦はもちろん、獲物の発見、討伐隊との交戦すらできなくなってしまうからである。実際、乗組員全員がベロンベロンになっていたため、御用になった海賊船もあった。とはいうが、酒を控えることもあまりよくなかった。しらふでまじめな顔をしていると、船長や仲間たちから「なにか良からぬことを企んでいるのではないか」と勘ぐられたからである。

上陸した海賊たち

酒と女ですっからかんに……

首尾よく掠奪に成功し、大金を手に意気揚々と港町に引き返すと、海賊たちのやることは決まっていた。酒、女、博打《ばくち》である。

海賊たちは足腰が立たなくなるまで呑んだ。ロッシュ・ブラジリアーノの酒癖の悪さはすでに記したが（P091参照）似たような海賊は、たくさんいたに違いない。

女たちは海賊がばらまく金目あてに集まり、海賊たちと乱痴気騒ぎをした。海賊たちもまた、危険を冒して稼いだ金を湯水のように女たちに与えた。

ばくちに興じた海賊は悲惨だった。酒で理性も計算も麻痺した状態で賭けるから、まず負けた。また、イカサマ賭博にも簡単にひっかかった。牧場をひとつ買えるくらいの大金を一晩のうちに失い、シャツ一枚すらなくなった海賊もいたという。

船体修理と次の航海準備

しかし、乱痴気さわぎだけに興じていることはできなかった。次の航海に備えて武器弾薬、食料の補給もしなければならななかった。また船員の補充が必要なときもあった。志願者がいれば良いが、そうでないときは騙して連れてきた。徴収の係が港町で、これは！　という人間に声をかける。いちばん良いのは、港町の事情を良く知らない田舎者だ。海賊などということはおくびにも出さず、船に連れていくと、船長は紳士的な態度で接する。ワインを与え、高い報酬を約束する。これを本気にして乗り込んだらアウトである。ウィリアム・ダンピア（P230参照）によれば、この方法で誘われたニワトリ商人は、勇躍して船に乗り込んだところ、周囲を海賊たちに囲まれ、呆然としていたという。

海賊が上陸後にしなければならない仕事のひとつに船体の修理があった。船体でいちばん痛みが激しいのは船底である。そのため船体修理は、船を横倒しにして行われた。

まず、すべきことは船底にこびりついたフジツボと海藻の除去。フジツボがあると水との摩擦が多くなり、船のスピードは極端に鈍る。だから、ぜひとも削ぎ落しておかなければならなかった。フジツボを除去したあとは、フナクイムシを除去した。フナクイムシとは体長10センチほどのミミズに似た軟体生物のこと。船底を喰いあらし、穴を開けてしまう恐ろしい生き物である。無数に取りついていたため、船底を焼くしか退治方法がなかった。フナクイムシ退治が終わると、タールに硫黄やグリスを混ぜて塗った。この船底修理は、上陸したときばかりでなく、航海中も無人の浜を見つけてはしばしば行われた。

【船の修理道具】

船の修理は、下の斧で海藻やフジツボをこそぎ落とした。それから舟板の隙間を埋めるためにコーキングという作業が右の道具類を使って行われた。板の隙間は麻くずで埋められ、ピッチ（タール）を流し込んで固められた。

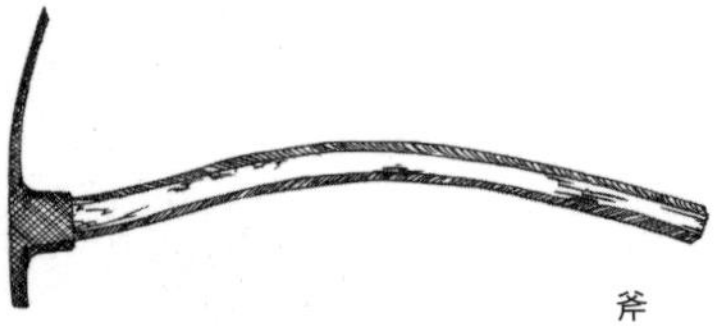

斧

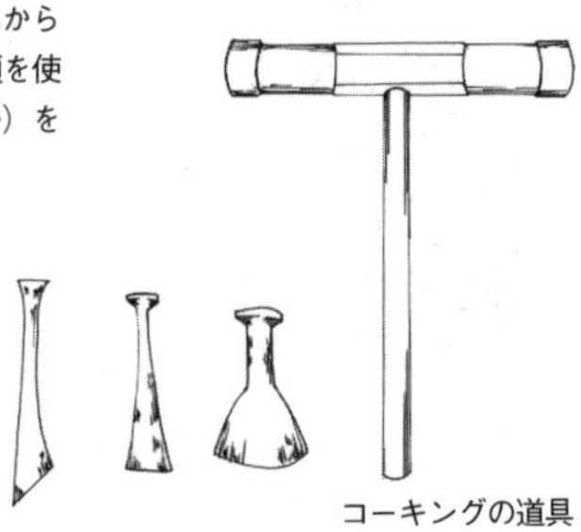

コーキングの道具

第3部

海賊人物伝

王女から海賊となった伝説的な美女海賊

アルヴィルダ
Alwilda

profile

○異名＝特になし
○活動場所＝北海・バルト海？
○活動時期＝5世紀なか頃
（生没年：不明）
○出身地＝ユトランド半島？

伝説的のベールに包まれた女海賊

アルヴィルダは5世紀のなか頃に活躍したとされている、伝説的女海賊である。以下、伝承の語るところによって、彼女の生涯を紹介してみたい。

――アルヴィルダは、ゴート族の王シーヴァルドの娘として生まれた。幼い頃から慎ましく、美貌を備えており、男の欲情をかきたてないように、常に衣服で顔を隠しているように躾られた。その一方、父親は娘を人々から遠ざけて監禁同然の環境に置き、クサリヘビを娘に与えて育てさせ、成長したヘビに娘の貞操を守らせようとした。その上で王は次のように宣言した。

「娘の部屋に入ろうとして失敗した者は、首を切り落とした上、串刺しの刑にする」

ヘビの護衛がついている上に、処刑されてはたまらない。アルヴィルダの処女をうばいたいと願っていた男たちも、諦めざるを得なかったが、アルブというデーン人の美青年海賊が求婚者として名乗り出た。

海賊に豹変したアルヴィルダ

アルブの求愛に対してシーヴァルドは、

「娘がお前を望むのならば受け入れよう」

と答えた。アルヴィルダも、危険を顧みずに名乗り出たアルブの勇気を盛んにほめた。しかし、アルヴィルダの母親が猛烈に反対し、

「お前は相手の男の容姿に心をうばわれて、貞操心を失っている。美や魅力だけを見て、相手の本当の価値を判断していない」
と、娘をなじった。

母親に叱られたアルヴィルダは、アルブを強く軽蔑するようになった。同時に彼女自身も豹変した。女の服装を捨てて、男の衣装をまとうや海賊となったのである。彼女と心を同じくする女性の多くが、アルヴィルダのあとを追って海賊となった。

アルブの腕のなかに

女海賊団を率いて暴れ回っていたアルヴィルダは、ある日、死んだ首領を弔っている男の海賊の一団に出くわした。海賊たちはアルヴィルダの美貌に打たれ、「首領になって欲しい」と訴えた。アルヴィルダは了承し、彼らの首領となった。一方、アルブはアルヴィルダを追って苦しい航海を続けていたが、フィンランドの湾内でアルヴィルダ指揮の海賊船団と遭遇する。

アルブは劣勢であったが先制攻撃をかけ、アルヴィルダ座乗の船に乗り移り、僚友のボルカルとともに敵をなぎ倒しながら、アルヴィルダに迫った。ボルカルが彼女の兜を叩き落とし、アルブが彼女を捕らえた。アルブはアルヴィルダから男の衣装をはぎ取り、女性の衣装に着替えさせた。アルブはアルヴィルダを妻とし、グリータという娘を設けた。ボルカルはアルヴィルダの侍女グロアを妻とし、ハラルドという男児を設けた――

前述したようにアルヴィルダは、伝説的存在であるが、女海賊として、海賊史上に名前をとどめている。

“かぶ飲み屋”とあだ名された食料補給隊《ヴィタリエンブリューダー》首領

K・シュトルテベッケル

Klaus Stoltebecker

p r o f i l e

○異名＝かぶ飲み屋
○活動場所＝バルト海・北海
○活動時期＝14世紀末期
（生没年：?～1400年）
○出身地＝バルト海の港湾都市ロストク

反乱を起こして海賊に転身

クラウス・シュトルテベッケルは、交易船乗組員としてニシン輸送などに携わっていたが、1380年頃、海賊に転身した。きっかけは船上での反乱。船乗りへの待遇があまりにひどいのに加え、雇主から侮辱を受けたことに憤激。船長と雇主を海に叩き落して船を奪取し、海賊となった。敏腕な船乗りであり、指導力・組織力・勇敢さを備えたシュトルテベッケルのもとには、ゴデケ・ミヒェルセン、ヴィクバルトといった優秀な部下が集まった。ヴィクバルトは、七自由科（文法、修辞、論理、算術、幾何、天文、音楽）と呼ばれる学問の修士であったと伝えられる。

ゴートランド島（P073参照）を拠点に据えると、“男鬼”マンティフェル、“凶漢”モルトケといった、当時、バルト海で恐れられていた海賊も合流。シュトルテベッケルは、海賊団の指導的地位を占めるようになる。

大胆不敵な食料輸送作戦

シュトルテベッケルのあだ名は“がぶ飲み屋”。ビールが好きでいつも浴びるように飲んでいた。捕虜には牛角の大ジョッキにビールをなみなみと注いで強要。4杯以上飲めばヨシ、飲めないときは首を斬り落したと伝えられている。

このシュトルテベッケルの名前を一気にあげたのは、1389年のストックホルムへの食料輸送作戦である。この年、スウェーデンとノルウェー・デンマークの間で戦争が勃発する。ストックホルムを包囲されたスウェーデンは、ハンザ同盟のリーダー都市リューベックに救援を求めた。というのも、ストックホルムはハンザ都市と関係が深く、大半がリューベック出身者で占められていたからだ。

しかし、都市同盟という性格上、迅速な艦隊派遣という訳にはいかない。そこでリューベックは、シュトルテベッケルに、ストックホルムへの当座の食料輸送を依頼。シュトルテベッケルはこれに応じた。敵対関係にある海賊とハンザ都市が手を結んだ裏には、何らかの取りひきがあったと推察される。ともかく、海賊船団は複数回にわたる食料輸送作戦に成功し、ヴィタリエンブリューダー（食料補給隊）という異名を与えられることになる。この名称は以後、海賊団の呼び名として定着する。

利用され捨てられた海賊たち

シュトルテベッケルたち海賊団の後ろ盾となっていたのは、ハンザ同盟に反感を抱く諸侯・騎士団である。彼らはハンザ同盟都市と対抗上、海賊を利用。また、海賊たちから掠奪品の一部を吸い上げ私腹を肥やしていた。しかし、ハンザ都市の追及が厳しくなり、自らの立場が危うくなってくると、アッサリと海賊たちを切り捨てた。

孤立した海賊団は1400年、ハンブルク・ブレーメンを中心とする海賊討伐艦隊の前に敗北。シュトルテベッケルは捕縛されて、斬首刑にされた。かつて英雄的な働きをした海賊の最期を一目見ようと、刑場には群衆がつめかけたという。

偉大なる航海者でもあるエリザベス女王公認の大海賊

フランシス・ドレイク

Francis Drake

p r o f i l e

○異名＝エル・ドラコ（エル・ドラゴ）
○活動場所＝大西洋・太平洋
○活動時期＝16世紀なか頃
（生没年：1543年〜1596年1月28日）
○出身地＝イギリス南西部デボン州

奴隷密貿易者から海賊に

ドレイクは船乗りだった父親の影響を受け、少年時から帆船での下働きを開始。20代のなか頃、遠縁にあたるジョン・ホーキンズの船団に入り、奴隷の密貿易に従事するようになった。西アフリカで黒人奴隷を安く仕入れ、新大陸のスペイン人に高値で売りつける商売である。ホーキンズが考え出したこの商売は、当初はうまくいっており、エリザベス女王もスポンサーのひとりとなった。

しかし、1568年、メキシコのサン・ファン・デ・ウルーアでスペイン艦隊の攻撃を受け、ホーキンズの密貿易船団は壊滅状態になってしまう。新しくメキシコ副王となったマルティン・エンリケスなる人物が、イングランド王国との密貿易に嫌悪感を示したためであった。新大陸での密貿易の道が閉ざされた以上、新大陸でイングランド王国が稼ぐ手段は、私掠船による海賊行為しか残されていなかった。

太平洋略奪航海へ

ドレイクの海賊としての活動は、1571年に開始された。スペインの植民地に襲撃をかけ、カリブ海を行き来するスペインの船を襲った。とりわけ、1573年の銀強奪作戦は特筆される。

「太平洋側のパナマで陸揚げされたペルーの銀が、大西洋側のノンブレ・デ・ディオスに陸上輸送される」
という情報をつかんだドレイクは、入念な計画のもとに待ち伏せ作戦を敢行。5万ポンド以上の銀を奪うことに成功したのである。

ドレイクが世界周航計画を打ち上げたのは、1576年である。銀強奪に取り組んでいる最中、太平洋を望見したことが周航計画の動機になったようだ。翌年の春、エリザベス女王に謁見したドレイクは、太平洋航海の許可を得ると、11月、世界周航航海に出発した。

船は旗艦ペリカン（のちにゴールデン・ハインドと改名）をはじめとする5隻。18ヶ月分の食料と大量の武器弾薬が積まれていた。

太平洋での財宝船の捕獲

船隊は大西洋を南下し、無事にマゼラン海峡を通過するが、太平洋に出たところで猛烈な嵐に遭遇。船隊は散り散りになってしまう。行方不明になる船、本国に帰還する船なども出、結局、旗艦のゴールデン・ハインドだけが南アメリカ大陸の太平洋岸を北上。スペイン船やスペイン人植民地を次々と襲った。

ドレイクが得た獲物のなかでとりわけ大きかったのは、サン・フランシスコ沖で捕獲した財宝船カカフエゴ号であり、18万ポンドの金銀、大量の宝石、砂糖などがドレイク船隊の船倉に収まった。ちなみに、カカフエゴ号を捕獲する際に、ドレイクは船の速度を遅くして相手を油断させるトリック（P185参照）を利用している。

ドレイクと遭遇したスペイン人の多くは、単身、スペインの領海に等しい太平洋に乗り込んできたドレイクに、畏敬の念を抱いたようだ。捕らえられた後に釈放されたスペイン船の船長は、
「部下の統制力に優れ、精悍で、眼光鋭く、短気な皮肉屋ではあるが、全体的に好感の持てる人物」
という主旨の回顧談を残している。

エリザベス女王も認めたアイルランドの海賊女王

グレイス・オマリ
Grace O'Malley

p r o f i l e

○異名＝特になし
○活動場所＝大西洋北部
○活動時期＝16世紀後半
(生没年：?〜1603年)
○出身地＝アイルランド西岸のコナハト地方

アイルランドが生んだ海賊女王

グレイス・オマリはアイルランドが生んだ海賊女王であり、同国では「グラニュウェール」という名で知られている。

グレイスはアイルランドの西岸、クルー湾一帯を支配していたウール王国のドゥダラ・オマリと妻マーガレットの間に生まれた。

15歳のとき地元の族長のひとりと結婚。しかし、夫が粗暴で無能であったため、グレイスが夫に代わって支配地域の経営を行った。夫が死亡し、新しい族長が立てられると、グレイスは帰国。彼女のリーダーとしての資質に惚れ込んでいた男たちが、これに従った。

無敵のグレイス・オマリ海賊船団

グレイスは、ウール王国の稼業である武装交易商人の道に入った。拠点としたのは、クルー湾に浮かぶクレア島。グレイスは父親から船を借受け、従う男たちを率いて海に乗り出していった。グレイスの海賊船団は、高度な航行機能を持つガレー船の船隊であった。グレイス座乗の船は、30本の櫂と帆を備えており、船上にはグレイスを護衛するため優秀な射手が100人、待機していた。

グレイスは北大西洋の荒波をものともせず、海賊行為にいそしんだ。イングランド王国の船は格好の標的であり、多くの財宝や物資がアイルランドに運ばれた。

グレイスは船上では、男以上の能力を発揮した。嵐に見舞われ、木の葉のように揺れる船上で、常にもっとも勇敢な船乗りはグレイスであった。

グレイスはまた、船上で出産もしている。加えて、その翌日、戦闘で陣頭指揮に立ち、襲撃をかけてきた敵を追い払っている。グレイスはまさに“海の女”であった。

エリザベス女王との対決

グレイスは海賊として活動するかたわら、イングランド王国との戦いにも心を砕いた。イングランド王国が、アイルランドを徐々に侵食していたからである。グレイスの執拗な海賊行為は、レジスタンスの意味も含まれていた。しかし、有力部族が割拠するアイルランドと、エリザベス女王の叱咤のもと、躍進するイングランド王国とでは国力に差があり過ぎる。グレイスもしだいにおいつめられ、1592年、グレイスの息子ティボット・ネ・ロングが、イングランド王国に対する反乱容疑で逮捕されてしまう。

翌年、グレイスはエリザベス女王に「一連の海賊行為は一族を守るため行った、陸と海での保全行為」と記した嘆願書を差し出し、エリザベス女王と対面した。海上覇権国家の女性指導者と、アイルランドの海賊女王の間で如何なる会話が交わされたか？

詳細のほどはわからない。しかし、エリザベス女王がグレイスに「陸と海における保全行為」に戻ることを許可し、また、息子の釈放を命じたことからすると、グレイスはイングランド王国に従う旨を示したとみえる。グレイスはこのとき63歳だった。

グレイスはその後も女海賊として北大西洋を横行し続け、1603年に没した。

パナマ攻略で名を上げたバッカニア最後の大物海賊

ヘンリー・モーガン

Henry Morgan

p r o f i l e

○異名＝特になし
○活動場所＝カリブ海
○活動時期＝17世紀なか頃
(生没年：1635年～1688年8月25日)
○出身地＝イギリスのウェールズ地方

年季奉公人から海賊稼業に

ヘンリー・モーガンは1635年、イングランド王国のウェールズに生まれている。裕福な家庭に育ったが、家業を次ぐ意志がなく、港町のブリストルに出た。そこでカリブ海のバルバドス島に向かう船に乗り込みんだ。

島では5年間、年季奉公人（P081参照）を勤めた。伯父がジャマイカ島の副総督に任命されると、ジャマイカに移住。やがて仲間同士で船を購入し、海賊活動に従事するようになった。頭脳明晰にして統率力・行動力・決断力に優れていたため、仲間たちが船長に推したという。

モーガンの名前を一躍有名にしたのは、1668年のプエルト・ベリョ（ポルトペロ）に対する襲撃である。プエルト・ベリョ（ポルトペロ）はパナマ地狭に開かれた、カリブ海に臨む港湾都市。新大陸で3番目に大きい町であり、守りも厚い。対して、モーガンのもとに集まった人数は460名。海賊たちも兵力不足を心配したが、モーガンは、

「人数が少なければ少ないほど分け前も多くなる」

と激励し、攻撃を敢行した。襲撃は大成功だった。得た戦利品は現金だけでも25万ペソ。貴重な絹の布地なども手に入った。

パナマ攻略作戦の成功

1671年、モーガンは約2000人のバッカニアを率いて、新大陸最大の都市にして、「全世界最大の金銀市場」といわれた、太平洋岸のパナマ市を攻略している。パナマ地狭を横断して、パナマ市に向かうとき、モーガンはミスを犯した。途中で手に入るものとタカをくくって、食料を携行しなかったのである。お陰で海賊部隊は餓鬼のようになりながら必死で地狭を越えるはめになった。モーガンが革製品を食べたのはこのときである（第2部「生活」の項参照）。

パナマ市の郊外でウシを捕まえて栄養を回復した海賊部隊は、やがてパナマ防衛部隊と戦闘を開始。これを破りパナマ市に乱入した。市民たちは、財宝を隠して密林のなかに逃げ込んでいたが、モーガンらは人々を執拗に追跡して捕縛。拷問にかけて財宝のありかを白状させた。結果、大量の金貨、銀貨、宝石、延べ棒、真珠、絹織物、香辛料などが海賊たちの手にわたった。

植民地副総督として海賊を取り締まる

モーガンのパナマ攻略に対して、イングランド本国は不快感を顕にした。前年に締結されたマドリード条約（P091参照）により、海賊取り締まり強化という条件つきで、スペイン王国から正式にジャマイカ島の領有権を認められていたからだ。

イングランド本国はモーガンに「ナイト（騎士）」の位を与えて、ジャマイカ島副総督に任命。バッカニアの取り締まりを命じた。モーガンは任務をよく果たした。しかし、バッカニアたちはモーガンを「裏切り者」と呼んだ。また、ジャマイカ島総督ヴォーンは、モーガンを毛嫌いし、1683年、モーガンを公職追放処分にしてしまう。以後、失意のモーガンは酒浸りとなり、5年後にアルコール中毒で死んだ。

幸福な生活を捨てて海賊となった男の哀れな末路

ウィリアム・キッド

William Kidd

p r o f i l e

○異名＝キャプテン・キッド
○活動場所＝インド洋
○活動時期＝17世紀末期
（生没年：1645年～1701年3月23日）
○出身地＝イギリスのスコットランド

幸福な結婚生活を捨てて海へ

ウィリアム・キッドは海賊としては2流だ。大海賊としての虚名は、最期が凄惨であったことから作られたイメージに過ぎない。

キッドは最初、公認海賊として私掠船活動に従事していたが、部下が反乱を起こして置き去りされたのを機に真っ当な道に入った。キッドは北米のニューヨークで、美しい、資産家の未亡人と結婚。豪邸に住み、ニューヨークでは名の知られた商人となった。

だが、しばらくすると海に出たくなったらしく、「私掠免状」入手のための運動を開始。結果、ニューイングランド総督ベラモント伯リチャード・クートを仲介者として、イングランド国王ウィリアム3世から、免状を手に入れることに成功する。

これによりキッドは、カリブ海・大西洋・インド洋を横行する海賊たちを捕縛する権限と、敵対するフランス王国の船を襲って荷物を掠奪する権限を得た。私掠船活動であるから、掠奪した戦利品の何割かは、ベラモント伯をはじめとするスポンサーに還元されることになる。つまり、無法者海賊が掠奪した財宝を公認海賊が掠奪し、あわせて海賊を掃討するという航海である。

優柔不断な航海

キッドが向かったのは、インド洋を横行する海賊たちの拠点マダガスカル島（P116参照）である。しかし、海賊たちはすでに航海に出たあとだった。キッドは付近の海を探したが、海賊船の姿は見当たらない。獲物がないのでは、なんのために苦労して航海してきたのかわからない。食料不足も加わり、キッドと乗組員たちの間は険悪になり、やがて乗組み員たちの間から、「海賊をやる」という言葉が漏れるようになった。乗組員のなかには、元海賊の連中も多かったからである。

キッドに船員たちを抑えるだけの統率力はない。キッドは仕方なく、部下たちの不満をなだめるために海賊行為をすることにした。すなわち、私掠免状で許されている以外の船に襲撃をかけはじめたのである。

絞首刑のあとで晒ものに

掠奪品を手にカリブ海に入ったとき、キッドははじめて自分が海賊として追及されていることを知った。しかし、キッドは助かると踏んだようだ。彼は総督らスポンサーたちが弁護してくれると信じていた。

しかし、キッドの読みは甘かった。イングランド本国での政治状況も影響し、スポンサーらは自らの政治生命優先のため、キッドを切り捨てる決断を下していた。なかでもベラモント伯のクートは、ニューヨークでキッドを逮捕して獄につなぐ一方、キッドの海賊行為と自分が無関係である旨を記した弁明書をイングランド本国に送り続けた。

イングランド本国に送還されたキッドは、ロンドンで絞首刑となった。キッドの死体にはタールが塗られ、腐ってバラバラにならないように鉄の輪がはめられた。それから数年間、見せしめのためテムズ河畔にさらされた。

数々の残虐行為で人々を震え上がらせた大西洋最凶の海賊

エドワード・ロウ

Edward Law

p r o f i l e

○異名＝特になし
○活動場所＝カリブ海・大西洋
○活動時期＝18世紀初頭
（生没年：不明）
○出身地＝イギリスのウェストミンスター

12人の仲間と世界に宣戦布告

エドワード・ロウは、生来、凶悪な人間であった。子どもの頃から盗みを働き、町中の少年たちに貢物をさせていたという。彼の家族も極悪人揃いであったというから、これは血筋であろう。ちなみに、ロウの兄は6歳でいっぱしの盗人であり、成長してからは強盗を職業とし、最後は処刑されている。

ロウは成長したあと、船乗りになって北アメリカ大陸にわたり、ボストンの船具店で働いていたという。しかし、やがて主人と仲違いして店を飛び出し、カリブ海に向かった。カリブ海では雇われて、スペイン人から材木を奪う仕事をしていたようだ。しかし、やがて雇主と仲違いしたため、ついに全世界に対して宣戦布告をし、海賊として旗上げをした。一緒に雇主のもとを逃げ出した仲間12人が、彼に従ったという。

残虐行為の数々

ロウには数々の残虐行為が伝わっている。たとえば、ポルトガル王国の船を襲ったとき。船長は海賊の襲撃を受けると、金貨・銀貨を袋に包んで船外に吊るし、抵抗空しく海賊の手に落ちるや、綱を切って金を海中に沈めた。このことを知るやロウは激怒し、船長の唇を切り取って、その場で焼き肉にしてしまった。船長はもちろん船乗り全員が皆殺された。

ロードアイランド沖で捕鯨船2隻を捕獲したときなどは、とくにひどかった。先ず、一人の船長の腹を斬り裂いて内臓を取り出した。もう一人の船長は耳を切り取られた。ロウはこの耳に塩と胡椒をふりかけると、船長に、
「その耳を喰え」
と命じた。船長は黙々と従った。ロウはそれを見ながら、部下たちに乗組員殺害を命じた。しかし、部下たちもさすがにロウの命令を拒否したという。

ロウの危険な微笑み

チャールズ・ジョンソンは『海賊史』のなかで、
「今日まで数多くの海賊がいたが、野蛮さにおいてロウ一味に並ぶものは、イギリスの海賊のうちには他に見当たらない。彼らにとって楽しみは怒りと同じようなものだった。どちらも捕虜が泣き叫び、苦しむことで満足させられるのであった」
と記している。ロウはとにかく、人を殺しまくった。しかも、ひと思いに殺すのではなく、耳を切り落し、裸にして鞭打つなど散々いたぶってから殺した。腹を立てたときも殺し、上機嫌なときも殺した。ジョンソンはまた、
「彼らの笑顔のなかにこそ、危険が潜んでいた」
と記している。多分、満面の笑みを浮かべながら、人の首を斬り落としていたのだろう。

だが、ロウはあまりにも残虐であったので、しまいには部下の反感を買って置き去り刑にされている。小舟で海上に放置されたようだ。後日、フランス人が乗った小船によって救助されるが、「結局、正体がばれて絞首刑になった」と『海賊史』は伝えている。

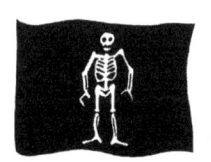

エドワード・ロウの海賊旗

「悪魔の化身」と信じられていた黒鬚

エドワード・ティーチ

Edward Teach

profile

○異名＝黒鬚
○活動場所＝カリブ海・大西洋
○活動時期＝18世紀初頭
(生没年：?〜1718年11月22日)
○出身地＝イギリスのブリストル

たった2年の海賊活動

エドワード・ティーチは1716年、海賊稼業に足を踏み入れた。最初はベンジャミン・ホニゴールドの配下であり、ホニゴールドから1隻の船の指揮を任される形で海に出ていたようだ。しかし、ウッズ・ロジャーズのニュー・プロヴィデンス着任（P104参照）にともなってホニゴールドが降伏したため、袂を分かつ形で独立した。そしてその年の11月、討伐隊との戦闘で命を落とすのである。海賊として活動した期間は約2年。たったこれだけの年月で、凶悪海賊として名を残すのだから、いかに強烈な存在であったかがわかる。

ティーチを有名にしているひとつの要因は、トレードマークの黒鬚。この黒鬚のため、「黒鬚ティーチ」とも、単に「黒鬚」とも呼ばれている。この黒鬚が戦闘の際のアイテムのひとつであることは、第2部で紹介した通りである（P185参照）。

悪魔の化身と信じていた

ティーチを有名にしているもうひとつの要因は、彼が行った凶行の数々だ。凶行は敵ばかりでなく、部下にも向けられた。たとえば、こんなことがあった。

ある夜、部下3人と自室で酒を飲んでいたティーチは、急に2挺のピストルを抜き、撃鉄を起こした。ひとりは逃げ出したが、ハンズという男と舵取りはそのまま飲んでいた。ティーチは蝋燭を吹き消して、引き金を引いた。一挺は不発に終わったが、一弾はハンズの膝を貫いた。ハンズが「なんでこんなことをするんです？」と尋ねると、ティーチは「ときには手下のひとりも殺していねえと、お前たちは俺様が誰か忘れちまうだろうが」といい放った。

以上、はチャールズ・ジョンソンの『海賊史』に記されているエピソードである。なお、このハンズは、スチーブンソンの小説『宝島』に登場するイズレイル・ハンズのモデルとなった海賊である。ともかく、常軌を逸した行為ばかりするため、ティーチの部下たちは「船長は悪魔の化身」と信じていた。ティーチ自身もそう思いこんでいた。

悪魔を引き寄せたのか？

ティーチを倒したのは、イギリス海軍のロバート・メイナード中尉の部隊である。不意をつかれたティーチは悪魔のように戦い、25ヶ所を傷つけられて死んだ。ティーチの首は切り取られ、船首に吊るされた。

最後に『海賊史』が記している、いささかオカルトめいた話を紹介しよう。これはティーチの部下たちが語ったことである。

「ある日、航行中、彼らは乗組員の数が一人多いことに気づいた。この男は数日間船にいて、あるときは甲板の下に、またあるときは甲板に姿を見せていたが、彼が何者なのか、どこから来たのがだれも知らなかった。しかし彼らの船が難破するすこし前に姿を消してしまった。海賊たちは、あれは悪魔だったと、信じているようであった」

ティーチが悪魔を引き寄せたのだろうか？

エドワード・ティーチの海賊旗

3年間で400隻の船を捕獲した18世紀最強の海賊

B・ロバーツ

Bertholomew Roberts

p r o f i l e

○異名＝ブラック・バード
○活動場所＝カリブ海・大西洋
○活動時期＝18世紀初頭
(生没年：1628年〜1722年2月10日)
○出身地＝イギリスのペンブロークシャー地方

海賊に捕まって海賊稼業に

バーソロミュー・ロバーツが海賊になるきっかけを作ったのは、ハウエル・デイヴィスである。カリブ海・大西洋で盛んに稼いでいたデイヴィスは、1720年2月頃、西アフリカ沖でロンドンからギニア海岸に向かっていた奴隷船プリンセス号を捕獲した。ロバーツはこの船に二等航海士として乗り込んでいた。

デイヴィスからロバーツへの働きかけはなかったが、ロバーツはあっさりと海賊の道を選んだ。理由について彼は、「知りあった幾人かの船長の鼻持ちならない横柄な態度から逃れたかったし、また、航海の変化にとんだ生活を愛していたから海賊稼業に入った」と語っている。それから6週間後、デイヴィスは、ギニア湾内でポルトガル人によって殺される。騙し討ちだったようだ。

後任の船長となったのはロバーツだった。統率力・決断力・勇気に優れ、気さくな好男子であったロバーツは、たった6週間で海賊たちの心をつかんでいた。

部下掌握術に優れた大海賊

ロバーツの海賊活動がはじまった。ロバーツはカリブ海・大西洋を中心に暴れまわり、3年間の活動の間に400隻もの船を捕獲した。ロバーツがかように活動できたのは、ひとえに部下の掌握術が優れていたことによる。

チャールズ・ジョンソンは、海賊になるような男たちについて『海賊史』のなかで、

「彼らはほとんどいつも乱痴気騒ぎをしているか、さもなければ酒びたりになっていて、だれもが自分が船長であるとか、君主であるとか、あるいは国王であるとか妄想していた」と記している。こういう男たちが一致団結したときに発する力は察するに余りあるが、普段の統制は生半可ではない。だからこそ、第2部で見たような掟を記した契約書（P194参照）が必要になるのだが、それを守らせるのも一苦労だった。

ロバーツは気のおけない好人物であったが、必要とあればいつでも峻厳な男になり、掟への違反者は容赦なく罰した。不服そうな顔をした者に対しては、高圧的に「上陸して剣なりピストルなりで俺と決闘するが良かろう。俺はそんな奴らを屁とも思わんし、恐れもしない」と言い放ったと伝えられる。

壮絶なる戦死

ロバーツが戦死したのは、1722年2月10日のことだ。ロバーツの海賊船団は、ロペズ岬（アフリカ大陸はガボンの大西洋岸にある岬）の沖あいの小島に停泊中、ロバーツを追跡していたイギリスの軍艦スワロー号の襲撃を受ける。ロバーツは朝食中であり、海賊たちはほとんどが二日酔いでベロベロになっていた。

ロバーツは、真紅のダマスコ織りで作ったチョッキと半ズボンを身につけ、赤い羽毛を飾った帽子をかぶり、首にはダイヤモンドの十字架を吊した金の鎖をかけるという格好で戦った。手には剣、さらにピストルを二挺つり下げていた。しかし、戦闘中、スワロー号の大砲が発射したぶどう弾（散弾）でノドを切り裂かれて戦死した。ロバーツは生前、「死んだら愛用の武器を持たせ、立派に飾って海に投じてくれ」といっていた。部下たちは号泣しながら遺言通りにし、降伏した。

バーソロミュー・ロバーツの海賊旗

3度の世界周航を成し遂げた海賊冒険家

ウィリアム・ダンピア

William Dampier

p r o f i l e

○異名＝特になし
○活動場所＝大西洋・太平洋
○活動時期＝17世紀末期～18世紀初頭
(生没年：1652年～1715年)
○出身地＝イギリスのサマセット州

詳細な観察に基づいた記録を残す

新大陸で木材伐採作業の仕事をしていたが、1679年、バッカニアの群れに加わり、南米大陸の太平洋沿岸での海賊行為に参加している最中、さらなる航海をするためエドワード・デイヴィスの船から、スウォン船長指揮のシグネット(白鳥のひな）号に乗り込んだ。この航海は結果として世界周航（1685年8月～1691年9月）となり、ダンピアはその後、1703年にはイングランド王国の私掠船聖ジョージ号の船長（1703年9月～1707年末）として、1708年にウッズ・ロジャーズ指揮の私掠船隊乗組員（1708年8月～1711年11月）として、あわせて3度の世界周航を成し遂げた。

ダンピアはスウォンの船に乗り込んだ理由について、「別にデイヴィス船長が嫌いになったという訳でなく、このメキシコ大陸の北部について、もっと知りたかったからである」と回顧している。つまりは知識欲と探求心となろうか。このふたつが、ダンピアに3度の世界周航を成し遂げさせた原動力だった。

しかし反面、ダンピアはうぬ惚れ屋であり、人を統率する能力に欠けていた。そのため非難・悪評にさらされ、また、部下虐待で軍事裁判にかけられたりしている。

ダンピアは周航を成し遂げるたびに詳細な記録を刊行している。立ち寄った先の風俗、動植物などを冷静かつ客観的に記し、天候、風、潮流といった航海に必須の情報もくまなく記した。そのため彼の著作は、船乗りたちに絶賛されたという。

情け深さが仇になって置き去り刑に

E・イングランド

Edward England

p r o f i l e

○異名＝特になし
○活動場所＝大西洋・インド洋
○活動時期＝18世紀初頭
（生没年：不明）
○出身地＝アイルランド

乞食となって死んだ海賊

エドワード・イングランドはクリストファー・ウィンターという海賊に捕らえられたのを機に海賊となり、「海賊周航」（P114参照）で大いに稼いだ。しかし、他の海賊船船長より少しばかり情け深かったために、乗組員の反感を買い置き去りにされた。

原因となったのは、1720年のカサンドラ号捕獲である。イングランドのファンシー号は、ジョン・テイラーのヴィクトリー号とともに、マダガスカル島の付近でカサンドラ号を捕獲した。海賊たちは船長のマクレイを殺そうとしたが、イングランドはこれをかばった。両者の論争は「ものすごい頬ひげを生し、腰にピストルをぶち込んだ義足の男」によって終止符が打たれる。突然、船の乗り込んできたこの男は、マクレイと握手をするや、海賊たちをにらみ、
「お前ら。マクレイ船長に手出しするものは俺が相手になる。船長は正直者だし、俺は昔この人と同じ船に乗っていたんだ」と脅した。マクレイ船長の命はこうして助かったが、イングランドは部下たちから「船長不適格」とされ、モーリシャス島（マダガスカルの東にある島）に置き去りにされた。

イングランドは板切れを集めて小船を作り、苦心惨憺してマダガスカルに戻り、乞食をしていたが、まもなく死んだ。なお、マクレイ船長の命を救った義足の海賊は、スチーブンソンの小説『宝島』に登場するジョン・シルバーのモデルとなっている。

臆病な男を射殺した猛烈な女海賊

メアリ・リード

Mary Read

p r o f i l e

○異名＝特になし
○活動場所＝カリブ海・大西洋
○活動時期＝18世紀初頭
(生没年：不明)
○出身地＝イギリスのロンドン近郊

船内でもっとも勇敢な海賊

メアリ・リードは家庭の事情によって、男として育てられた。成長した後、女であることを隠して海軍に入隊。退艦すると陸軍に入り、戦闘のたびに勇敢に闘った。彼女はやがて美貌の将校に一目惚れ。女であることを打ち明ける。二人は結婚し、居酒屋を開いた。

商売は当初、順調だったが、やがて夫が急死。また、戦争のあおりを喰って店もつぶれてしまう。彼女は再び、男装。オランダに行き軍隊に入ったが、やがて除隊。別の道で生計を立てようと新大陸に向かった。その途中、船は海賊に捕まるが、メアリはそれを機会に海賊の仲間になった。1719年頃である。

メアリが乗り込んだのは、ジャック・ラカム（P234参照）の船である。メアリはアン・ボニー（後述）とならんで、ラカム一味のなかでもっとも勇敢な海賊だった。戦闘に際しては男以上に勇猛であり、臆病な者は撃ち殺したという。

1720年10月末頃、ラカムと仲間たちは当局に捕まり、裁判にかけられる。海賊の末路は絞首刑と決まっていたが、妊娠していたため執行は延期された。母親を処刑して、胎児の命を断つことは禁止されていたからである。相手は捕虜となった美貌の青年であった。しかし、メアリは獄中で熱病にかかり、出産前に没した。

処刑前の夫に悪態を吐いた恋多き女海賊

アン・ボニー

Anne Bonny

p r o f i l e

○異名＝特になし
○活動場所＝カリブ海・大西洋
○活動時期＝18世紀初頭
（生没年：不明）
○出身地＝アイルランドのコーク州

ジャック・ラカムの妻

アン・ボニーは気性が激しく、男勝りの性格だった。父親はそんな娘を心配し、一日も早く良縁をと願っていたが、アンは無一文の船乗りと結婚。ニュー・プロヴィデンス島（P096参照）に落ち着く。しかし、ジャック・ラカム（P234参照）と知りあうや、夫を捨てて駈落。海賊稼業に足を踏みいれた。

アンは良い男を見ると途端に燃え上がる、恋多き女だった。そのためメアリ・リードが仲間に加わると、男だと勘違いして早速言い寄っている。メアリが女だとわかるとガッカリしたようだが、やがてふたりは親友となり、もっとも勇敢な海賊となった。

ラカム一味は1720年10月の末頃、ジャマイカのイギリス植民地総督の依頼を受けた私掠船と戦闘の末に捕縛される。このとき最後まで抵抗したのが、アンとメアリだった。ラカム一味を捕らえたジョナサン・バーネットは、「ふたりが戦うさまはヤマネコのようであった」と証言している。

アンはラカムの子を宿していたため、刑の執行は延期された。処刑される直前のラカムと対面した際には、軽蔑のまなざしを向け、

「あのとき、あんたが男らしく闘っていたら、犬みたいに吊るされないで済んだんだよ」と悪態をついたという。

アンは獄中で出産した。末路は不明だが、処刑されなかったことは確かなようである。

酒の飲みすぎがたたったキャリコのジャック

ジャック・ラカム

Jack Rackham

p r o f i l e

○異名＝キャリコのジャック
○活動場所＝カリブ海・大西洋
○活動時期＝18世紀初頭
（生没年：?～1720年）
○出身地＝イギリス（詳細は不明）

キャリコの下着を愛用した海賊

「キャリコ（calico）」とは、更紗（花鳥模様などの模様を描いて染めた綿布）のこと。ジャック・ラカムはキャリコで作った下着を愛用していたため、“キャリコのジャック”と呼ばれていた（本名はジョン。ジャックはジョンの愛称）。

最初、チャールズ・ヴェインの船で操舵手を勤めていたが、ヴェインと仲違いしたのを機に独り立ちした。

ウッズ・ロジャーズのニュー・プロヴィデンス総督就任に伴い、島を脱出。カリブ海の小島を転々と移動しながら稼いでいたが、1720年10月、追跡船により捕縛された。

追跡船が襲撃をかけてきたとき、ラカムと船の男たちは皆ベロベロに酔っていた。そのためまともな反応ができず、船倉に逃げ込んでしまった。メアリ・リード（P232参照）とアン・ボニー（P233参照）は奮戦かたわら、船倉に向かって、「男らしく出てきて戦え」と檄を飛ばし、ピストルを放ってみたが、結局、なす術なく捕まり、最後は妻のアンに罵声を浴びせられ、絞首刑となった。

ジャック・ラカムの海賊旗

残虐さで鳴らしたエドワード・ロウの盟友

ジョージ・ラウザ

George Lowther

p r o f i l e

○異名＝特になし
○活動場所＝カリブ海・大西洋
○活動時期＝18世紀初頭
（生没年：?～1723年）
○出身地＝イギリス（詳細は不明）

追いつめられて自殺した残虐な海賊

ジョージ・ラウザはイギリスの王立アフリカ会社の二等航海士であり、もともとアフリカから黒人奴隷を輸送するガンビア・キャッスル号に乗り込んでいたが、船上で反乱を起こして船を奪取。船名をデリヴァリー号と改めて、海賊稼業に入った。

一時期、エドワード・ロウ（P224参照）を副官としていただけあって、残虐さにおいてはロウに劣らなかった。捕虜は常に残酷に扱い、指の間にゆっくり燃えるマッチをはさみ、骨まで焦がす拷問が得意だったと伝えられる。

ラウザが死んだのは1723年である。ブランキージャ島（現在のベネズエラ沖あいにある小島）という小さな島で、船を傾船修理をしている最中、ウォルター・ムーア船長の商船イーグル号の襲撃を受けた。ムーア船長は、
「交易船がこんな島で船の修理をしているはずはない。これは海賊船に違いない」
と判断して襲ったのである。

不意をつかれ、海賊たちは大混乱。ラウザは観念して自殺。数人の海賊が殺され、残りは捕縛された。

南シナ海を横行した海賊艦隊の女総司令官

鄭夫人

Madam Cheng

p r o f i l e

○異名＝特になし
○活動場所＝南シナ海
○活動時期＝18世紀末期〜19世紀初頭
(生没年：不明)
○出身地＝中国広州？

辣腕を示した未亡人海賊

鄭夫人は鄭乙（P152参照）と結婚する前はシー・ヤンという名前であった。鄭乙と知り合ったのは、広州（現在の広東省）の海岸沿いに浮かぶ小島。売春婦で生計を立てていたとき鄭乙と出会い、意気投合して結婚した。鄭乙の死後は、亡夫の意志を継いで海賊艦隊の司令官に就任。鄭夫人の指揮のもと艦隊は今まで以上に精強さを増していく。艦隊が強くなった理由のひとつは、「掟・罰則」の項でも説明したように、厳格な規律を乗組員たちに課したことにある。そして、もうひとつの理由が鄭夫人の持つ経営手腕だった。

鄭夫人は海賊も「経済」なしには立ちいかないことをよく理解していた。だから、たいていの海賊が陥るどんぶり勘定主義——掠奪したあと大酒を呑み、猛烈に遊んで無一文に近い状態で次の稼ぎに出る——は峻拒した。彼女は掠奪品を商品とみなした。だから、「掠奪品」という言葉は使用厳禁。「積替え商品」と呼ぶことを部下に徹底させた上、品物は逐一、記録をとり倉庫に保管。求めてくる商人に売りさばいた。また、地域住民との間に良好が関係を築くことに勤めた。「住民から掠奪したものは死刑」との規律を厳格に守り、加えて、食料品・生活物資を住民たちから買うことに勤めた。地域住人にとって海賊は、良き顧客となったのである。これにより海賊艦隊は、食糧・武器弾薬・生活物資一般の補給を十分に受けられた。確たる経済基盤を持った組織が戦闘力にも優れていることは、古今東西同じこと。鄭夫人指揮の海賊艦隊が強いのは当然のことだった。

艦隊総司令官までのぼりつめたダンケルクの公認海賊

ジャン・パール
Jean Pall

p r o f i l e

○異名＝特になし
○活動場所＝英仏海峡・北海
○活動時期＝17世紀後半～18世紀初頭
（生没年：1650年～1702年）
○出身地＝フランスのダンケルク

オランダ海軍からコルセイアへ

17世紀、ヨーロッパ各国の私掠船で最も華々しい活躍をしていたのは、フランス王国のコルセイアである。私掠船の活動場所のひとつは地中海（P048参照）。もうひとつの舞台は英仏海峡。北海に臨む港湾都市ダンケルクが、コルセイアたちの拠点であり、ここはまた密貿易の拠点都市でもあった。町は密貿易品や掠奪品にあふれ、気の荒い海賊連中がウヨウヨとしていた。

ジャン・パールはダンケルクで1650年に生まれた。13歳のとき船乗りになり、オランダ海軍で腕を磨くが、1672年のオランダ戦争（フランスがオランダに対して仕掛けた侵略戦争）勃発とともに帰国。コルセイアとして海に出た。パールは敵船捕獲に優れた手腕を発揮し、ダンケルクのコルセイアたちのリーダー的存在となっていく。1678年に戦争が終結するまで、パールが捕獲した船は80隻にものぼったという。この功績が認められ、パールはフランス海軍大尉に任官する。

1686年、フランス国王ルイ14世の拡張政策を脅威とするヨーロッパ諸国は、アウグスブルグ同盟を結び、フランスと対抗。1688年にはフランス王国軍の神聖ローマ帝国領内侵攻により、アウグスブルグ同盟諸国とフランスとの間で戦争が勃発する（ファルツ継承戦争）。海軍軍人でもあるパールは、軍艦と私掠船からなる混合艦隊を編成して、敵国の軍艦・商船を襲いまくった。この功績によりパールは1696年、フランス王国の艦隊司令官に任命される。しかし、翌年、戦争は終結。パールは艦隊司令官としての力量を発揮しないまま1702年に病死する。

オスマン帝国の大提督となった大海賊

K・バルバロッサ

Khayr ad-Din Barbarossa

p r o f i l e

○異名＝特になし
○活動場所＝地中海
○活動時期＝15世紀末期～16世紀なか頃
(生没年：1483年?～1546年7月)
○出身地＝ギリシア（諸説あり）

政治家タイプにして一級の知識人

ハイルッデン・バルバロッサは、ウルージ（P039参照）の弟。兄のウルージが直情径行で英雄的な人物であったのに対し、ハイルッデンは冷徹な政治家タイプにして、6ヶ国語に堪能な知識人であった。

ウルージがスペインに殺されると、ハイルッデンは「単独でスペインに対抗することは無理」と現実的判断を下し、直ちにオスマン＝トルコ皇帝セリム1世に接近。支配地域のアルジェを差し出す見返りとして、帝国の保護下に入る旨を願い出た。これによりハイルッデンはオスマン帝国皇帝の臣下となり、帝国から「アルジェの大提督」に任命されることになる。ハイルッデンはその後、オスマン帝国の威光を後ろだてに、兄ウルージ以上に地中海で暴れ回ることになる。

1538年には、オスマン帝国海軍を率いてキリスト教国の連合艦隊を迎撃。歴史上、プレヴェザの海戦と呼ばれる戦いに勝利を収め、オスマン帝国の威光をさらに高めた。1546年に没するまで、オスマン帝国海軍の最高司令官としての地位を保ち続けた。

「イスラムが抜き放った白刃」と評される勇猛な海賊

ドラグート

DROGOUT

profile

○異名＝特になし
○活動場所＝地中海
○活動時期＝15世紀初頭〜なか頃
（生没年：?〜1565年）
○出身地＝小アジアのカラマニア海岸

バルバロッサ兄弟のあとを継いだ男

ハイルッデンが没したあと、バルバリア海賊はシナーン・パシャとドラグートによって引き継がれた。提督にはパシャがついたが、ドラグートは実戦司令官として、バルバリア地方の艦隊の指揮権を託されていた。

ドラグートは当初、オスマン帝国海軍の軍人であったが、バルバロッサ兄弟の威名を慕って配下となり、ハイルッデンのもとで幾多の実戦に参加。12隻の船団を任される船長となった。

ドラグートは海賊になるために生まれてきたような男であり、キリスト教国側の船と見れば手あたりしだいに襲い、沿岸の町にも執拗に襲撃をかけ、莫大な富を奪った。また、男女問わず多くの人間を拉致し、奴隷とした。

一度、スペイン軍につかまり、3年間、ガレー船の船漕ぎ奴隷とされるが、ハイルッデンが莫大な身代金を支払って取り戻している。その後、キリスト教徒に対する怒りも加わり、彼の海賊活動はさらに激化したが、1565年、マルタ島攻略戦で戦死した。

「イスラムが抜き放った白刃」

とはトルコの歴史家がドラグートに与えた評価である。

インド洋を横行した伝説的大海賊

ヘンリ・エイヴァリ

Henry (John) Every

profile

○異名＝ロング・ベン
○活動場所＝インド洋
○活動時期＝17世紀末期
（生没年：不明）
○出身地＝イギリスのデヴォンシャー州

ムガール帝国皇帝の娘を捕獲

エイヴァリは航海士として商船に乗り込んでいたが、インド洋で大儲けができることに目をつけ、反乱を起こして船を奪取。海賊となってインド洋に向かった。

エイヴァリ一味はインダス河の河口付近でムガール帝国（P112参照）皇帝所有の船を捕獲することに成功する。船内には帝国の高官が数名と、王女が乗っていた。一行はイスラム教の聖地メッカに巡礼に向かう最中、海賊に捕らえられたのだった。このためメッカにもたらされるはずだった膨大な財宝が、エイヴァリ一味の手に入った。その後、エイヴァリは当局の追及を逃れ、アイルランドに潜伏することに成功する。

しかし、良いのはそこまでだった。彼は商人に騙され、財宝を横取りされてしまう。抗議しても、商人に「正体をばらすぞ」と脅されると引き下がるしかなく、最後は乞食となって死んだ。なお、エイヴァリは身を隠すことに完全に成功していたため、世間では「ムガール皇帝王女と結婚し、王のように暮らしている」とか「世界のどこかに難攻不落の要塞を築き、世界の海賊を集めて君臨している」などの噂が真しやかに流れていたという。

ヘンリ・エイヴァリの海賊旗

「海賊」と呼ばれたアメリカ海軍軍人

ジョン・P・ジョーンズ

John Paul Jones

p r o f i l e

○異名＝特になし
○活動場所＝大西洋
○活動時期＝18世紀なか頃
(生没年：1747年〜1792年)
○出身地＝イギリスのスコットランド

アメリカ独立戦争で活躍

イギリス人が本格的に北アメリカ大陸に進出し、植民地を築きはじめたのは17世紀に入ってからであり、18世紀の初頭には大西洋沿岸にプリマス、ニューヨーク、ジョージアなど13のイギリス人植民地が誕生した。しかし、経済的理由から、イギリス本国と北アメリカ植民地の対立が深まっており、1775年4月、両者はついに武力衝突をすることになる。5月、イギリス植民者たちはフィラデルフィアで2回目となる大陸会議を開催。ジョージ・ワシントン（1732年〜1799年）を植民地軍の総司令官に選び、イギリス本国に対して独立戦争を挑むことになる。このとき海軍軍人として大活躍したのが、ジョン・ポール・ジョーンスである。

ジョーンズはスコットランド生まれのイギリス人である。船乗りとなったのが13歳のとき。奴隷貿易船を経て、21歳のとき一般商船の船長となり、ヨーロッパと南北アメリカ大陸の間を行き来するようになる。しかし、殺人事件を起こしたため、1773年北アメリカのヴァージニア植民地に逃亡した。それまではジョン・ポールを名乗っていたが、追及を警戒してジョン・ジョーンズと名前を変えた。ジョン・ポール・ジョーンズを名乗るのは、独立戦争に身を投じて以後である。

イギリス本国はジョーンズを「海賊」と呼んで畏怖したが、アメリカでは海の英雄と称賛された。東郷平八郎（日露戦争時の連合艦隊司令長官 1848年〜1934年）、ホレーショ・ネルソン（ナポレオン艦隊をトラファルガー海戦で破ったイギリス海軍提督 1758年〜1805年）ともに、世界3大提督のひとりとされる。

村上水軍の全盛期を築いた海賊大将

村上武吉

Takeyoshi Murakami

profile

○異名＝特になし
○活動場所＝瀬戸内海
○活動時期＝16世紀後半
（生没年：1533年～1604年）
○出身地＝瀬戸内海の能島

瀬戸内海の海賊衆のリーダー的存在

村上武吉は1533年（天文2）に生まれた。武吉は能島村上水軍の長であり、独立した海の戦国大名である。したがって、陸の戦国大名との関係は同盟者という立場を貫いた。中国地方を統治する毛利氏とは、かなり緊密な同盟関係を結んでいたが、自己の利益に反することがあると、すぐに反旗を翻した。

武吉の名をあげた海戦としては、

厳島の合戦（1555年＝弘治元年）

木津川口の海戦（1576年＝天正4年）

が知られている。前者は毛利元就（1497年～1571年）による陶晴賢《すえはるかた》（1521年～1555年）討伐に助勢した戦であり、後者は摂津（大阪府）の石山本願寺を封鎖する織田水軍を撃破した海戦である。

しかし、豊臣秀吉（1536年～1598年）による天下統一が武吉の運命を変える。天下統一とは、天下人の権力のもとに天下万民を平伏させることだ。それには海運の特殊技術者（P158参照）であるがゆえに独立独歩の道を歩み、数々の特権を手にしている海賊衆は、秀吉にとって目ざわりな存在であった。とくに、瀬戸内海の海賊衆のリーダー的存在である武吉は、絶対に排除すべき人間だった。

武吉は秀吉から海上における特権を奪われたあげく、瀬戸内海からの追放処分を受けてしまう。以後、海賊衆としての活動をすることなく余生を送り、最後は瀬戸内海の屋代島で没した。

「瀬戸内海のジャンヌ・ダルク」と呼ばれる女武者

鶴姫

Tsuru-hime

profile

○異名＝特になし
○活動場所＝瀬戸内海
○活動時期＝16世紀なか頃
(生没年：1524年～1543年)
○出身地＝伊予国（愛媛県）

姫大将に導いた大三島合戦の勝利

瀬戸内海の大三島という島に、伊予（愛媛県）最古の神社とされる大山祇神社がある。鶴姫は1524年（大永4）の春に、この大山祇神社大祝家の居館で生まれている。当時、長門・周防を支配する大内氏の勢力が、瀬戸内海の島々を侵食しはじめた時期であり、大祝家も大三島の独立を保つために、たびたび大内氏と戦っていた。鶴姫も成長すると戦場に出、三島水軍指揮官の一人として戦った。

1543年（天文12）大内義隆は、陶晴賢を総大将とする大軍勢を大三島攻略に向ける。この迎撃戦で鶴姫の恋人・越智安成が戦死する。悲しみと怒り燃えた鶴姫は、こう着状態となった戦況を打開すべく、決戦を主張。船団を率いて大内軍に猛烈な攻撃をかけ、大内軍を撃退することに成功する。

戦闘終了後、鶴姫は静かに恋人のもとに旅立った。自害ともいわれている。享年は18。

「わが恋は　三島の浦の　うつせ貝　むなしくなりて　名をぞわづらふ」

という辞世の句が伝えられている。

自領を守るために命がけで戦った鶴姫を、祖国フランスを守るために戦ったジャンヌ・ダルクになぞらえ、「瀬戸内海のジャンヌ・ダルク」と呼ぶことがある。なお、大山祇神社には、鶴姫着用の甲冑が伝えられている。

epilogue

終

海賊は滅びたのか？

海賊に捕まった日本人

海賊たちの航跡を追って漕ぎだし、とうとう終章にたどりついた。すでにおわかりのように、海賊は紀元前の大昔から存在し、かつ、富の行き交う海ならどこにでも出没した連中である。資料的にはまさに膨大であり、そのすべてを包括したとはとてもいえないが、海賊という存在の発する“体臭”は、存分にお伝えすることはできたと思う。

ところで、海賊の体臭が完全に消え去った訳ではないことを強調しておきたい。というのも、海域によっては今なお、海賊たちの跳梁は続いているからである。2005年3月14日、マラッカ海峡で起こった、日本船襲撃事件を御記憶の方もいらっしゃるだろう。マラッカ海峡とはマレー半島の南端とスマトラ島との間の海峡のこと。古代から東南アジアの交易船が行き交う海上交易の大動脈だった海峡だ。この海峡はまた、昔から世界有数の海賊多発海域であり、「魔の海峡」と呼ばれて恐れられていた。

海賊の襲撃を受けたのは、北九州市の近藤海事に所属するタグボート（港で船舶の着岸、離岸を補助する船）「韋駄天」。マラッカ海峡を航行中、乗っ取った漁船で接近してきた海賊一味に襲われ、14人の乗組員のうち、日本人ふたり（井上信男船長、黒田俊司機関長）を含む3人が海賊につれ去られた。捜査にあたったマレーシアの海上警備当局は、海賊団をインドネシア人と断定。人質とともにインドネシアの周辺海域に潜伏している可能性が高いものと判断し、インドネシア当局と共同で捜査に当たった。

船長たちが解放されたのは、6日後の3月20日。ボートに乗ってタイ沖を漂流していることろを漁船に発見され、無事、身柄を確保された。

現代世界の海賊事情

ソマリア沖も、現代世界有数の海賊多発海域である。ソマリアはアフリカ大陸の東北端にあり、東はインド洋、北はアデン湾に臨む国である。アラビア半島のイエメンの対岸の国と思ってくだされば良い。ソマリア沖が海賊多発海域となったのは、1990年代に内戦が勃発して以後、無政府状態となったためだ。海賊団の構成員まではわからないが、ソマリア人ばかりでなく、近隣の国々からも海賊志願者たちが来ているのではなかろうか。ともかく、質の悪さと貪欲さにかけては、現代の海賊のなかでもNo.1に違いない。

たとえば、2005年6月26日、国連の貨物船を捕獲した海賊が、船と乗組員の命と引替えに身代金を要求する事件が起こっている。貨物船は支援食糧の運搬船。前年の12月と同年の3月に起こったスマトラ島沖の大地震と津波で甚大な被害を受けた地域に、食糧を届けるための航行中の遭難であった。

また、同じ年の11月には、エジプトからケニアに向かっていた豪華客船がやはりこの海域で襲撃されてるいる。さらに2006年の3月には、海賊船とアメリカ海軍の軍艦が銃撃戦を行うという事件も起こっている。

もちろん、マラッカ海峡、ソマリア沖だけではない。世界には今なお海賊が横行する海域がある。南シナ海、東シナ海、フィリピンのミンダナオ島沿岸域、大西洋の南アメリカ大陸沿岸、カリブ海などがそれである。

現代の海賊たち武装は強力だ。多用されているのはAK－47（AKとはオートマチック・カラシニコフの意）。旧ソ連が生んだ傑作突撃銃である。アメリカの軍用小銃M－16ライフルも多用されている。また、重機関銃、ロケットランチャーを装備している海賊団もあるという

現代の海賊事情については、デイヴィッド・コーディングリ編の『図説海賊大全』（増田義郎監修　増田義郎・竹内和世訳　東洋書林）の「今日の海賊」の項に興味深い指摘

がある。該当個所を引用してみよう。

「現代の海賊行為を分析してみると、それが発展途上国の海岸ちかくでおこり、窃盗が主な目的であることがわかる。海賊の歴史が示しているように、海賊行為は、官憲が海賊行為を許容する場所と場合においてのみ盛んになる。そして官憲のこのような態度は、自分たちの国益の増進ないしはその地域の役人の腐敗が原因でおこるものである」

武装交易商人が海賊行為を働く場合は別として、公認海賊、または犯罪者集団としての海賊が横行する背景には、国家の意志、ないしは海賊を黙認することで甘い汁を吸うものがいたことは、すでに本書でも見てきた通りである。また、「発展途上国の海岸ちかく」という指摘からは、海賊横行の背景に貧困があることがわかる。陸で生活の糧を得られない人々が、海に糧を求めて海賊を働くこともすでに見てきた通りである。海賊が発生する理由は、昔から変わっていない。

空想のなかの海賊たち

こうした現実的脅威としての海賊とはまた別のところで、海賊たちは生き続けている。スクリーン、文芸作品、アニメ、漫画、ゲームetc。とりわけスクリーンのなかの海賊は、今も根強い人気がある。近年、『パイレーツ・オブ・カリビアン』という映画が人気を博しているが、ご覧になった方もいらっしゃるかと思う。海賊を題材とした映画はこればかりではない。すでにサイレントの頃から幾多の名作が生み出されている。主なところをあげると、

『海賊ブラッド』(1935年)

『女海賊アン』(1951年)

『深紅の海賊』(1952年)

となるだろうか。

『海賊ブラット』はイギリスの作家(出身はイタリア)ラファエル・サバチーニの作品をもとに作られた映画であり、オーストラリア出身の俳優エロール・フリ

ンを一躍有名にした作品である。『女海賊アン』は、本書でも紹介しているアン・ボニーを主人公とした作品。『深紅の海賊』は名優バート・ランカスターが主役を勤めている。1950年代の初期は海賊映画の大ブームであり、1953年までに9本の映画が作成された。『深紅の海賊』もそのなかの1本である。

映画以外の世界でも海賊は生きている。たとえば小説。イギリスの作家ロバート・ルイス・ステーブンソンが著わした『宝島』は、海賊を題材とした古典的名作である。また、イギリスのスコットランド出身の作家ジェームス・マシュー・バリーの手になる「ピーターパン」の物語には、海賊フック船長が登場し、ピーターパンと戦いを繰り広げている。余談だが、このフック船長は1991年、『フック』として映画に登場している。監督はスティーブン・スピルバーグ。フック役はハリウッドが誇る名優ダスティン・ホフマン。大人にならないはずのピーターパンがいつしか大人になり、再び、フック船長と戦うという設定である。興業的には今ひとつだったが、不朽のファンタジー物語に、新たな光を当てたという点では評価されよう。

アニメでは、松本零士氏の『宇宙海賊キャプテンハーロック』をご存じの方もいらっしゃるだろう。ともかく、海賊は空想の世界でも所狭しと暴れ回っている。

海に対する思い

海賊に関する多く記録が、彼らの残虐な実態を今に伝えている。本書でも、そのことについては随所で触れている。また、海賊が決して過去の歴史ロマンではなく、現在も海上を航行する人々の安全を脅かす存在であることも、この章の現代の海賊事情により紹介している。しかし、こうした現実を持ってしてもなお、海賊は想像の世界では魅力的な存在として扱われている。これはなぜか？

本書では、その手がかりについても提示したつもりである。強圧的権力に対するレジスタンスとしての海賊行為、国土を守るための海賊行為、生きるための海賊行為、自由と失われた時間を取り戻すための海賊行為……。海賊たちが胸に秘めていた突き詰めた思いと、現代を生きる人々の突き詰めた思いが共鳴し、結果、海賊たちは私たちの想像のなかで生き生きと活躍しているのではなかろうか。

加えて、海。海に対する私たちの思いが、大きな作用をしているようにも思う。海は広大である。今でこそ、公海・領海という区分がなされているが、そんなのは人類の歴史からすればつい最近のことだ。海は本来、だれのものでもない。海を必要とするモノすべてのものである。さらにいえば、生命のすべては海から生まれた。海は胞であり、その意味において、全人類は同胞である。

まあ、そこまで話を大きくする必要もなかろうが、ともかく、海を活動の舞台としていることが、海賊の根強い人気の要因になっていると思われる。そう推察する根拠はこれだ！ と指摘はできないのだが……。ともかく、海が地球上から消滅しない限り、現実的脅威としての海賊は存在し続ける。同様に想像の世界でも海賊たちは生き続けるだろう。

最後に、本書作成の過程において読んだ資料のなかで、もっとも印象的だったジェームズ・バローという海賊の言葉（P103参照）を借りて本書を閉じることにしたい。

海賊たちは、

「海から」やってきた。

■参考文献

●『図説海賊大全』(東洋書林)
編著：デイヴィッド・コーディングリ／監修：増田義郎／訳：増田義郎・竹内和世

●『女海賊大全』(東洋書林)
編著：ジョー・スタンリー／訳：竹内和世

●『海賊の歴史――カリブ海、地中海から、アジアの海まで』
(創元社＝「知の再発見」双書)
著：フィリップ・ジャカン／監修：増田義郎／訳：後藤淳一・及川美枝

●『海賊の世界史』(リブロポート)
著：フィリップ・ゴス／訳：朝比奈一郎

●『海賊事典』(同朋社＝ビジュアル博物館59)
著：リチャード・プラット／訳：朝比奈一郎

●『ヴァイキング』(同朋社＝ビジュアル博物館50)
著：スーザン・M・マクザン／訳：久保実

●『図説ヴァイキングの歴史』(原書房)
著：B・アルムグレン／訳：蔵持不三也

●『カリブの海賊』(誠文堂新光社)
著：ジョン・エスケメリング／編訳：石島晴夫

●『イギリス海賊史』上・下(リブロポート)
著：チャールズ・ジョンソン／訳：朝比奈一郎

●『バルバリア海賊盛衰記』(リブロポート)
著：スタンリー・レーン・プール／訳：前嶋信次

●『カリブ海の海賊たち』(新潮社)
著：クリントン・V・ブラック／訳：増田義郎

●『最新世界周航記』(岩波書店＝17・18世紀大旅行記叢書)
著：ウィリアム・ダンピア／訳：平野敬一

●『世界巡航記』(岩波書店＝17・18世紀大旅行記叢書)
著：ウッズ・ロジャーズ／訳：平野敬一・小林真紀子

●『海賊列伝——古代・中世ヨーロッパ海賊の光と影』(誠文堂新光社)
著：小島敦夫

●『図説海賊』(河出書房新社)
著：増田義郎

●『カリブの海賊ヘンリー・モーガン——海賊を裏切った海賊』(原書房)
著：石島晴夫

●『詳説世界史研究』(山川出版社)
編：木下康彦・木村靖二・吉田寅

●『中国の海賊』(東方書店＝東方選書)
著：松浦章

●『環日本海と環シナ海　日本列島の十六世紀』
(朝日新聞社＝朝日百科日本の歴史別冊：歴史を読みなおす14)

●『海賊の系譜』(誠文堂新光社)
著：別枝達夫

●『海賊たちの太平洋』(筑摩書房＝ちくまプリマーブックス)
著：杉浦昭典

●『海の昔ばなし』(日本海事広報協会)
著：杉浦昭典

●『海と船と人の博物史百科』(原書房)
著：佐藤快和

●『帆船』(小学館＝万有ガイドシリーズ11)
著：茂在寅男・遠藤明・下沢早百合
監修：茂在寅男

●『大帆船――輪切り図鑑』(岩波書店)
画：スティーヴン・ビースティー／文：リチャード・プラット／訳：北森俊行

●『海の戦国史　海賊大将の栄光』(新人物往来社　別冊歴史読本)

●『村上水軍の興亡』(平凡社)
著：宇田川武久

●『日本の海賊』(誠文堂新光社)
著：宇田川武久

●『東方見聞録』(平凡社＝東洋文庫)
著：マルコ・ポーロ／訳：愛宕松男

●『イリアス』上・中・下(岩波書店＝岩波文庫)
著：ホメロス／訳：呉茂一

●『オデュッセイア』上・下(岩波書店＝岩波文庫)
著：ホメロス／訳：呉茂一

●『プルターク英雄伝』1～12(岩波書店＝岩波文庫)
著：プルターク／訳：河野与一

●『エゼキエル書――旧約聖書』(岩波書店＝岩波文庫)
訳：関根正雄

●『戦史』上・中・下(岩波書店＝岩波文庫)
著：トゥーキュディデース／訳：久保正彰

●『歴史』上・中・下(岩波書店＝岩波文庫)
著：ヘロドトス／訳：松平千秋

●『トム・ソーヤーの冒険』(角川書店＝トウェイン完訳コレクション)
著：マーク・トウェイン／訳：大久保博

●『ヴァイキングの世界』(東京書籍)
著：ジャクリーヌ・シンプソン／訳：早野勝巳

●『ヴァイキング――世界史を変えた海の戦士』(中央公論社)
著：荒正人

●『日本民族のふるさとを求めて』(新潮社)
著：森本哲郎

●『蒙古襲来』上・下 (小学館)
著：網野善彦

●『マルコ・ポーロは本当に中国へ行ったのか』(草思社)
著：フランシス・ウッド／訳：栗野真紀子

●『パナマ地峡秘史』(リブロポート)
著：デイヴィッド・ハワース／訳：塩野先宏

●『東洋遍歴記』(平凡社＝東洋文庫)
著：メンデス・ピント／訳：岡村多希子

●『室町時代』(中央公論社)
著：脇田晴子

●『南北朝史100話』(立風書房)
監修：小川信

●『図説和船史話』(至誠堂)
著：石井謙治

●『歴史群像』(学習研究社＝1992年10月号)

●『季刊文化遺産』(財団法人島根県並河萬里写真財団＝2001年10月号)

●『毛利元就――西国の雄、天下への大知略』(学習研究社＝歴史群像シリーズ9)

■著者略歴
森村宗冬（もりむら むねふゆ）
1963年生まれ、長野県安曇野市出身。大東文化大学中国文学科卒業。
高校教員をへて執筆活動に入る。
主な著書として、
『義経伝説と日本人』（平凡社）、『英語で読む日本史－人物編』（講談社インターナショナル）、
『大航海時代』（小社刊）などがある。

Truth In Fantasy 76
海賊

2007年4月9日　初版発行

著　　者　森村宗冬《もりむらむねふゆ》
編　　集　株式会社新紀元社編集部

発 行 者　大貫尚雄
発 行 所　株式会社新紀元社
〒101-0054
東京都千代田区神田錦町3-19 楠本第3ビル4F
TEL:03-3291-0961　FAX:03-3291-0963
http://www.shinkigensha.co.jp/
郵便振替　00110-4-27618

デザイン　荒川実（アトリエ アンパサンド）
カバーイラスト　鈴木康士
本文イラスト　高橋礼・鈴木康士・福地貴子・和島楷
印刷・製本　東京書籍印刷株式会社

ISBN978-4-7753-0537-9